I0647092

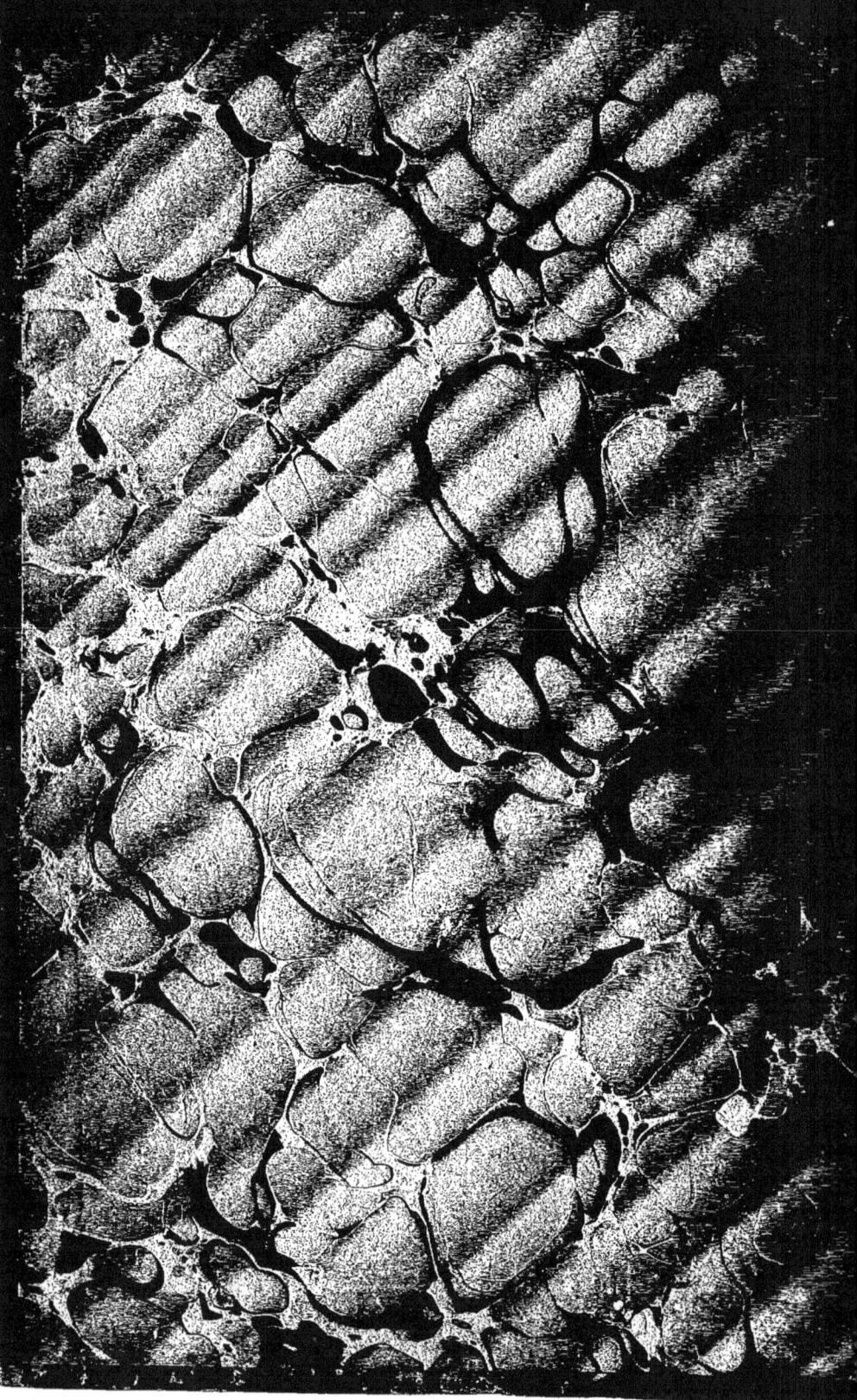

ÉTUDE

SUR

LES PLAIDOYERS D'ISÉE

PAR

LÉON MOY

ANCIEN ÉLÈVE DE L'ÉCOLE NORMALE SUPÉRIEURE, PROFESSEUR DE
RHÉTORIQUE AU LYCÉE DE DOUAI.

πηγή τις ὄντως ἐστὶ τῆς Δημοσθένους δυνάμεως.
(Denys d'Halic. Isée, 3.)

PARIS
ERNEST THORIN, ÉDITEUR
Libraire du Collége de France et de l'École normale supérieure
7, RUE DE MÉDICIS, 7

1876

DOUAI. — IMPRIMERIE CERET-CARPENTIER.

ÉTUDE

SUR

LES PLAIDOYERS D'ISÉE.

ÉTUDE

SUR

LES PLAIDOYERS D'ISÉE

PAR

LÉON MOY

ANCIEN ÉLÈVE DE L'ÉCOLE NORMALE SUPÉRIEURE, PROFESSEUR DE
RHÉTORIQUE AU LYCÉE DE DOUAI.

τις ὄντως ἐστὶ τῆς Δημοσθένους δυνάμεως.

(Denys d'Halic. Isée, 3.)

PARIS

ERNEST THORIN, ÉDITEUR

Libraire du Collége de France et de l'Ecole normale supérieure

7, RUE DE MÉDICIS, 7

1876

A LA MÉMOIRE DE MON PÈRE.

INTRODUCTION.

Entre l'éloquence de Lysias et celle de Démosthène, les différences sont grandes et nombreuses ; mais celle-ci nous frappe surtout : dans Lysias, à côté des narrations admirables de clarté, de naturel et de simplicité, les arguments se succèdent avec une certaine mollesse ; on pourrait souhaiter de les voir se grouper avec plus de force, s'enchaîner dans une construction plus savante ; dans Démosthène, au contraire, l'ampleur de l'argumentation, l'abondance avec laquelle jaillissent d'un fait unique toutes les preuves qui y sont contenues, la variété des tours qui renouvellent et ravivent la discussion, l'ordonnance et la progression des arguments donnent aux discours du grand orateur une puissance inconnue jusqu'à lui et qui n'a pas été dépassée. La même inégalité se retrouve dans le style : non que la langue de Lysias, avec ses oppositions nettes et précises, avec ses constructions brèves et serrées, soit impuissante à mettre l'idée dans une vive lumière ; mais combien elle pâlit près de l'éloquence de Démosthène, éloquence souple et vigoureuse, aussi riche dans la variété des constructions que dans l'invention des arguments, et qui jette, pour ainsi dire, sur le raisonnement, quelque chose de plus que la clarté, un éclat qui ne se contente pas de se laisser voir, mais qui va chercher l'œil et y pénètre.

Or, entre Lysias et Démosthène se place un orateur qui, selon nous, contribua grandement à ce progrès de l'éloquence grecque ; c'est Isée, qui imita Lysias avec succès et qui instruisit Démosthène.

Cependant Isée est peu connu : chez les anciens comme chez les modernes, l'attention s'est rarement tournée vers lui. Denys d'Halicarnasse commence en ces termes le chapitre qu'il lui consacre : « Isée fut le maître de Démosthène et doit surtout à ce titre sa célébrité. » Il semble que le critique n'admette notre orateur à la suite de Lysias et d'Isocrate que par faveur, et protégé par la gloire de son élève. L'auteur d'une

traduction française, restée unique, paraît demander
grâce quand il présente Isée au lecteur : « Je crains,
dit-il, dans les réflexions préliminaires, qu'Isée n'occupe trop de place dans ce volume (1). » Si notre orateur n'est point de ceux que remettent fréquemment
en lumière les travaux des lettrés et des savants, serait-
il juste de s'en étonner et de s'en plaindre ? Placé entre
Lysias et Démosthène, son nom reste obscurci par
l'éclat de ces deux gloires voisines ; des qualités qui
font son mérite, les unes restèrent inférieures à celles
de Lysias qu'il imitait ; les autres ont été dépassées
par celui qu'il avait formé. Mais si l'on veut étudier
avec soin l'histoire de l'éloquence grecque, on ne peut,
croyons-nous, négliger les plaidoyers d'Isée : ils sont
la transition nécessaire entre Lysias et Démosthène;
il y a une filiation manifeste entre le talent du maître
et le génie de l'élève.

Cette place entre les deux grands orateurs fut attribuée à Isée dès l'antiquité. Denys dit qu'Isée prit Lysias
pour modèle, et ajoute qu'à moins de les bien connaître
tous les deux, et de les avoir longuement pratiqués,
on court risque d'attribuer à l'un les plaidoyers de

(1) Les Orateurs Athéniens, ou les Harangues de Lycurgue, d'Andocide, d'Isée, de Dinarque et de Démade. Trad. en français par l'abbé
Auger ; Paris, 1792.

l'autre (1). D'autre part, tous les témoignages s'accor-
dent pour affirmer qu'Isée fut le maître de Démosthène; s'il faut en croire l'auteur de la vie des Dix
Orateurs, Démosthène, pour la somme de dix mille
drachmes, aurait enlevé Isée à son école, afin de réserver pour lui seul l'enseignement d'un tel maître ; selon
Suidas, Isée aurait formé Démosthène sans recevoir
de salaire. Le fait est-il vrai ? Ou bien, ne serait-ce pas
une de ces anecdotes que les Grecs inventaient et
acceptaient avec une égale facilité, mais où la fiction
n'était qu'un tour ingénieux et saisissant donné à un
fait véritable ? L'anecdote, fût-elle fausse, n'en confir-
merait pas moins cette opinion constante, dans l'antiquité, qu'Isée fut le maître de Démosthène, et, comme
le dit Denys, « la source de son génie. »

Sur sa vie, nous savons peu de chose ; mais, malgré la rareté et l'incertitude des renseignements qui
nous sont parvenus, nous pouvons relever ce fait, qui
n'est pas inutile à notre sujet : Isée s'est enfermé dans
la pratique des causes privées. Les anciens avaient de
lui soixante-quinze plaidoyers, dont cinquante authen-
tiques ; nous en possédons onze aujourd'hui, tous com-

(1) Denys. Isée. I.

posés pour des affaires d'héritage, un long fragment cité par Denys; puis des fragments beaucoup moins considérables, quelques lignes, parfois quelques mots, l'indication d'un titre, permettant néanmoins de voir que les plaidoyers étaient toujours composés pour une affaire privée, et, le plus souvent, sur une question d'héritage. Nous savons qu'il ne composa pas de discours dans le genre démonstratif et qu'il n'aborda pas l'éloquence politique. Sur ce dernier point, une question se pose : Isée fut-il citoyen d'Athènes ? L'auteur de la vie des Dix Orateurs dit qu'il naquit à Chalcis : Denys et Suidas commencent par dire qu'il naquit à Athènes, et ajoutent que, selon d'autres, il était originaire de Chalcis. Isée fut-il donc écarté de la tribune aux harangues par sa condition de métèque? Est-ce par choix ? est-ce par nécessité qu'il se borna à composer des plaidoyers pour les particuliers ? Il nous semble probable qu'il était Athénien. Denys paraît pencher vers cette opinion, quand il dit : « J'ignore s'il fut revêtu de quelque charge et s'il prit part aux affaires politiques. » Une conjecture ingénieuse et vraisemblable de Schömann concilie les deux affirmations : Isée serait né d'une famille de colons établis en Eubée ; en 411, après la révolte de l'Eubée, arrivée au temps des Quatre-Cents, son père serait venu s'établir à Athènes.

Le rapprochement des dates autorise cette conjecture ; d'autre part, nous savons que les colons gardaient le droit de cité dans la mère patrie, et étaient désignés tantôt par le nom d'Athéniens, tantôt par le nom emprunté à la colonie où ils étaient nés. De ce qui précède, il est permis de conclure qu'Isée fut porté par son goût et par la nature de son talent vers les plaidoyers civils ; il choisit ce terrain de médiocre étendue, qui ne dépassait pas la mesure de ses forces, mais où ses qualités trouvaient pleinement leur emploi. Là, il excellait à mettre la lumière dans l'obscurité d'un procès, à construire sans grande ampleur, mais avec sûreté, un solide édifice de preuves, à mener vivement une argumentation nette et précise, à faire entendre aux juges, non les accents d'une éloquence éclatante et pathétique, mais une langue simple, claire, admirablement propre à faire saillir le raisonnement dans sa pleine évidence.

Isée mérite donc d'être étudié ; et, sans prétendre revendiquer pour lui l'honneur du premier rang, il est juste de lui restituer la place que, selon nous, il a le droit d'occuper dans la suite des orateurs attiques : ses œuvres, d'ailleurs, méritent, par leur valeur propre, d'attirer l'attention ; et son talent, bien qu'il se soit exercé dans un cadre modeste, vaut qu'on s'y arrête et qu'on y cherche des leçons.

Quel plan convient-il de suivre dans l'étude que nous entreprenons ?

Il y a dans toute belle œuvre littéraire une part immortelle, humaine pour ainsi dire, qui ne cesse jamais d'être accessible; et les hommes de tous les temps viennent y chercher des exemples qui ne vieillissent pas. Mais si belle, si humaine que soit l'œuvre, l'auteur a vécu dans un certain temps, souvent fort éloigné du nôtre; il a écrit en vue de circonstances spéciales très-différentes de celles où nous vivons. C'est un élément dont il serait difficile de ne pas tenir compte, surtout quand on étudie des plaidoyers athéniens. Le lecteur, qui aborderait sans préparation ceux de notre orateur, serait grandement troublé par la nouveauté des circonstances judiciaires: le tribunal, les lois, l'avocat, les témoins, la procédure, tout diffère des mœurs et des institutions modernes; il en résulte que le plaidoyer, précisément parce que tout y est ménagé en vue de conditions très-spéciales, étonne au premier abord ; et, le mérite de l'œuvre tournant contre elle-même, on court risque de condamner à première vue ce qu'on goûtera le plus à la réflexion. Fallait-il donc montrer longuement là composition du tribunal, les dispositions des juges à l'égard du plaideur et de la loi, les conditions dans lesquelles compose le logographe? C'eût été sortir de notre sujet, et nous n'aurions pu souvent que rappeler des faits savamment exposés ailleurs. Toutefois, si notre cadre ne nous permet pas d'exposer avec quelque étendue les mœurs judiciaires au milieu desquelles a composé notre orateur, nous serons amené, au cours de cette étude, à expliquer tantôt l'introduction de tel développement, tantôt l'ordonnance de telle argumentation, par les circonstances particulières au temps d'Isée. Nous voudrions surtout montrer ce qui est, dans tous les temps, le fond durable de toute éloquence; mais nous serons encore dans le cœur de notre sujet quand nous nous efforcerons de faire voir avec quelle habileté notre orateur se garde de tout ce qui peut être un écueil, avec quelle promptitude il saisit tout ce qui peut être un avantage.

Isée, en composant des discours qu'un autre devait débiter, a excellé dans la création d'un rôle exactement approprié aux circonstances de la cause et à la personne du plaideur. De plus, son mérite propre est d'avoir composé le plaidoyer avec plus de fermeté , d'avoir construit plus solidement l'argumentation, et de lui avoir donné une allure plus vive. Comment faire ressortir ces qualités sans établir le plan de chaque plaidoyer ? C'est ce qui nous a décidé à joindre à cette étude, sous forme d'appendice, une analyse détaillée. L'exposition de ces procès et des faits qui les ont amenés a son intérêt propre ; elle éclaire d'un jour assez vif le monde des plaideurs athéniens. Toutefois, nous croyons devoir rappeler que nous entreprenons ici une étude littéraire, non une étude sur les lois athéniennes ; nous avons dû néanmoins toucher aux questions de droit auxquelles nous amenait la lecture du texte ; et nous serions heureux, dans ce temps où l'étude du droit athénien semble reprendre faveur, de pouvoir fournir à de plus compétents quelques renseignements utiles, et d'avoir épargné à ceux qui voudraient étudier Isée, le soin, souvent laborieux, de débrouiller l'affaire et d'établir la position du procès.

I.

DE L'INVENTION.

Etudier l'invention dans un orateur, c'est toucher au caractère même de son talent et à la nature de son esprit. Une même cause étant offerte à plusieurs avocats, chacun d'eux y trouvera matière à un plaidoyer différent. Les moyens d'agir sur un tribunal sont divers : chaque orateur découvrira d'abord et saisira ceux qui répondent le mieux à la nature de son talent; un instinct secret et plus tard l'expérience acquise, dirigeront l'avocat vers les idées, vers les sentiments d'où il saura le mieux faire sortir la conviction.

Or, malgré la variété très-grande des affaires, il est aisé de saisir entre ces plaidoyers un caractère commun. Une cause étant donnée, avec son cortége de circonstances de toute sorte, Isée va d'abord à tout ce qui est élément d'argumentation. Les faits ne se groupent pas, comme chez Lysias, dans une narration éthique et vraisemblable, où il entre quelque chose de l'art du romancier. Dans l'esprit logique d'Isée, les faits, les lois, les témoignages se coordonnent pour une économie de preuves ; une argumentation se construit; c'est là son principal effort. Pour ne le juger ici qu'au point de vue de l'invention, c'est là le mérite saillant, c'est son caractère, sa gloire propre. Si Lysias trouve avec abondance les détails naïfs qui forment une narration vraisemblable, dans un genre d'invention différent, Isée n'est pas moins fécond : tout ce que contient la cause lui fournit matière à arguments. Avec un sûr coup d'œil de tacticien judiciaire, il choisit et fortifie le point capital de la cause, en même temps qu'il en dissimule le faible, et qu'il voit les endroits vulnérables où il faut frapper l'adversaire. Voyez le plaidoyer pour l'héritage de Pyrrhus : le point fort où l'orateur prend position est celui-ci : Pyrrhus n'a jamais épousé la mère de Philé. Avec quelle abondance les arguments viennent de toutes parts se ranger autour de cette affirmation : l'absence de dot, la conduite de la femme, celle de Pyrrhus lui-même ; et après lui, celle d'Endius, puis la conduite des oncles, et celle de Xénoclès et de Nicodème.

Dans le plaidoyer pour l'héritage de Ciron, même abondance de preuves ; mais le combat est différent. Les adversaires disent que la grand'mère de l'orateur n'a jamais été la femme légitime de Ciron ; l'orateur a un point faible à couvrir : en effet, ou bien la grand'mère de l'orateur n'avait jamais été, comme il le prétend, la femme légitime de Ciron, ou tout au moins (le plaidoyer le laisse clairement voir), il était difficile d'en faire directement la preuve. — Mais les adversaires ont refusé de laisser mettre à la torture les esclaves qui pouvaient dire la vérité ; mais Ciron a agi à l'égard de ses petits-fils en bon grand-père ; mais la mère de l'orateur a été traitée par son mari et par les gens de

son dème comme une femme de naissance honorable;
mais la conduite de Dioclès et de l'adversaire aux funérailles de Ciron a été pleine d'aveux; et les arguments
venus des côtés les plus différents se serrent comme
pour masquer un vide dans une ligne de bataille.

Les faits antérieurs au procès, la procédure suivie
par les deux parties, une parole échappée à l'adversaire, et parfois son silence, tout devient sous la main
d'Isée matière à preuves. Rien ne montre mieux la
souplesse redoutable de son jeu et la fécondité de ses
ressources que son habileté à changer la face du débat,
quand, laissant de côté l'adversaire, il atteint derrière
lui l'inspirateur véritable; le tribunal et l'adversaire
voyaient tout-à-coup se transformer le procès: derrière
les fils prétendus d'Euctémon apparaissait Alké, l'ancienne courtisane; derrière le neveu de Ciron, Dioclès
chargé d'infamies; derrière le fils de Cléon, Hiéroclès
qui a mis son témoignage à vendre: l'adversaire véritable se trouve brusquement atteint et surpris par une
lumière inattendue, et l'orateur d'ailleurs l'a choisi précisément parce qu'il présentait plus de prise à l'attaque.

Isée a donc marqué sa place dans l'histoire de l'éloquence en donnant à l'argumentation une importance
toute nouvelle; avec plus de force que ses prédécesseurs, il a fait du plaidoyer une œuvre de raisonnement; il a trouvé les preuves avec plus de fécondité, il
les a groupées avec plus de puissance. Ce tour d'esprit
qui lui est propre, cette conception nouvelle de l'éloquence judiciaire eurent sur la disposition, sur le ton,
sur le style de ses plaidoyers une influence décisive
que nous allons étudier.

II.

LES LIEUX COMMUNS.

Toutefois cette étude sur l'Invention serait incomplète, si nous ne parlions ici d'une source de développements à laquelle Isée a largement puisé : nous voulons parler des Lieux Communs ; et pour comprendre comment Isée s'en est servi, il est, croyonsnous, nécessaire de remonter plus haut.

L'esprit grec, suivant sa pente naturelle vers la subtilité, aimant à chercher autant qu'à trouver, se plaisait à parcourir agilement toutes les faces d'une question, à en saisir le pour et le contre. Les écoles de Philosophie qui précédèrent l'apparition de la Rhétorique, en donnant aux questions qu'elles soulevèrent des solutions opposées, en combattant les solutions rivales, avaient présenté le spectacle d'affirmations contraires, également soutenues. Est-il étonnant que les sophistes et les rhéteurs qui firent les premiers profession d'enseigner l'éloquence, aient apporté dans les conflits judiciaires les habitudes d'esprit contractées dans les débats philosophiques, une habileté, souvent fâcheuse, à trouver des arguments vraisemblables pour deux affirmations opposées? Nous ne savons presque rien sur Corax et sur Tisias son élève, qui les premiers enseignèrent l'éloquence en Sicile ; mais nous savons que l'élève de ce dernier, Gorgias, par qui les Athéniens connurent la Rhétorique Sicilienne, composait sur un même sujet des éloges et des blâmes, pensant que le propre de l'Orateur était de savoir tour à tour exalter et ravaler une même chose ; que Protagaras avait donné un recueil où les mêmes questions étaient tour à tour, traitées et résolues dans un sens différent (1). Le plus ancien des dix orateurs attiques, Antiphon, à l'exemple de Corax ne se contenta pas d'écrire des plaidoyers; il tint école, et composa un traité de Rhétorique aujourd'hui perdu ; mais nous avons de lui trois Tétralogies, qui, selon une conjecture ingénieuse et fort vraisemblable, étaient un appendice au Traité de Rhétorique, donnant les exemples à la suite des préceptes. Trois espèces sont posées : 1º Un homme revenant de souper est trouvé assassiné avec son esclave ; un ennemi de la victime est accusé du meurtre. 2º Deux enfants dans un gymnase s'exercent à lancer le javelot ; l'un des deux est tué par le javelot de l'autre ; est-ce un meurtre prémédité, ou seulement un accident ? 3º Un jeune homme et un vieillard se querellant, en viennent aux coups ; le vieillard est mort par suite des blessures reçues : le jeune homme accusé soutient qu'il était en légitime défense et que l'ignorance du médecin est d'ailleurs la cause principale de la mort. Quatre développements sur chacune des espèces : accusation, défense : réplique pour, réplique contre, Nous pouvons par là nous faire une

(1) Cicéron: Brutus 46-47.

idée de l'enseignement d'Antiphon ; prenant un genre donné d'affaires, (celles de meurtre, par exemple), il imaginait un certain nombre de types tels, qu'ils fournissent matière aux arguments principaux dont peuvent avoir besoin dans les affaires de ce genre l'accusation et la défense (1).

On peut donc conclure que les premiers maîtres de Rhétorique ne se bornèrent pas à indiquer les parties essentielles du discours, à en ordonner la distribution ; il y eut dès le début un effort marqué pour ramener les situations à un certain nombre de cas, en vue desquels l'élève recevait des arguments tout préparés ; il emportait de l'école des cadres tout tracés ; il n'avait plus qu'à les remplir selon les circonstances de l'affaire, selon son rôle d'accusateur ou d'accusé. Telle est l'origine des lieux communs. Cette cause, sans doute, plus que toute autre, excita les défiances contre la Rhétorique naissante. Il semblait que l'élève reçût du maître un arsenal où étaient entassées des armes de tout genre, propres à défendre toutes les affirmations. Comme cet art était nouveau, et vendu très-cher à un petit nombre d'initiés, le public s'en exagéra la puissance. On

---

(1) Antiphon avait composé de plus un recueil d'Exordes et de Péroraisons. On sait qu'il nous reste sous le nom de Démosthène un recueil d'Exordes.— Plus tard, nous verrons Aristote dans sa Rhétorique préparer aux orateurs des arguments pour et contre ; particulièrement au Livre Ier, § 15, où il indique des moyens au plaideur pour le cas où la loi écrite lui est contraire, et pour celui où elle lui est favorable ; pour le cas où il y a des témoins à citer, et pour celui où il n'en a pas, etc, etc.

comprend mieux, dès lors, les colères d'Aristophane, et la confiance niaise de Strepsiade dans la force invincible des arguments qu'on achète chez le maître de parole.

Si ce qui nous reste d'Antiphon fournissait d'arguments les orateurs en matière de meurtre, les plaidoyers d'Isée présentaient des matériaux plus riches encore pour les affaires de succession : et les premiers éditeurs, en groupant ainsi les œuvres des deux maîtres, eurent sans doute l'idée de présenter à l'étude une prise plus facile, et de ménager aux orateurs une sorte de manuel, où ils trouveraient, un genre d'affaires étant donné, les arguments tout réunis. Il est difficile de n'être pas frappé de la place qu'occupent les lieux communs dans les plaidoyers d'Isée ; et même, quand on les considère dans leur ensemble, on est tenté d'y voir un procédé d'invention qui serait celui-ci : l'orateur ne semble pas créer ses arguments en vue des exigences actuelles et inattendues d'une cause nouvelle : on pense à l'arsenal dont nous parlions plus haut ; on dirait que les lieux touchant les questions successorales ont été classés à l'avance, disposés dans une symétrie antithétique ; d'une part, les lieux qui affirment, de l'autre ceux qui réfutent. On sait d'ailleurs qu'Isée ouvrit une école ; si, comme il est probable, il porta dans son enseignement le même tour d'esprit qu'au tribunal, on peut croire qu'une pratique quotidienne avait développé en lui l'aptitude à saisir vite et sûrement le pour et le contre d'une question, et meublé sa mémoire des arguments divers que, dans un débat d'affaires, l'orateur doit, selon les cas, faire valoir ou combattre.

2

Nous ne voulons pas dire qu'Isée ait apporté de l'école tous les lieux dont il s'est servi, ni qu'il ait, avant d'écrire pour aucun client, médité par provision tous les arguments propres aux matières qu'il se proposait de traiter; il est impossible de déterminer ce qu'il reçut de ses maîtres, et ce qu'il acquit par son expérience personnelle. Ce qu'on est tenté d'affirmer, c'est qu'une affaire étant donnée, il la classait dans un certain genre, saisissait les arguments de thèse générale propres à ce genre, et pouvant reparaître dans des affaires analogues; à ces lieux communs répondaient naturellement des lieux opposés qui étaient dès lors préparés pour une question semblable, mais discutée en sens contraire. Un système de moyens pour et contre se formait ainsi rapidement, et faisait de ces plaidoyers un recueil où les orateurs de causes semblables trouvaient une expérience tout acquise, où Isée lui-même retrouvait à l'occasion des arguments éprouvés.

Etudions ces plaidoyers en nous rappelant ce que nous disions plus haut de l'esprit grec et de la discipline à laquelle les sophistes l'avaient soumis. Les lieux se présentent pour ainsi dire par couple; d'un plaidoyer à l'autre, ils s'appellent et se combattent; tel passage rappelle invinciblement un autre passage qui en est la réfutation naturelle. Il peut-être intéressant de citer des exemples.

La lutte s'établit le plus souvent dans ces affaires de succession entre l'héritier naturel et l'héritier institué. L'héritier naturel dit : le droit de parenté est toujours évident; le droit de testament laisse toujours subsister le soupçon d'une tromperie (Hér. de Cléonyme, § 4) : ce lieu est développé beaucoup plus longuement (Hér. de Nicostrate. §§ 13, 14 et seq).—L'héritier institué montre que l'adoption a été faite loyalement et dans des circonstances qui excluent l'idée de tromperie (Hér. de Ménéclès, passim); il rappelle combien sont rigoureuses les formalités de l'adoption et les cérémonies de l'inscription à la phratrie. (Hér. d'Apollodore. §§ 16, 17).

L'héritier naturel montre ses droits dérivant non du caprice d'un homme, mais des lois « de ces lois que vous-mêmes avez établies, » argument puissant devant ce tribunal démocratique (Hér. de Nicost. § 17; d'Astyph. § 34). — L'héritier institué éveille l'idée religieuse qui s'attache au culte des morts (Hér. d'Apollod. § 30); il fait valoir la sainteté de l'adoption ; il faut que le mort garde le fils qu'il s'est donné. (Hér. de Ménéclès § 24 et passim).

L'héritier naturel dit : celui dont je réclame la succession eût été mon héritier, si j'étais mort avant lui; s'il eût été pauvre, la loi me forçait à le nourrir (νόμος κακώσεως), à épouser ou à doter la fille qu'il eût laissée sans dot : par réciprocité, il est juste que j'aie droit sur ses biens comme il avait droit sur les miens. (Hér. de Cléon. § 39 ; de Ciron. § 32).—L'héritier institué montre que des inimitiés personnelles ont rompu les liens de parenté. (Hér. de Ménécl. § 27 et seq.; Hér. d'Apoll. passim) que l'amitié et des services rendus ont créé entre l'adoptant et lui des liens puissants. (Hér. de Ménéc. Apoll. Astyph.)

Le débat porte souvent sur la qualité des personnes et sur la filiation : l'un conteste, l'autre affirme la validité d'un mariage. Le plaideur qui nie le mariage dit : il n'y a pas eu de dot ; il n'y a pas eu de victimes nuptiales envoyées aux phratores ; l'époux prétendu n'a pas reçu aux Thesmophories les femmes du dème ; les phratores déclarent qu'il n'y a pas eu d'inscription à la phratrie. (Hér. de Pyrrhus et de Philoctémon, passim). — Le plaideur qui affirme dit : une dot a été donnée, (Hér. de Ménéc. § 5) et rendue par le mari (ibid. § 9) ; l'époux a invité les femmes du dème aux Thesmophories. Dans le discours pour l'héritage de Ciron, l'orateur n'apportant pas touchant le mariage de sa grand'mère les arguments attendus, il nous est permis de conclure que ce mariage était fort douteux.

L'orateur relève l'autorité de ses témoins, et diminue celle des témoins adverses. Dans le premier cas, il dit : les témoins disent vrai, car ils déposent contre leur intérêt (fragm. pour Euphilétos) ; dans le second, il dit : les témoins mentent ; car, déposant contre leur intérêt, ils sont évidemment soudoyés (Hér. de Nicostr. §§ 24,25). Si l'adversaire a refusé de laisser mettre les esclaves à la torture, on s'empare de cet aveu. (Hér. de Philoct. §§ 16, 42 ; Ciron, § 12). — Le même lieu est reproduit textuellement par Démosthène (contre Onétor, II, § 37). Il se trouve déjà dans Antiphon, (I, § 16.) Le même orateur fournit les moyens de combattre la déposition des esclaves torturés. (Tétralog. I, et sur le meurtre d'Hérod. passim).

S'il s'agit de testament, celui qui le nie, dit : comment se fait-il que l'adopté n'ait appelé comme témoin aucun parent? son intérêt le lui commandait ; et il fait déposer tous les proches, en dehors desquels, contre toute vraisemblance, l'acte prétendu a été dressé (Hér. d'Astyph. § 8 et seq). — Celui qui affirme le testament répond ainsi : comment l'adversaire sait-il que le mort n'a pas testé? absent, il sait donc ce que font les gens et ce qu'ils ne font pas? et comment le mort l'aurait-il appelé, lui qu'il regardait comme un ennemi? (Hér. de Philoct. § 55).

L'adopté se fait un mérite d'avoir donné pieusement à son fils le nom du testateur (Hér. de Mén. § 36); il reproche aux adversaires d'avoir négligé ce devoir. (Hér. d'Apollod. § 31). L'argument est reproduit par Démosthène (contre Macartatos, § 77).

Le plaideur qui a enseveli le mort tire de ce fait un avantage ; c'est un titre à la succession (Hér. de Ménéclès, 36). On reproche à l'adversaire de n'avoir pas rempli ce devoir d'héritier (Hér. de Nicostr. § 19. Hér. d'Astyph. § 4). Le petit-fils de Ciron a été empêché d'ensevelir son grand'père, qui a reçu précisément de l'adversaire les derniers honneurs ; il n'a pas voulu laisser à la partie adverse cet avantage ; il a célébré des cérémonies funèbres en l'honneur de celui dont il se préparait à revendiquer la succession. (Hér. de Ciron. § 39.)

Un pauvre, plaidant contre un riche, reproche à l'adversaire cette fortune acquise par des moyens honteux, dissimulée et dépensée sans profit pour l'Etat (Hér. de Dicéogène, de Ciron, d'Aristarque). Ce lieu revenait fréquemment : l'orateur pour l'héritage de Philoctémon s'y attend, et le combat à l'avance (Hér.

de Philoct. § 59) ; de même Théopompe (Hér. d'Hagnias, § 37 et seq.).—La réfutation de ce lieu se trouve
dans Antiphon (Discours sur le Choreute § 9).—Le plaideur riche rappelle les liturgies subies par lui et sa famille
(Hér. de Nicost. § 27. Hér. de Philoct. § 60). Le lieu est
déjà dans Antiphon (Tétralog. I, § 2. sub finem).—Riche
contre riche, on montre son adversaire cachant sa fortune pour se soustraire aux charges qu'on a soi-même
libéralement remplies. (Hér. d'Apollod. § 38 et seq.)

Ce qui précède nous permet de comprendre comment la logographe pouvait avec sûreté écrire le
plaidoyer du client, même dans le cas où ce dernier
devait parler le second ; on peut se demander, en effet,
ce que serait devenu le plaideur inhabile avec son discours préparé à l'avance, s'il s'était trouvé tout à coup
en face d'une attaque imprévue. En réalité, la part de
l'imprévu était petite. L'enquête préliminaire avait fait
connaître les prétentions de l'adversaire ; dès lors on
pouvait pressentir les moyens qu'il emploierait. Dans
cette escrime, dont il connaît tous les coups, le praticien prépare sûrement la riposte, parce qu'il prévoit
sûrement l'attaque.

Ici, une différence notable sépare Isée de Lysias.
Chez ce dernier, les lieux sont très rares, très brième-
ment traités, ou, s'il en est qui soient développés avec
quelque étendue, ils font si étroitement corps avec
les circonstances de l'affaire, qu'ils semblent sortir naturellement du sujet, et n'éveillent aucunement l'idée
d'une habileté qui s'est armée de longue main. Elève

de Tisias, nous savons qu'après avoir imité le style de Gorgias, il renonça à l'affectation, aux constructions artificielles, pour devenir le modèle du style simple et du naturel; il alla plus loin : il bannit les lieux communs qui occupaient dans l'éloquence d'Antiphon une si large place; dans les idées comme dans le style, il mit son effort à dissimuler son art, et à écarter de ses plaidoyers savamment naïfs, jusqu'à l'apparence des habiletés de l'école. Il n'en fut pas de même d'Isée: sans abandonner la simplicité du style de Lysias, il eut plus largement que lui recours aux lieux communs, et de ce côté se rattacha plus directement à l'école d'Antiphon. Moins attentif ou moins habile à dissimuler son art, il pensa regagner par la force de l'argumentation l'avantage qu'il perdait d'un autre côté. Denys comparant Lysias et Isée, après avoir marqué les qualités qui leur sont communes, oppose à la simplicité et au naturel de Lysias l'habileté souvent trop manifeste d'Isée ; habileté, ajoute-t-il, non sans exagération, qui allait jusqu'à faire mettre en doute la loyauté de l'orateur.

Comment Isée a-t-il employé les lieux communs ? Une comparaison rapide avec Antiphon le fait mieux comprendre : la différence est grande, et l'avantage est du côté de notre orateur ; entre les deux a passé l'exemple salutaire de Lysias.

Considérons non les tétralogies , œuvres d'école, mais les trois plaidoyers écrits pour des causes réelles : les lieux se présentent sous la forme de ré-

flexions générales ; ils prennent souvent une nuance
marquée de philosophie pratique et usuelle ; on y sent
percer le ton de l'homme qui enseigne. — Il faut être
indulgent pour l'accusé dont le danger trouble le sang-
froid. — La torture donne souvent des témoignages
menteurs. — La colère est mauvaise conseillère. — Il
vaut mieux dans le doute absoudre un coupable que
condamner un innocent, etc. — Ce sont des morceaux
brillants qui se peuvent aisément transporter. Le commencement et la fin du plaidoyer sur le meurtre
d'Hérode peuvent servir dans toute cause criminelle ;
et de fait, Antiphon ne se fait pas faute de faire passer les lieux d'un plaidoyer dans un autre ; que l'on
compare le lieu sur la torture dans le discours contre
la belle-mère (§ 11) aux lieux semblables (meurtre
d'Hérode, § 38, Choreute, § 27). Le lieu très-long sur la
sainteté des lois qui concernent le meurtre se retrouve
textuellement dans le discours sur le meurtre d'Hérode
(§ 14) et au début du discours sur le Choreute (§ 2).
Le développement plus étendu encore qu'on lit (meurtre d'Hérode. § 87) est copié mot pour mot dans le discours sur le Choreute (§ 5). Il y a une tendance évidente
à quitter les faits spéciaux de la cause pour se jeter
dans les considérations générales ; l'orateur s'y arrête
avec complaisance ; c'est une parure ; on pense aux avocats de Cour d'Assises qui, comptant sur la candeur
du jury, espèrent le convaincre en l'éblouissant. On
pourrait être tenté de croire que ces réflexions donnent au plaidoyer un certain caractère d'élévation et
de grandeur ; peut-être en serait-il ainsi chez nous,
où l'avocat, moins directement engagé dans l'affaire,

peut d'un esprit plus libre, s'élever au-dessus d'elle :
mais sont-elles bien placées dans la bouche d'un
plaideur luttant dans sa propre cause et se défendant
contre un danger personnel ? Etait-ce le caractère
d'Antiphon qui à son insu perçait dans son œuvre ?
Le dédaigneux eupatride, le futur meneur du complot
des Quatre-Cents, oubliait-il par moments son rôle de
logographe pour prendre ce ton d'autorité et faire la
leçon à cette multitude méprisée ? Ou plutôt, n'est-ce
pas que ces vérités, banales aujourd'hui, avaient alors
dans leur nouveauté un charme de jeunesse et une
force que nous sentons moins vivement ? L'éloquence
naissait : pour la première fois, la foule réunie au tribunal entendait, dans une langue pleine d'harmonies
inconnues, ces vérités simples dont l'évidence même
la charmait, et qu'un emploi trop fréquent n'avait pas
encore rendues vulgaires ? Les auditeurs reconnaissaient quelque chose d'eux-mêmes dans ces idées à la
fois banales quant au fond, nouvelles quant à la forme;
elles avaient prise sur eux, parce qu'ils les admiraient,
comme ils admiraient ces maximes naïves de morale
populaire, dont notre expérience sourit aujourd'hui ;
elles firent pourtant l'honneur des sages qui les premiers leur donnèrent une forme précise, et les anciens
les faisaient graver, comme choses précieuses, sur
les monuments sacrés et sur les Hermès des chemins.

Tout autre est l'emploi des lieux communs dans
Isée. Les temps avaient changé; l'art, moins naïf, se dissimulait avec plus de soin. Le praticien serre les faits;

il conquiert le terrain pied à pied. Sans doute, les lieux (c'est leur nature propre) peuvent encore être utiles dans plusieurs causes ; mais ils sont fortement appropriés aux circonstances de chaque affaire. Ce ne sont plus des morceaux tout faits, aisément transportables de toutes pièces, mais des formes de raisonnement où les faits spéciaux s'encadrent avec justesse. L'orateur ne fournit pas de réflexions générales les débutants dans l'embarras ; il leur montre la source, à charge d'y aller puiser eux-mêmes ; il leur donne, plus que des raisonnements tout faits, des exemples où ils peuvent apprendre l'art de raisonner. Selon les exigences de la cause, il varie le ton et l'allure des lieux communs, il les allonge ou les abrége.

Dans le discours pour l'héritage de Cléonyme, et dans celui pour l'héritage de Nicostrate, les plaideurs développent le même lieu : l'évidence du droit de parenté contre le droit toujours douteux qui s'appuie sur un testament. Quelle brièveté ! quelle réserve dans le premier ! Quelle insistance, quel dédain dans le second ! C'est que le neveu de Cléonyme, luttant contre des proches parents, ne veut pas s'engager sans réserve, ni lancer contre l'adversaire des accusations déshonorantes ; surtout après qu'il a pris le personnage d'un enfant timide, rougissant d'avoir à porter en public ces tristes débats de famille. « Ces droits que nous donne la parenté, vous les voyez tous ; et là-dessus, il n'est pas possible de vous tromper ; mais les testaments ? Bien des plaideurs en ont apporté de faux, soit complètement supposés, soit obtenus par des moyens déshonnêtes (§ 41). » L'insinuation se dissimule sous la réflexion générale ; les juges en mettront ce qu'ils voudront à la charge des adversaires. Dans le plaidoyer pour l'héritage de Nicostrate, l'orateur a en face de lui un fripon, qu'il veut confondre ; ici, point de ménagement : la supposition du testament étant le point capital, l'argument est poussé à fond, l'attaque directe ; le lieu se développe librement et longuement, renforcé de tous les moyens qui lui sont propres.

« L'adjudication d'un héritage est le seul genre de
» procès où, selon moi, il est plus juste de s'en rap-
» porter aux raisons probables qu'aux dépositions des
» témoins. Quand il s'agit d'autres actes, il n'est pas
» bien difficile de convaincre les témoins qui mentent ;
» la victime du mensonge, l'homme qui a fait l'acte,
» est là, vivant ; mais quand il s'agit de testament,
» comment reconnaître que les gens ne disent pas la
» vérité, à moins que le mensonge ne soit évident ? La
» victime du mensonge est morte ; les parents ne sa-
» vent rien de ce qui s'est passé ; la preuve ne peut
» être établie avec exactitude. De plus, juges, la plu-
» part de ceux qui testent, ne font point part aux té-
» moins de leurs dispositions testamentaires ; les té-
» moins ne voient qu'une chose, c'est qu'il y a un testa-
» ment fait ; or, il arrive souvent que l'acte est changé ;
» que des dispositions contraires à celles du testateur
» sont inventées après coup. Il n'y a pas de raison
» pour que les témoins sachent si l'acte pour lequel
» ils ont été appelés, est le même que celui présenté
» dans le procès. Alors qu'il est facile de tromper
» même ceux que les deux parties reconnaissent
» avoir assisté à la composition de l'acte, comment

» n'essaierait-on pas de vous induire en erreur, (la
» chose est bien plus facile) vous qui ne savez rien
» de l'affaire ? » (§ 12 et seq.) Dans ces sortes d'affaires,
il ne s'agit pas seulement de savoir s'il y a un testament, mais si le testateur était sain d'esprit; il est
donc très difficile de savoir si ceux qui invoquent un
testament ont réellement des droits. An contraire, les
héritiers naturels n'ont pas besoin de témoins; et, quel
que soit l'état d'esprit du mort , la loi leur attribue
l'héritage : « En fait de testament, il faut que vous en
» croyiez les témoins, lesquels peuvent fort bien vous
› tromper : (autrement, il n'y aurait pas de poursuites
» en faux témoignage); avec les héritiers naturels, vous
» vous faites vous-mêmes votre opinion : car les lois
» sur lesquelles ils s'appuient, c'est vous-mêmes qui
» les avez établies. » (§ 17.)

Dans le discours pour l'héritage de Ménéclès, et
dans celui pour l'héritage d'Apollodore, les plaideurs
s'appuient sur le même lieu : le respect dû à l'adoption. Mais le fils de Ménéclès, pour atténuer les allégations de l'adversaire qui le traite d'intrigant, a besoin d'entourer de pathétique le récit de l'adoption; il
implore pour le mort et pour lui la pitié du tribunal
devant lequel il se fait pauvre et humble. Le fils
d'Apollodore, riche et considéré, insiste avec une réserve pleine de dignité sur la régularité inattaquable
de l'acte; s'il parle du mort qui a voulu laisser un fils
après lui, ce n'est point sur le ton d'un homme qui
implore , mais pour montrer qu'Apollodore ne pouvait
songer à prendre ce fils dans la famille de l'adversaire,
où l'on recueille les héritages, sans continuer le
nom du testateur.

Le lieu par le νόμος κακώσεως est employé dans le
discours pour l'héritage de Cleonyme, et dans celui
pour l'héritage de Ciron. Mais le neveu de Cléonyme
dont le but est de faire prévaloir son droit d'héritier
naturel sur les prétentions des héritiers institués, insiste
sur ce lieu qui pour lui est capital. Il le développe et y
revient à deux reprises (§§ 39, 44, et 47). « Donc,
» juges, dit-il en concluant, pour donner aussi bien
» que pour recevoir, c'est nous, vous le voyez, qui
» tenons de plus près au mort ; nos adversaires
» aujourd'hui osent mettre en avant leur titre de pro-
» ches et les droits qu'il leur donne, parce qu'ils
» comptent recevoir ; s'il s'agissait de donner, que de
» gens, plus proches et plus chers, ils feraient passer
» avant eux, disant qu'ils tiennent de plus près à
» à Cléonyme ! » — La situation est différente pour le
petit-fils de Ciron ; différent aussi le développement du
lieu commun ; le plaideur a dù prouver d'abord et
longuement qu'il est le petit-fils du mort ; puis, pour
répondre à un moyen accessoire produit par l'adversaire, il a recours à ce lieu ; son but, en invoquant
cette loi, n'est pas de faire prévaloir son droit d'héritier naturel, mais de montrer que son droit de petit-fils
l'emporte sur celui d'un neveu. (§ 32).

L'orateur pour l'héritage de Philoctémon se plaint
sur deux faits distincts, du refus qu'ont fait les adversaires de livrer leurs esclaves pour la torture (§ 16 et
§ 42). Mais, dans l'abondance des preuves dont il es-
père accabler la partie adverse, il expose brièvement
celles-ci. — Le lieu reçoit au contraire tout son déve-

loppement dans le plaidoyer pour l'héritage de Ciron : en effet le témoignage des esclaves de Ciron serait capital pour la démonstration que l'orateur veut faire (le mariage de sa grand-mère et de Ciron); et le vague de son langage (§ 14) permet de croire que sur ce point il apportait peu de dépositions probantes. Il masque donc cette lacune en faisant valoir l'autorité des preuves que lui eût fournies la torture (1).

« Dans les procès privés ou publics, la torture est
» le moyen d'investigation le plus exact à vos yeux;
» quand des esclaves et des hommes libres ont assisté
» à un même fait, et qu'il faut éclaircir un point
» obscur, vous ne vous fiez point au témoignage des
» hommes libres, mais vous faites mettre les esclaves
» à la torture, et c'est par ce moyen que vous cherchez
» à connaître la vérité sur l'affaire. Et vous avez raison,
» juges; vous vous dites que vous avez vu des témoins
» faire de faux témoignages, tandis que parmi les
» esclaves mis à la torture, on n'en a pas encore trouvé
» à qui la torture n'eût fait dire la vérité. » (§ 12.)
Tout ceci prépare la conclusion : Oui, Ciron a bien épousé la grand'mère du plaideur, et sa mère a été traitée en fille légitime ; « les adversaires, par leur
» conduite même, fournissent un témoignage et prou-
» vent manifestement que tout ceci est vrai, en fuyant
» l'enquête par la torture : ainsi, ce n'est certes pas
» de nos témoins que vous pourriez vous défier juste-
» ment, mais bien plutôt des témoins produits par
» l'adversaire. (§ 14). »

(1) Ce lieu est reproduit presque textuellement par Démosthène (contre Onétor, I, § 37).

III.

LA DISPOSITION.

Quand on lit les traités de rhétorique, on voit
que les parties du discours judiciaire se succèdent,
nettement séparées, dans un ordre attendu: Exorde,
Narration, Argumentation, Péroraison. Mais il en a
été de la Rhétorique comme des règles d'Aristote
sur la tragédie : l'autorité de la tradition, une sorte de
piété (respectable en somme) envers les modèles
anciens avaient donné aux conseils des premiers
maîtres le caractère de lois absolues, de dogmes
impérieux hors desquels il n'y avait point de salut.
Quintilien s'en plaint: « Nos ducit scholarum consue-
tudo ;... ex more cui assueverunt, nihil in foro putant
esse mutandum. » (1) C'est l'honneur de ce maître
excellent d'avoir gardé, tout en demeurant le défenseur de Cicéron et du goût classique, cette verdeur de
bon sens contre la routine et la superstition littéraire.
Ailleurs en effet, commençant à parler de la disposition (2), il pose en principe qu'il n'y a jamais eu deux
affaires complètement semblables, et que le plan doit
varier à l'infini selon les besoins de la cause. « Sapiat

(1) Inst. Or. IV. 2.
(2) Ibid. VII, 1.

oportet actor, et vigilet, et inveniat, et judicet, et consilium a se ipso petat. »

Au temps d'Isée, l'éloquence qui allait atteindre sa perfection était encore assez près de sa naissance ; toutes les ressources de l'art étaient connues, mais les préceptes n'avaient pas encore eu le temps de prendre un caractère de rigidité inflexible, impérieuse. Plus tard, on voudra vaincre dans les règles de la tactique traditionnelle ; ici, la grande règle est de vaincre, et la liberté de l'orateur est entière ; c'est même un plaisir (que ne peut donner nulle œuvre d'école) que de suivre le jeu souple et changeant d'une tactique imprévue. D'une part, la régularité d'une disposition trop visiblement savante eût été une maladresse, alors que le logographe devait se dissimuler derrière un client souvent illettré. Mais la raison décisive, c'est que là comme ailleurs, les Grecs eurent un avantage que nul ne put retrouver après eux : alors la tradition est courte ; elle n'est pas encore un fardeau ; législateurs de la Rhétorique, ils savent faire plier les lois qu'eux-mêmes ont trouvées, et s'en aident sans en être accablés. L'orateur n'a point alors de préoccupations d'école ; il ne songe pas à d'autres plaidoyers, faits dans un autre temps, pour un autre tribunal ; l'art se forme naïvement sur les nécessités du milieu où il naît.

Mais si notre orateur garde, dans la disposition du plan, sa liberté tout entière, il est naturel que cette liberté soit inclinée dans un certain sens par les qualités propres à son esprit. Concevant le plaidoyer comme une œuvre de raisonnement, son effort portera sur l'argumentation. Ce sera la partie principale, celle à laquelle les autres seront subordonnées. Ce plan qui, est très-libre, est très nettement tracé ; et chemin faisant, l'orateur prend souci de rappeler toujours, et la route parcourue, et celle qui reste à parcourir encore. A cet égard, le plaidoyer pour l'héritage de Pyrrhus présente un exemple frappant ; il était bien fait pour déconcerter les orateurs d'école dont parle Quintilien ; point d'exorde, point de péroraison ; la narration même et l'argumentation se mêlent, sans qu'on puisse dire où l'une finit, où l'autre commence ; nulle place où l'on puisse tracer les divisions précises enseignées par les rhéteurs ; mais partout des preuves, partout le ton et les moyens de l'argumentation.

Sans que jamais l'auditeur puisse perdre de vue le but qu'on lui a marqué et vers lequel on l'achemine pas à pas, comme par la main, de toutes parts, les raisonnements divers naissent avec abondance sans obstruer la route, sans que rien gêne le regard ; et partout le juge s'avance sans fatigue, parce qu'il connaît aisément le point précis où il est arrivé.

Cependant les divisions de la Rhétorique ne sont pas arbitraires ; elles représentent avec précision les parties constitutives de l'éloquence judiciaire : les unes, très-utiles, comme l'exorde et la péroraison ; les autres nécessaires, comme la narration et l'argumentation. Et de fait, aucune des parties essentielles ne manque aux plaidoyers d'Isée ; seulement, il ne les dispose pas dans un ordre attendu et toujours le même ; il n'a pas soin d'en avoir fini complètement avec l'une avant de commencer à développer l'autre.

3

IV.

L'EXORDE.

Dans les plaidoyers d'Isée, la part faite à l'Exorde est petite, et, sur ce point, notre orateur soutiendrait difficilement la comparaison avec Lysias qui s'arrête plus longuement et avec un soin plus sensible à préparer, par le début, l'effet général du discours. Il ne faut pas s'en étonner : les deux orateurs apportaient dans la conception du plaidoyer un tour d'esprit différent. Lysias crée à son client le personnage d'un honnête homme qui expose l'affaire avec abandon, parfois avec bonhomie ; et l'air de vérité, la vraisemblance est telle que l'idée de mensonge est bannie, et que le juge est conquis avant que l'orateur en soit venu à l'argumentation. Isée procède autrement : il semble que son client, au lieu de s'insinuer dans l'esprit du juge, préfère lui dire : « Voici l'affaire ; voici mes raisons, et je démontre qu'elles sont bonnes. » Nous ne voulons pas dire qu'il en soit toujours ainsi, et cette affirmation ne saurait être appliquée en toute rigueur et à tous les plaidoyers ; nos orateurs ont dû parfois, se pliant aux nécessités de la cause, s'écarter de leur disposition habituelle et préférée ; mais la remarque est juste, croyons-nous, si l'on considère l'ensemble de l'œuvre. Or, il était naturel que Lysias eût besoin de quelque préparation, avant de pénétrer dans le fond même de la plaidoirie, et ménageât soigneusement l'exorde pour revêtir au plus tôt son client de ce caractère d'honnèteté naïve dont il lui fait un si puissant argument. Il semble, au contraire, qu'Isée se hâte d'arriver à l'exposition de l'affaire et à la discussion qui fait sa force. Denys déclare Isée fort inférieur à Lysias dans l'Exorde ; je le crois ; mais il est juste d'ajouter que notre orateur a fait porter ailleurs l'effort de son plaidoyer.

Quand un ami parle à la place du plaideur (1) ou prononce une deutérologie (2), l'orateur se présente et justifie son intervention qui pourrait éveiller la défiance du tribunal : car il faut que ce secours d'un étranger paraisse un bon office et non un service acheté ; mais ce sont là, pour ainsi dire, des exordes extérieurs au plaidoyer. Isée aime les débuts simples, comme celui du discours pour l'héritage d'Astyphilos. « Astyphilos, » juges, dont l'héritage est en litige, était mon frère » du côté maternel ; il était à l'étranger, faisant partie » de l'expédition de Mytilène, quand il mourut, etc. » L'orateur se jette au cœur même de l'affaire ; c'est moins un exorde qu'une proposition et une division.

On trouve pourtant, dans certains plaidoyers, des exordes où se montre manifestement l'intention de préparer l'auditoire avant l'exposition de l'affaire.

(1) Disc. pour l'hérit. de Philoctémon.

(2) Disc. pour l'hérit. de Nicostrate.

Le neveu de Cléonyme commence en opposant sa jeunesse et son émotion naïve à l'âpreté que ses cousins apportent à la lutte. Cet exorde est un des plus longs ; c'est que l'orateur ne peut opposer qu'une hypothèse vraisemblable au texte formel d'un testament resté intact ; il sait qu'il peut triompher, parce que devant ce tribunal, le droit des héritiers naturels est toujours un argument plus puissant et plus honorable que celui des héritiers institués ; mais il faut que l'on fasse fléchir, par une interprétation bienveillante, la rigueur de la loi ; il a besoin d'éveiller l'intérêt et de faire souhaiter au juge qu'il ait raison.

Il en est de même pour le petit-fils de Ciron ; nous avons vu que son argumentation présente un point faible qu'il faut dissimuler: aussi cherche-t-il à faire plaindre en lui la victime d'un intrigant éhonté ; il importe de poser ce rôle dès le début du plaidoyer ; il commence donc par placer en face de ses droits menacés, des lois outragées, la perversité de Dioclès qui a tout machiné ; l'indignation contenue de l'exorde annonce et prépare l'invective de la fin.

Le fils adoptif de Ménéclès qui se présente au tribunal avec la qualité d'héritier institué, doit lutter contre un préjugé favorable à l'adversaire ; aussi, ne se borne-t-il pas à chercher des arguments dans les faits et dans les lois ; il éveille autour de sa cause l'idée religieuse qui s'attache à l'adoption. Thrasylle, fils adoptif d'Apollodore, se trouve dans la même situation judiciaire ; mais les circonstances sont différentes. Thrasylle est un homme considérable et honoré ; il peut citer les charges publiques qu'il a remplies ; il a

suivi l'exemple de son père adoptif en se montrant,
envers la cité, docile et prodigue de son bien; les
adversaires ont maintes fois fait preuve d'avidité; ce
sont de mauvais citoyens qui transforment leurs biens
en valeurs mobilières, et les dissimulent pour échapper
à l'impôt. Thrasylle trouve dans cette opposition une
force suffisante : il n'a pas besoin d'invoquer le
caractère sacré de cette adoption qu'on cherche à
nier; il débute en s'étonnant de voir attaquer un
acte accompli, selon toutes les formalités légales, par
un homme vivant, sain de corps et d'esprit ; puis il
entame rapidement l'exposition de l'affaire. Il se
borne à rappeler en passant que, pouvant choisir entre
deux procédures, il a préféré (marque de déférence
envers le peuple) celle qui soumettait l'affaire à la
décision du tribunal. Mais le fils de Ménéclès est de
condition humble ; il ne peut invoquer des services
rendus à l'état ; il semble qu'il ait eu affaire à forte
partie, et que ses adversaires l'aient représenté au
tribunal comme un intrigant qui, se faisant le complice
de sa jeune sœur, a surpris la confiance et conquis la
fortune d'un vieillard. Le danger est grand, et l'attaque redoutable; il faut que le juge sente s'éveiller en lui
l'antique et religieux respect pour ceux « qui sont chez
Pluton; » qu'il ne veuille rien croire contre ce pieux
défenseur d'un mort à qui l'on veut enlever son fils :
c'est la couleur générale que l'orateur donne au
plaidoyer, comme un motif indiqué dans l'exorde,
reparaissant à plusieurs reprises dans le discours, et
se développant dans la péroraison : il débute donc en
se donnant comme le défenseur, non de ses propres

intérêts, mais du mort que l'on veut priver du fils qu'il s'est donné, des Dieux de la famille, des lois saintes et respectées de tous.

La situation du plaideur qui réclame l'héritage d'Aristarchos est mauvaise ; sa réclamation se produit vingt ans après la spoliation prétendue ; il a été pour un temps frappé d'atimie comme débiteur du trésor ; les adversaires sont riches, habiles ; ils ne manqueront pas de rappeler qu'Aristarchos, dont notre plaideur attaque le testament, est mort bravement à la guerre. Mais l'orateur sait bien que dans ce tribunal, où les citoyens pauvres sont en majorité, il y a un secret penchant à désirer que les humbles aient raison et que les puissants aient tort ; il sait qu'il y a au fond de tout Athénien une défiance préconçue contre les habiletés de la parole ; aussi le logographe, tournant au profit de son client le discrédit même qui s'attache à son art, lui compose un exorde où il rappelle que les adversaires sont venus souvent plaider pour autrui, tandis que lui-même n'a jamais paru au tribunal, et doit pouvoir compter, orateur novice, sur l'indulgence des juges.

Isée a donc considéré l'exorde comme un moyen accessoire qu'il néglige quand les raisons suffisent ; plus curieux d'imposer au tribunal la conviction que de l'amener à la confiance, il a vu seulement dans l'habileté qui séduit le cœur du juge, une ressource subsidiaire pour le cas où les arguments seraient impuissants. Une remarque nous confirme dans cette opinion : les discours qui commencent par un exorde (sauf celui pour l'héritage de Cléonyme) finissent par une péroraison ; l'argumention s'encadre pour ainsi dire dans les raisons tirées du sentiment, et le début prépare et annonce la fin.

Faut-il blâmer Isée et lui reprocher d'avoir négligé trop souvent une utile ressource que lui offrait son art ? Nous sommes loin de le croire. Dans ces discussions d'intérêt, un exorde n'est pas toujours nécessaire ; et souvent, le mieux est de prouver au plus vite qu'on a raison. Devant ce tribunal, toujours prêt à soupçonner la main du logographe, il est bon de paraître rejeter tout artifice et d'aller droit à l'exposition des faits ; les exordes de Lysias sont fort habiles ; mais il est aussi habile de pouvoir se passer d'exorde. Isée d'ailleurs compose soigneusement à son client un personnage qui écarte toute prévention et attire la confiance. Aussi, trouve-t-on souvent ailleurs qu'au début, ce qui est le propre de l'exorde, l'effort pour inspirer la confiance au juge, et le rendre facile aux arguments qu'on lui soumet. Le neveu de Dicéogène ne débute pas en opposant son inexpérience aux perfidies de son oncle ; mais il raconte ses mésaventures d'un tel air, que le juge accepte aisé-ment les raisons de ce plaideur naïf et si souvent trompé. Qu'on lise attentivement le discours pour l'héritage de Nicostrate. L'orateur veut faire valoir les droits de ses clients, gens honorables, contre les prétentions de Chariade, qui est un aventurier. Il doit d'abord dégager le terrain : 1º ce discours est une deutérologie ; l'orateur doit justifier son inter-vention ; 2º Hagnon et son frère n'ont pas été chercher des témoignages dans le pays lointain où est mort leur parent ; 3° il y a sur le nom du mort une confusion qu'il faut éclaicir. C'est ici que commence en réalité le plaidoyer dont l'effort est de ruiner l'adversaire dans l'esprit des juges. Or, n'est-ce pas la préparation la plus habile que ce récit ironique et dédaigneux des autres tentatives avortées, cette revue de tous les coquins qui ont précédé Chariade ?

« Qui ne coupa ses cheveux, quand les deux talents » s'étalèrent sur l'affiche ? Qui ne prit des vêtements » de deuil ? comme si, avec un air affligé, on se prépa- » rait des droits à l'héritage ? Que de parents, que de » fils adoptifs on donna à Nicostrate ! Démosthène se » donnait pour son neveu : puis, convaincu de men- » songe par mes clients, il se désista. Télèphe décla- » rait que Nicostrate lui avait légué tout son bien : lui » aussi, au bout de peu de temps, il se désista. Ami- » niade arrivait devant l'archonte, amenant un fils de » Nicostrate : l'enfant n'avait pas trois ans, et il y en » avait onze que Nicostrate n'avait pas paru à Athènes. » Pyrrhus de Lamptra disait que Nicostrate avait con- » sacré ses biens à Minerve, lui en léguant d'ailleurs » une partie à lui-même. Ctésias de Bésa et Cranaos » dirent d'abord que Nicostrate leur devait un talent » pour un procès perdu contre eux ; puis, ne pouvant » le prouver, ils s'avisèrent de dire que Nicostrate était » leur affranchi, ce qu'ils ne purent pas prouver da- » vantage. Voilà ceux qui, tout de suite et dès le début, » sautèrent sur le bien de Nicostrate. Chariade, à ce » moment, n'éleva aucune prétention ; c'est plus tard » qu'il arriva, non pas tout seul, mais avec l'enfant de » sa maîtresse, qu'il donnait comme fils de Nicostrate.

» De cette façon, il espérait ou avoir l'héritage ou faire
» donner à l'enfant le titre de citoyen (1). Reconnais-
» sant lui-même que, sur cette prétendue parenté, il
» serait convaincu de mensonge, il arrêta l'action com-
» mencée au nom de l'enfant, et réclamant en son
» propre nom comme héritier institué, il consigna
» contre mes clients. » (§ 7)

Cet exorde ne continue-t-il pas (§ 11), quand
l'orateur se plaint de la facilité que la loi laisse à ces
revendications aventureuses ? Si le but de l'exorde est
de concilier à l'orateur la faveur du juge, et de le revêtir d'un personnage d'honnête homme, ceci est réellement un exorde placé non au début, mais dans la
première partie du plaidoyer. Nous irons plus loin : il
y a parfois un exorde, là où il semble faire absolument
défaut. Théopompe, homme de lutte, à qui il siérait
mal d'invoquer la pitié des juges, commence son plaidoyer pour l'héritage d'Hagnias, en faisant lire le texte
de la loi sur lequel il prétend s'appuyer : le texte lu, il
l'explique, le commente, en tire ses avantages. N'est-ce
pas en réalité s'assurer le bénéfice de l'exorde, que de
jeter au début cette loi, comme un défi, et d'imposer
au tribunal cette croyance que l'orateur, peu soucieux
des habiletés oratoires, se sent fortement appuyé sur
un droit inattaquable ?

(1) Chariade se présentait d'abord comme proche parent de Nicostrate, réclamant, pour ce prétendu fils du mort, l'héritage qu'il aurait
administré à titre de tuteur. Il dissimulait d'ailleurs la condition de
la mère. — Si l'enfant était reconnu héritier de Nicostrate, il devenait
de fait citoyen. Chariade obtenait ainsi un grand avantage pour l'enfant né d'une courtisane très-probablement étrangère. — Si l'enfant
n'était pas reconnu comme fils de Nicostrate, Chariade se présentait
lui-même à titre de plus proche parent.

W.

LA NARRATION ET L'ARGUMENTATION.

La narration et l'argumentation sont les parties essentielles de tout discours judiciaire ; c'est là qu'Isée concentre son effort ; c'est là aussi qu'il est le plus intéressant de saisir ses habitudes de composition.

Malgré la variété du plan qui se plie à la variété très-grande des causes, on peut déterminer certains caractères qui se retrouvent dans la disposition de tous les plaidoyers. Tout d'abord, Isée, nous l'avons vu déjà, ne s'astreint à aucun plan d'école. La narration et l'argumentation ne se succèdent pas comme dans un ordre hiérarchique, séparées avec la précision que recommandent les traités de Rhétorique. La raison en est simple : l'argumentation prend avec Isée une force et une importance toutes nouvelles ; or, s'il groupait tous les faits dans une narration faite d'une pièce, il serait forcé, l'argumentation venue, ou de reprendre longuement les faits dont il voudrait faire sortir les preuves ; ce qui alourdirait l'allure du discours et ralentirait la marche de l'orateur pressé par la clepsydre ; ou bien, il devrait rappeler les faits avec une brièveté qui ne serait pas sans danger : il courrait risque de réveiller incomplètement le souvenir des juges, et d'édifier son raisonnement sur une base fuyante : car cet auditoire est de ceux à qui il faut rendre l'attention facile.

La narration et l'argumentation ne sont donc pas disposées en parties distinctes; elles sont morcelées et se pénètrent l'une l'autre. On peut dire que l'argumentation mène le plaidoyer : l'orateur commence par dégager de la question les points à démontrer : c'est là son unique division, c'est là son cadre; il groupe au début, dans une narration souvent très-brève, les faits nécessaires à l'intelligence de la cause; puis il attaque la démonstration. Il tient en réserve les autres faits, les lois à invoquer, comme un arsenal où il puise à mesure que l'argumentation en se développant, appelle une preuve nouvelle. Ainsi, l'orateur d'abord indique nettement au juge le chemin qu'il veut lui faire suivre; chemin faisant, il s'arrête comme à des points de repaire, marquant pour ainsi dire les étapes ; et les arguments se succèdent, se groupant avec abondance et variété autour d'affirmations posées avec précision; ici des faits nouveaux qui surgissent donnent l'impression d'un renouvellement ; là, une loi vivement commentée pique l'attention du juge et le tient en haleine.

Cependant, on pourrait citer telle narration, telle argumentation, qui se développent dans une assez longue étendue, distinctes, et sans que l'une empiète sur l'autre. Mais si l'orateur paraît se départir de la disposition qui lui est habituelle, il est aisé de voir qu'il est toujours fidèle à cette règle maîtresse : donner à l'argumentation la plus grande force possible. Dans le plaidoyer pour l'héritage de Dicéogène, le point principal à démontrer est celui-ci : l'adversaire a promis de rendre les biens sans recevoir de dommages-intérêts; c'est sur cette affirmation que l'orateur pèse de tout son effort. Or, ne faut-il pas raconter un passé déjà long? montrer Dicéogène toujours perfide et se dérobant sans cesse par de nouvelles ruses à des poursuites légitimes? L'orateur ne doit-il pas rappeler les avantages acquis dans les procès antérieurs? comment il a tenu à sa merci Dicéogène vaincu? comment, par conséquent, il n'a pu intervenir entre eux qu'une convention livrant Dicéogène sans retour possible, sans espoir de dédommagement? Cette narration, dans sa longueur, est nécessaire à la démonstration du point principal : d'ailleurs, elle n'épuise pas les faits; quelques-uns sont ménagés pour renforcer et varier l'argumentation qui va suivre.

Le fragment pour Euphilétus nous fournit une assez longue étendue d'argumentation pure. L'orateur démontre par les témoignages de toute la famille que son frère est fils de citoyen athénien, et a été injustement exclu par les gens de sa tribu. Mais remarquons ceci: il n'y a pas là une série de raisonnements divers, s'engendrant l'un l'autre, s'éloignant pas à pas du point de départ pour aboutir à une conclusion lointaine, et conduisant l'auditeur par un chemin dont la longueur pourrait être laborieuse; tous ces arguments sont de même nature, parallèles pour ainsi dire, et à peu près d'égale force; isolé, chacun d'eux aurait peu de puissance; ils peuvent valoir surtout par leur nombre, et si l'orateur, en les serrant, leur donne la force du faisceau. Ainsi conçue l'argumentation peut s'étendre sans fatiguer. Loin de là ; il y a pour l'auditeur comme un étonnement à voir de la même source jaillir des arguments toujours renouvelés. Père et mère, frères et sœurs, oncles et beaux-frères, tous les témoignages se succèdent à coups pressés: le fond de l'argument reste le même ; mais la situation particulière de chaque proche à l'égard d'Euphilétus, en renouvelle la forme. Si la motonie est un danger, l'énumération est une force, et l'allure de celle-ci est si vive que l'auditeur n'a pas le loisir de songer qu'elle est longue.

Mais il est rare qu'Isée donne une grande étendue à la narration ou à l'argumentation sans couper la première par des arguments, la seconde par le récit d'un fait qui n'a point paru dans l'exposition. Le petit-fils de Ciron doit appuyer son droit sur le récit fort long de faits qui remontent à vingt ans. Après la première partie, il s'arrête ; les adversaires ont refusé de laisser interroger les esclaves par la torture ; l'orateur s'empare du refus, le commente, en fait sortir la preuve que les adversaires fuient une enquête sérieuse, et, par le fait même, ont enlevé toute autorité à leurs affirmations et à leurs témoins. Cette argumentation n'est pas seulement destinée à dissimuler l'absence de témoignages touchant cette partie du récit ; elle donne plus de poids à ce qui va suivre ; l'orateur continue victorieusement sa narration, en face des adversaires confondus et de leurs mensonges impuissants désormais (1). Le neveu de Cléonyme, après avoir

(1) Pour l'hér. de Ciron. § 12 et seq.

raconté les dernières années et la mort de son oncle, démontre que le mort avait évidemment l'intention de changer son testament. Au milieu de l'argumentation, un fait nouveau intervient : Cléonyme en voulait à Phérénicus, l'un des héritiers institués ; il y a eu, devant témoins, des paroles de haine et de menace ; récit du fait ; audition de témoignages. Ceci n'est pas seulement un repos dans l'argumentation : ce fait tenu en réserve, et soustrait à l'ordre chronologique, arrive à point nommé, raviver la discussion et lui donner comme un élan nouveau. (1)

Les argumentations d'Isée ne sont pas seulement conçues avec force et conduites avec netteté ; elles sont admirablement ménagées en vue du tribunal devant lequel elles se produisent. Les jurés, parce qu'ils sont très-nombreux, se laissent plus aisément aller à l'inattention ; ils portent trop légèrement le poids d'une responsabilité trop dispersée. Sans doute, il faut faire la part de l'exagération dans les railleries qu'Aristophane, partisan de l'aristocratie, lance contre l'organisation très-démocratique des tribunaux ; mais il faut bien avouer que ses *Guêpes* n'eussent pas été applaudies, si la caricature eût été autre chose que le grossissement de la réalité. Aristophane a pu présenter un portrait faux de Socrate, dont le public connaissait mieux le visage que l'enseignement ; mais il en est autrement du tribunal que tout Athénien connaît pour y être allé, comme plaideur ou comme juge, comme témoin ou comme curieux. Nous pouvons donc croire que les

(1) Pour l'hér. de Cléonyme. § 30 et seq.

Athéniens se reconnaissaient quand ils voyaient Philo-
cléon écouter les plaideurs d'une oreille si distraite ; et
nous ne nous étonnerons pas de trouver dans les plaidoyers d'Isée un effort très-marqué pour ramener plusieurs fois les faits principaux devant l'esprit des juges,
pour faire renaître à plusieurs reprises, même au prix
d'une faute de plan apparente, une argumentation décisive. Dans le plaidoyer pour l'héritage de Pyrrhus,
démontrant que ce dernier n'a jamais été marié, il
insiste fortement sur ce point : Il n'y a pas eu de dot
reçue ou reconnue par Pyrrhus : 1° Il appuie sur ce
fait qu'il n'y a point de trace de dot, bien que le
prétendu mari fût fort riche ; point de restitution d'une
part, point de réclamation de l'autre (1) ; 2° le même
égarement qui aurait poussé Pyrrhus à épouser une
pareille femme l'aurait conduit à lui reconnaître une
dot : Nicodème n'eût pas manqué de la faire stipuler,
et de prémunir ainsi sa sœur contre un divorce probable (2) ; 3° la loi est formelle : on ne peut réclamer,
en cas de divorce ou de mort, que ce qui est marqué
dans le contrat dotal ; or, quel avantage trouvait Nicodème à marier, sans stipulation de dot, une femme
que Pyrrhus pouvait renvoyer sans bourse délier, une
courtisane qui n'avait jamais eu d'enfants, qui ne pouvait guère en avoir, et dont Nicodème était l'héritier ?
L'habile et avide Nicodème aurait-il négligé cette
chance de gain (3)? — En réalité, il n'y a ici qu'un seul
argument, grandissant, à chaque reprise, en étendue

(1) § 8.
(2) § 28.
(3) § 35.

et en force. Au lieu de le traiter d'un coup et à fond, Isée, sans doute parce qu'il le trouve décisif, préfère le faire revenir par trois fois sous les yeux des juges athéniens.

Avec quelle éclatante netteté l'orateur établit les faits principaux qui sont la base de son argumentation. Le neveu de Dicéogène, après un long récit, veut poser cette affirmation : malgré les testaments produits par son oncle, l'héritage injustement possédé peut être aujourd'hui justement revendiqué par les héritiers naturels : « Deux testaments ont été produits, l'un
» autrefois, l'autre plus récemment; aux termes du pre-
» mier produit par Proxène, père de Dicéogène, celui-
» ci était adopté par notre oncle avec le tiers de l'hé-
» ritage ; aux termes du second, qu'a produit Dicéo-
» gène lui-même, il a été adopté, avec le patrimoine
» tout entier. Or, pour le premier des deux testaments
» (celui qu'a produit Proxène), Dicéogène a démontré
» au tribunal qu'il était faux ; et pour le second (celui
» qu'a produit Dicéogène), les témoins qui ont déclaré
» que notre oncle en était bien l'auteur, ont été con-
» vaincus de faux témoignage. Donc, puisque les deux
» testaments deviennent nuls, puisqu'il est avéré qu'il
» n'en existe pas d'autre, à titre d'héritier testamen-
» taire, personne n'a de droit sur l'héritage; c'est aux
» héritiers naturels qu'il revient, aux sœurs du Dicéo-
» gène décédé, c'est-à-dire à nos mères. » (§15) Plus loin, le même plaideur veut montrer que, vainqueur dans un procès précédent, et tenant à sa discrétion ses ad-

versaires, il n'a pu accepter d'eux qu'un engagement
sérieux, celui de rendre, sans recevoir de dommages-
intérêts, les biens en litige ; c'est le cœur même de
l'affaire, c'est sur cette question que porte précisément
le présent débat ; avec quelle force l'orateur établit
cette affirmation capitale : « Manifestement, ils
» mentent ; nous produisons devant vous les témoins
» qui étaient présents quand Dicéogène céda les deux
» tiers de l'héritage et s'engagea à les restituer aux
» sœurs de Dicéogène décédé, en remboursant les
» possesseurs actuels ; quand Léocharès garantit, à
» titre de répondant, que Dicéogène remplirait les en-
» gagements qu'il prenait. Nous nous adressons aussi
» à vous, juges : s'il en est parmi vous qui se soient
» trouvés présents alors, qu'ils veuillent bien recueil-
» lir leurs souvenirs, voir si nous disons la vérité,
» et nous prêter leur aide. En effet, juges, sup-
» posons que Dicéogène dise la vérité : qu'avons-
» nous gagné, nous, les vainqueurs ? Et qu'a-t-il
» perdu, lui, le vaincu ? Car, s'il s'est borné, comme
» il le dit, à céder les deux tiers de l'héritage, s'il ne
» reconnaît pas qu'il devait les restituer en rembour-
» sant les possesseurs actuels, que perdait-il en cédant
» des biens dont il avait reçu la valeur ? Même avant
» d'être vaincu dans ce procès, il n'avait plus en sa
» possession ces biens que nous réclamons ; ils étaient
» entre les mains de ceux qui les lui avaient achetés
» ou les avaient reçus en hypothèques ; son devoir était
» de les rembourser pour nous restituer notre part.
» C'est précisément pour cela que nous exigions de lui

» des répondants, nous défiant de sa fidélité à remplir
» ses engagements. » (§ 20)

Nous sommes loin de nos tribunaux civils où un
petit groupe de jurisconsultes peut s'intéresser à une
laborieuse argumentation de droit, qui paraîtrait aride
à un public ignorant. A Athènes, une discussion
juridique, longue et dogmatique, courait risque de
n'être pas écoutée. Devant ce tribunal, il faut à tout prix
être bref et n'être pas ennuyeux; il faut que l'argumentation de droit ne cesse pas d'être aisément
accessible ; il faut qu'elle soit menée avec une vivacité
de ton capable de retenir l'attention qui se dérobe. Le
plaidoyer pour l'héritage de Ciron nous montre d'une
manière frappante comment Isée épargne au tribunal
un effort trop laborieux, et rend sensible, pour toute
intelligence l'évidence d'une discussion de droit. La
loi sur les successions donnait un privilége aux mâles,
mais seulement dans le cas où, à défaut de plus proches, les cousins germains on issus de germains étaient
appelés à hériter. Les adversaires invoquaient ce
privilége, et notre plaideur veut démontrer que le
droit d'un petit-fils (fils de fille) l'emporte sur le
droit d'un neveu (fils de frère). Un premier point,
dit-il, est évident: les descendants (ἔκγονοι) passent
avant les collatéraux (συγγενεῖς): « Supposons que ma
» mère, fille de Ciron, soit vivante, et que Ciron soit
» mort intestat, laissant non pas un fils de frère, mais
» un frère : ce dernier aurait le droit d'épouser la
» fille, mais non pas de disposer de l'héritage; ce
» droit appartiendrait aux enfants nés de lui et de la

» fille, à leur majorité ; c'est ainsi que les lois en dispò-
» sent. Ainsi, il n'aurait pas le droit de disposer des
» biens de la fille, même vivante ; mais ce droit revien-
» drait aux enfants de la fille ; il est donc évident que,
» cette fille étant morte et ayant laissé des enfants, c'est à
» nous, ses enfants, et non aux adversaires que revient
» l'héritage.» (§31)—Isée s'arrête, comme s'il craignait
de fatiguer l'auditoire : il passe à un autre argument :
si le grand père vivait et qu'il fût dans la misère, la
loi ordonnerait qu'il fût nourri par qui ? par le neveu ?
non, par le petit-fils ; au petit-fils donc, et non pas
au neveu, doit, par une juste réciprocité, aller l'héritage du grand-père. Ceci n'est plus une discussion de
droit pur ; l'esprit se repose sur ce raisonnement
facile. Isée reprend alors son argument interrompu,
sous une forme nouvelle et plus vive. L'orateur
annonce qu'il va comparer le droit du premier des
collatéraux, le frère, avec celui des descendants à
divers degrés : « Je vais vous poser des questions ;
» c'est la manière la plus facile de vous faire saisir la
» vérité. De la fille ou du frère de Ciron, quel est le
» plus proche parent? Evidemment la fille : la fille est
» descendante, le frère est collatéral. Des enfants de
» la fille ou du frère, lequel est le plus proche ? Les
» enfants de la fille bien certainement ; car ils sont
» descendants et non collatéraux ; si donc nous l'em-
» portons manifestement sur le frère, à plus forte
» raison l'emportons nous sur l'adversaire, qui est fils
» de frère. » (§ 33) Notre orateur a pour lui une loi
formelle ; il n'en cite pas le texte ; ce texte est obscur

,et demande une explication qui peut être aride; Isée préfère le développement qui permet un tour ingénieux, une forme concrète, de vives interrogations.

Au point de vue de l'exposition juridique, nul plaidoyer ne présentait plus de difficultés que celui pour l'héritage d'Hagnias.

La question débattue portait tout entière sur ce même texte de loi concernant les successions; ici, on ne pouvait ni transformer, ni raccourcir la discussion de droit; il fallait aborder le texte franchement et le commenter. Voici le commencement du plaidoyer: Théopompe fait lire la loi; il en donne un premier commentaire bref et serré, mais forcément abstrait et aride; aussi le reprend-il aussitôt sous une forme plus vive et plus facile, animée par des attaques personnelles contre l'adversaire; peu à peu le raisonnement semble prendre corps; ce n'est plus une discussion juridique, mais une scène qui se joue sur le bêma.

Lecture des lois concernant les successions (1).

« Je vous ai fait lire ces lois parce que l'adversaire

(1) Il y a ici, en réalité, non plusieurs lois, mais plusieurs fragments d'une même loi citée par Démosthène (contre Macart. § 51). Voici la traduction qu'en donne Bunsen (I. 1).

— Si quis intestatus mortuus fuerit, filias si reliquerit, qui eas ducent, heredes sunto; sin minùs, hereditatem hi adeunto, si quidem sint fratres germani, et si liberi eorum sint legitimi, patris defuncti partem sibi postulanto. Si verò non exstent fratres aut fratrum liberi, sorores et liberi eorum hereditatem cernunto. Si verò non sint filiæ filiarumque liberi, consobrini eodemque nomine liberi ex iis procreati

» s'appuie, sur la première, pour réclamer en faveur
» de l'enfant la moitié de l'héritage ; or, ce qu'il dit est
» faux ; car Hagnias n'était pas notre frère ; et la loi,
» quand il s'agit des biens d'un frère, attribue d'abord
» l'héritage aux frères et à leurs enfants (s'ils sont
» frères de père et de mère) ; car c'est le plus proche
» degré de parenté avec le mort. S'il n'y a pas de frè-
» res, la loi appelle en second lieu les sœurs (de père
» et de mère) et leurs enfants. S'il n'y a pas de sœurs,
» la loi attribue le droit de parenté au troisième degré,
» aux cousins germains du côté paternel et à leurs
» enfants. S'il n'y a pas de parents même à ce degré,
» la loi revient à l'origine de la descendance, et donne
» l'héritage à ceux qui sont parents par la mère du
» mort, en suivant le même ordre que d'abord pour
» l'attribution de l'héritage aux parents du côté pater-
» nel. Voilà les droits de parenté qu'établit le législa-
» teur, et ce sont les seuls ; le texte emploie moins de
» paroles que je n'en dis ; mais ce que le législateur
» veut dire et ordonne, est bien clairement tel que je
» vous le montre.

» Eh bien, l'enfant pour qui l'on réclame ne se rat-
» tache à Hagnias par aucun des degrés de parenté
» donnant droit d'hériter ; il n'est même parent à au-

cernunto : masculi autem et ex masculis progenit, *qui iisdem proavo
et proaviâ oriundi sint*, etiamsi sint gradu remotiores, præferuntor. Si
verò non exstent ex paternâ stirpe ad consobrinorum usque liberos,
ex maternâ stitpe eodem nomine heredes sunto. Si verò ex utrâque
parte nemo inter hos exstet, a patre proximus heres esto. Notho autem
nothæve nullum sit jus successionis neque in publicis rebus neque in
sacris, ab Euclide Archonte.

» cun degré. Pour vous faire exactement saisir la
» question que vous allez décider, que l'adversaire
» laisse là les paroles inutiles, et dise net, quel est
» parmi les degrés de parenté énoncés dans la loi ,
» celui par lequel l'enfant tient au mort de qui vient
» l'héritage ; et, s'il en est un qu'il puisse établir, je le
» serai le premier, moi, à reconnaître que la moitié de
» l'héritage appartient à l'enfant ; mais s'il n'en peut
» citer un seul, comment ne pas reconnaître ce fait
» évident qu'il m'attaque de parti-pris, et que vous, il
» cherche à vous tromper et à vous faire violer les lois ?
» Je vais le faire monter, et devant vous, je vais lui
» poser des questions, en énumérant les degrés de
» parenté énoncés dans la loi ; de cette façon, vous
» verrez bien si l'enfant a droit, oui ou non, aux biens
» d'Hagnias. — Au scribe : « Prends-moi le texte de
» la loi. » — A l'adversaire : « Et toi, monte ici,
» puisque tu es si habile à calomnier les gens et à per-
» vertir le sens des lois. » — Au scribe : « Lis. »

Seconde lecture de la loi.

Au scribe : « Arrête. » — A l'adversaire : « A toi :
» je vais te poser des questions : l'enfant est-il frère
» d'Hagnias, ou bien neveu, fils de frère ou de sœur,
» ou bien cousin germain, ou bien fils de cousin ger-
» main par son père et par sa mère ? Parmi tous ces
» degrés de parenté auxquels la loi donne le droit
» d'hériter, quel est celui de l'enfant ? Tu n'as pas
» besoin de dire qu'il est mon neveu : ce n'est pas de
» mon héritage qu'il s'agit ; je suis vivant, et bien vi-

» vant. Ah ! si j'étais mort sans enfants, et que le pu-
» pille réclamât mes biens, alors cette réponse aurait
» de la valeur ; mais présentement tu dis que la moitié
» de l'héritage d'Hagnias appartient à l'enfant : il faut
» que tu dises la parenté par laquelle l'enfant tient à
» Hagnias : voyons ; dis-le au tribunal. » L'orateur
triomphe de l'adversaire qui s'embarrasse. « Pour moi,
» ajoute-t-il, je ne ferai pas comme lui ; je dirai quelle
» est ma parenté et de qui je tiens mes droits à l'hé-
» ritage ; et je montrerai de plus que l'enfant, et ceux
» qui avant lui m'ont disputé ces biens, étaient tous en
» dehors des degrés énoncés par la loi ; et vous serez
» tous de mon avis. » (1).

(1) Démosthène établissant contre Macartatos (§ 47), les droits du
jeune Eubulide, s'est évidemment inspiré de ce passage :

« Le témoignage le plus éclatant contre Macartatos, va vous être
» fourni par lui-même ; il va confesser l'injustice des prétentions de
» son père Théopompe sur l'héritage d'Hagnias, et reconnaître que,
» plus éloigné que nous, il n'appartient pas même à cette famille.

» Si donc, juges, on lui adressait cette question : Hé ! dis-moi, qui
» dispute au jeune Eubulide l'héritage d'Hagnias ? —Moi, Macartatos,
» répondrait-il. — Qui est ton père ? — Théopompe. — Quelle est ta
» mère?— Apolexis, fille de Prospaltios, sœur d'un Macartatos, fils
» d'un Prospaltios. — Le père de Théopompe ? — Charidème. — Le
» père de Charidème ? — Stratios. — Le père de Stratios ? — Buselos.
» — Mais, tout cela, juges, c'est la famille de Stratios, l'un des fils de
» Buselos ; ces gens-là sont descendants de Stratios, vous l'entendez ;
» et dans tous ces noms, il n'y en a pas un de la famille d'Hagnias,
» pas un.

» Maintenant, j'interroge cet enfant, Eubulide : Qui dispute à Ma-
» cartatos l'héritage d'Hagnias ? Il n'y a à répondre qu'une chose :
» Moi, Eubulide. — Ton père ? — Eubulide, cousin d'Hagnias. — Ta
» mère ? — Philomachè, petite cousine d'Hagnias du côté paternel.—
» Le père d'Eubulide ? — Philagros, cousin d'Hagnias. — Sa mère ?
» — Philomachè, tante d'Hagnias.— Le père d'Hagnias ? — Polémon.

Jusqu'ici, nous avons vu avec quelle force Isée dispose les faits et les arguments en vue de la démonstration. Mais ce n'est pas la seule arme de l'orateur judiciaire. S'il peut ordonner les faits dans une économie logique qui sert de base à l'argumentation, il peut aussi les réunir de telle sorte que par leur seul groupement, par l'air d'honnêteté répandu sur le récit, ils aient par eux-mêmes et sans commentaire, la valeur d'une argumentation. En d'autres termes, on peut distinguer deux sortes de narration : la narration purement didactique, et la narration éthique, répondant toutes deux à des besoins différents. Il est telle conviction qu'on peut imposer aux juges par le raisonnement ; il en est d'autres que la logique serait impuissante à établir : l'ora-

---

» — Le père de Polémon ? — Un premier Hagnias. — Le père de cet
» Hagnias ? — Busélos. — Voilà une autre famille, la famille d'Hagnias,
» l'un des fils de Busélos. »

« L'argumentation d'Isée est vive, ajoute M. Cucheval, comparant les deux passages (Tribun. Athéniens. Chap. 6) et dut produire de l'effet sur les juges; mais Démosthène, qui l'a imitée, me semble l'avoir surpassée. Ce dialogue, tout animé qu'il est chez Isée, se transforme; il est lumineux, éclatant et bien autrement dramatique. Cette apostrophe directe et perpétuelle sent l'orateur de l'agora, si habile à mettre en scène ses personnages et les rivaux politiques qu'il veut confondre.»

J'avoue ne pouvoir accepter ce jugement : pour estimer à sa juste valeur l'argumentation d'Isée, il faut en refaire la mise en scène, se représenter Théopompe s'agitant à l'aise sur ce bêma où il est souvent monté, faisant rire les juges : « Je suis vivant, bien vivant, » s'interrompant pour laisser balbutier l'adversaire, et le renvoyant tout déconcerté. Il est utile de rapprocher les deux passages pour montrer l'influence d'Isée sur Démosthène ; il serait dangereux de vouloir assigner des rangs ; la conception et le but des deux passages sont différents ; différent aussi le ton imposé aux orateurs par le caractère des plaideurs.

teur ne doit pas toujours forcer par des preuves l'assentiment du juge ; il a parfois besoin de surprendre sa confiance par le naturel même de la narration.

Le fils de Ménéclès veut prouver que l'adoption a été faite honnêtement, et n'est pas due à l'influence de sa sœur, jeune femme d'un vieux mari. Peut-il dire: « Juges, nous sommes d'honnêtes gens », et le prouver par voie d'argumentation ? Quand on veut faire croire à sa loyauté, c'est un mauvais moyen de l'affirmer directement ; dans les questions de ce genre, on est cru sans raisonnement, ou l'on n'est pas cru. Avec abandon, avec bonhomie, l'orateur ouvre au tribunal l'intérieur de sa famille ; voilà le bon Ménéclès s'intéressant aux enfants de son vieil ami qui est mort ; il prend pour femme une de ces jeunes filles qu'il a vues grandir ; par bonté encore, il la donne à un mari plus jeune ; il ne veut pas qu'elle vieillisse sans enfants ; lui-même a pris de l'âge, il est bien seul ; il lui faut un fils qui veille à ses petites affaires ; où le prendre, sinon chez ses vieux amis ? En famille, et comme il sied entre bonnes gens, on a parlé de tout cela ; et l'on a conseillé à Ménéclès d'adopter l'orateur ; et Ménéclès l'a adopté, puis il l'a marié ; et il a vieilli honoré et aimé de ses enfants ; il était le premier à dire aux voisins qu'il était heureux de ce qu'il avait fait.

Voilà le résumé de la narration, voilà l'impression produite. Examinons la narration elle-même : elle nous paraîtra sensiblement plus froide. Le plaideur semble exposer les faits, sans y vouloir mêler aucun sentiment personnel ; le juge sera ému à la réflexion, et sans que le plaideur ait paru le chercher.

« Eponymos d'Acharne , notre père , juges , » était fort lié avec Ménéclès ; c'étaient des amis qui » se voyaient dans l'intimité. Nous étions quatre » enfants, deux fils et deux filles. Ayant perdu notre » père, nous mariâmes notre sœur aînée, quand elle » eut l'âge, à Leucolophos, avec une dot de vingt » mines. Quatre ou cinq ans se passent ; notre sœur » cadette se trouvait à peu près en âge de se marier, » quand Ménéclès vint à perdre sa femme. Après » s'être acquitté des devoirs funèbres envers la » défunte, il nous demanda notre sœur, nous rappe- » lant et l'amitié qui l'unissait, et son affection pour » nous tous. Et nous, sachant bien que notre père » n'aurait donné notre sœur à personne plus volon- » tiers qu'à Ménéclès, nous la lui donnâmes, non pas » sans dot, comme le dit toujours l'adversaire, mais » avec une dot égale à celle que nous avions donnée » à l'aînée : nous avions jusqu'alors été les amis de » Ménéclès ; nous fûmes désormais de la même » famille. » (§ 3)

— Une déposition confirme cette affirmation très-importante, touchant la dot. —

Les deux frères partent alors en Thrace, à l'armée ; ils s'y distinguent et y font quelques profits ; à leur retour, la sœur aînée avait deux enfants, la cadette n'en avait pas.

» Deux ou trois mois après, Ménéclès vint causer » avec nous de notre sœur dont il faisait le plus

» grand éloge ; il avait bien peur, disait-il, d'être trop
» âgé pour avoir des enfants ; il ne voulait pas que sa
» femme ne retirât d'autre fruit de toutes ses bonnes
» qualités, que de vieillir sans enfants près de lui ;
» c'était bien assez de lui à être malheureux. (Et cette
» parole montre bien qu'il aimait celle dont il allait se
» séparer ; quand on en veut aux gens, on n'emploie
» pas les prières.) Il nous demandait donc ce service,
» de marier notre sœur à un autre ; lui-même y con-
» sentirait le premier. Nous lui donnâmes le conseil de
» décider lui-même sa femme ; si elle consentait, nous
» étions prêts à faire ce qu'il voulait. Notre sœur,
» d'abord, ne voulut rien entendre ; puis , avec le
» temps, et à grand'peine, elle se décida. Nous la ma-
» rions à Eleos, de Sphette ; Ménéclès lui rend sa dot.
» Il était précisément un de ceux à qui avait été confié,
» contre hypothèque, l'héritage des enfants de Ni-
» cias (1). Il lui donne en plus les vêtements qu'elle
» avait apportés, et les modestes bijoux qu'elle pos-
» sédait.

» Plus tard, un certain temps s'étant passé déjà,
» Ménéclès songea à ne pas rester sans enfant; il
» voulait avoir un fils qui, de son vivant, le soignât
» sur ses vieux jours, et, après sa mort, l'ensevelît et
» lui rendît chaque année le culte funèbre. Mon adver-

(1) Bœckh, Econom. polit. des Ath. (I. XXIV).—L'Archonte Eponyme
devait amodier les biens des orphelins, conjointement avec les tuteurs. L'amodiateur était tenu de fournir une hypothèque, ἀποτίμημα.
Ce n'était pas seulement les immeubles qu'on amodiait ainsi, mais
l'argent. — Cette circonstance explique comment Ménéclès, qui n'était
pas riche, dit l'orateur, avait, à ce moment, de l'argent comptant.

» saire n'avait qu'un fils ; si bien que Ménéclès trou-
» vait indélicat de laisser son frère sans enfant mâle,
» en se faisant donner ce fils pour l'adopter. Il ne
» trouvait donc personne qui lui tînt de plus près
» que mon frère et moi. Il vint nous parler, et nous
» dit qu'il serait content ,puisque le malheur avait voulu
» qu'il n'eût pas d'enfant de notre sœur, de se faire,
» par l'adoption, un fils, dans une famille où il aurait
» voulu avoir des enfants par le sang.—Mon intention,
» dit-il, est d'adopter l'un de vous, celui des deux qui
» voudra. — Mon frère, à cette parole, considérant que
» Ménéclès nous donnait cette marque d'estime parti-
» culière, le remercia, et lui dit que son âge déjà
» avancé et la solitude où il était maintenant, exigeaient
» que ce fils adoptif l'entourât de soins, et fût toujours
» à Athènes. — Moi, ajouta-t-il, je suis obligé de vivre
» loin d'ici, comme vous savez ; mais mon frère que
» voici (c'est de moi qu'il parlait), s'occupera de vos
» affaires en même temps que des miennes, si vous
» voulez l'adopter. — Ménéclès répondit à mon frère
» qu'il avait raison ; et voilà comment il m'adopta. »

Le plaideur qui réclame l'héritage de Ciron, fournit des témoins attestant qu'ils ont été, son frère et lui,
traités par le vieillard comme des petits-fils. Mais ces
mêmes faits, énumérés sèchement, morcelés dans les
dépositions successives, ne rendraient pas tout ce qu'ils
peuvent rendre dans l'intérêt de la démonstration
poursuivie. L'orateur en tire davantage en les réunis-
sant dans ce charmant récit qu'il fait de son enfance.

« Comme il était naturel de le faire pour des

» enfants qui étaient fils de sa fille, jamais il ne faisait
» de sacrifices sans nous ; sacrifice grand ou petit,
» toujours nous étions là, prenant part à la cérémonie.
» Ce n'est pas seulement dans ces occasions qu'il nous
» faisait venir chez lui, mais aux Dionysies des champs,
» il nous emmenait toujours ; nous allions avec lui voir
» le spectacle, assis à ses côtés ; et toutes les fêtes ,
» nous les passions chez lui Quand il faisait un sacri-
» fice à Jupiter Ctésios (il avait pour ce dieu une dévo-
» tion particulière), il n'y admettait ni esclaves, ni
» amis, et faisait tout lui-même ; nous, nous y prenions
» part ; avec lui, nous préparions la cérémonie, nous
» placions les objets sacrés sur l'autel ; avec lui, nous
» vaquions aux autres détails du culte ; et, en bon grand
» père, il demandait au dieu de nous donner la santé
» et une fortune honorable. Or, s'il ne nous avait pas
» regardés comme les fils de sa fille, s'il n'avait pas vu
» en nous les seuls descendants qui lui fussent laissés,
» il n'aurait jamais agi ainsi ; il aurait attiré chez lui
» notre adversaire, qui se présente aujourd'hui comme
» son neveu. » (§ 15)

Il y a là une nuance d'attendrissement assez rare
dans Isée ; avec quel habile abandon reviennent tous
ces doux souvenirs ! Ainsi groupés, les faits ne parlent
pas seulement à l'esprit, mais au cœur ; ils paraissent
même plus vrais ; il y a tel détail dont l'argumentation
ne pourrait rien tirer, et qui est puissant néanmoins :
car l'auditeur ému répugnerait à croire qu'il fût inventé.

Le vieil Euctémon meurt près d'Alké, l'ancienne
courtisane, pour qui il a depuis longtemps quitté sa

famille, par qui il a laissé voler le meilleur de son bien. Alké et ses complices ont caché cette mort, pour voler à l'aise ce qui reste.

« Euctémon meurt ; voyez leur impudence; le
» cadavre étant encore dans la maison, ils surveillent
» les esclaves, empêchant qu'aucun d'eux n'aille avertir
» les deux filles, la femme, des parents ; quant aux
» richesses, ils les transportent de la maison, avec l'aide
» de cette femme, dans un logis mitoyen, qu'avait
» loué et qu'habitait un des complices, Antidore.
» Averties par des étrangers, les filles et la femme arri-
» vent : on ne les laisse même pas entrer, on leur
» ferme la porte; on leur dit qu'il ne leur appartient
» pas d'ensevelir Euctémon. Et elles ne purent entrer
» qu'à grand'peine, et au coucher du soleil. Elles
» entrent : elles trouvent le corps d'Euctémon aban-
» donné depuis deux jours, à ce que dirent les
» esclaves; tout ce qu'il y avait dans la maison
» avait été emporté par les adversaires. Les femmes,
» naturellement, s'empressent autour du mort;
» mes clients montrent sur-le-champ à ceux qui les
» avaient accompagnés, l'état de la maison ; ils
» interrogent les esclaves en présence de ces témoins;
» leur demandant ce que sont devenus les meubles :
» les esclaves répondent qu'on a tout emporté dans la
» maison voisine. » (§ 39)

Tout l'effort du plaidoyer est de mettre en opposition les droits de la famille d'Euctémon et l'impudence d'Alké. L'orateur, qui a raconté la vie scandaleuse et les longues intrigues de cette femme, est au cœur même du sujet, quand, pour accroître par un contraste, l'indignation contre la courtisane, il fait passer un moment dans son récit la femme et les filles du vieillard. Voilà d'une part l'avidité de la courtisane et de ses complices, volant autour du mort : de l'autre, ces femmes qui accourent pieusement; la mort a effacé le souvenir des fautes qui leur coûtent si cher, et elles prient pour entrer, et celle qui les laisse pleurer à la porte, c'est Alké; dans la maison, elles ne s'occupent pas des vols commis; elles vont à ce misérable cadavre délaissé. Que de sentiments, que de réflexions, tous dans l'intérêt de la cause éveille ce récit : mais, en même temps, quelle habileté! Remarquons la discrétion de cet art; l'orateur montre les faits sans les commenter; il sait fort bien quelles réflexions il va faire naître dans l'esprit des juges; mais il ne les fait pas lui-même, il les jette en passant, et continue à discuter.

Les exemples qui précèdent nous permettent de conclure que si notre orateur n'a pas, comme Lysias, donné une importance capitale à la narration éthique, s'il n'a pas placé dans une exposition touchante et naïve des faits le principal effort de son plaidoyer , ce fut par choix et non par impuissance. Toutefois, les récits de ce genre sont rares dans Isée : sans négliger cette arme, dont son prédécesseur s'était servi avec tant de force, il préfère vaincre par d'autres moyens ; au lieu de grouper les faits de manière à les laisser plaider eux-mêmes, le plus souvent il les combine, les oppose en forme d'argumentation, les pressant pour ainsi dire, afin d'en exprimer tout ce qu'ils peuvent donner de puissance au raisonnement.

VI.

LES TÉMOIGNAGES. — LES LÔIS.

Cette étude sur le plan du plaidoyer serait incomplète si nous ne disions quelques mots du rôle qu'y jouent les témoignages et la lecture des lois.

Dans les tribunaux modernes, les réponses des témoins cités par un magistrat instructeur, interrogés avec une habileté professionnelle par le magistrat qui préside, forment une exposition de l'affaire, où les faits, montrés nus et sans passion, fournissent une base solide à l'appréciation du jury. Il n'en est pas ainsi à Athènes ; le thesmothète, qui n'était pas un magistrat de profession, présidait les débats, mais ne les dirigeait pas. Il n'y avait pas de témoins cités ou directement interrogés par le magistrat. Chacune des parties amenait les siens, et les dépositions se produisaient au moment choisi par le plaideur, dans la mesure et dans la forme convenues entre le témoin et lui. Il y avait donc un art de disposer les témoignages, et il est important de l'étudier quand il s'agit d'un orateur qui a donné à l'argumentation une force nouvelle et construit avec plus de fermeté le plan du plaidoyer.

Le texte des plaidoyers civils de Démosthène où

parfois les noms des témoins et leurs témoignages nous ont été conservés, prouve que les dépositions pouvaient être fort nombreuses. Le tribunal les accueillait volontiers ; c'était une distraction et un repos. La clepsydre mesure le temps au plaideur ; mais l'écoulement de l'eau est arrêté pendant l'audition des témoignages : l'orateur peut donc, en présentant des témoins, insister longuement sur un fait, sans néanmoins rien perdre de ce temps précieux. Quand on voit le texte du plaidoyer brièvement interrompu par ce mot : *Témoignages*, on se ferait une idée fausse du plan et de l'importance attribuée aux diverses affirmations, si l'on oubliait que ce mot représente une série souvent longue de témoins qui tour-à-tour sont venus sur le bêma, dire, redire aux juges un même fait, appuyant par leurs affirmations réitérées sur un point donné de la cause, au moment précis marqué par l'orateur.

Le principal groupe de témoignages trouvait naturellement sa place après l'exposition des faits ; il y avait là une pause assez longue ; la croyance du tribunal avait le loisir de se faire et de s'asseoir ; c'était comme une base solide et large qui se formait pour les arguments à venir. Il y avait sans doute, (mais ceci nous échappe) un ordre ménagé pour les dispositions : les plus fortes au commencement et à la fin, les plus faibles au milieu, pour faire nombre. Quand la narration est courte (cf. Hérit. de Cléonyme), il n'y a qu'une seule audition ; quand la narration est longue, l'orateur en ménage plusieurs qui marquent pour ainsi dire les actes du petit drame qu'il raconte

5

(cf. Hér. d'Apollod. — Philoct. — Ciron). Voici comment le neveu de Cléonyme présente ses témoins à la fin de sa narration : « En premier lieu, je vais » produire devant vous des témoins affirmant que » Cléonyme écrivit le testament qu'on nous oppose, » non parce qu'il nous en voulait, mais parce qu'il » était irrité contre Dinias ; que, plus tard, Dinias » mort, il veilla à tous nos intérêts, nous recueillit » dans sa maison, nous éleva; qu'en outre il a envoyé » Posidippe chercher le magistrat ; que Posidippe » non‑seulement ne l'alla pas chercher , mais » refusa la porte à Archonidès, lorsqu'il vint. Pour » prouver que je dis vrai, appelle les témoins. » — *Les témoins montent déposer.* — L'orateur reprend un moment la parole. « En second lieu, je vais faire » attester que les amis de l'adversaire et Céphisandros » trouvaient juste de partager l'héritage, et de nous » donner le tiers des biens de Cléonyme. — Appelle les » témoins qui déposeront sur ce point. » (§ 15)

Ainsi ménagée et divisée nettement par cette intervention du plaideur, l'audition des témoins ne sert pas seulement à appuyer sur les faits : elle dégage de la narration les points précis que l'orateur veut mettre en lumière.

Parfois le plaideur répartit en deux groupes les témoignages confirmant le même fait, plaçant l'un au commencement, l'autre à la fin de la narration. « Je » produirai devant vous des témoins affirmant d'abord » que Dicéogène nous a cédé les deux tiers de l'héri‑ » tage, et qu'en second lieu Léocharès s'est porté ga‑ » rant. — Lis-moi les témoignages. » C'est en effet

l'affirmation capitale du plaideur; la voilà au début
nettement établie dans l'esprit des juges, et soutenue
par l'autorité d'une déposition. L'orateur peut faire
alors un long détour, ayant marqué le point où il re-
viendra ; il peut raconter les iniquités de Dicéogène, les
procès antérieurs, arriver enfin au dernier de tous, à
celui où il a arraché la cession des biens à son adversaire vaincu. Le voilà revenu au point capital : c'est
alors qu'il produit le principal groupe de dépositions.
La narration, qui est longue, se trouve ainsi soutenue
aux deux extrémités par des preuves : au début, c'était
une déposition écrite, assez courte sans doute ; à la fin,
conclusion péremptoire, le défilé de tous les témoins
que l'orateur a pu réunir.

L'emploi des témoignages ménage à l'orateur le
moyen d'appuyer à plusieurs reprises sur un fait qu'il
veut fortement asseoir dans l'esprit des juges. Le frère
d'Astyphilos doit montrer que Cléon, l'adversaire, n'a
pas enseveli celui dont il revendique l'héritage ; fait
grave, dont l'orateur veut faire sortir cette conviction
que l'on ne songeait pas encore à préparer la comédie
que l'on joue aujourd'hui.

« Quand on rapporta le corps de mon frère,
» celui qu'on donne pour son fils adopté depuis long-
» temps, ne l'exposa pas, ne l'ensevelit pas ; mais ce
» furent les amis d'Astyphilos et ses compagnons d'ar-
» mes, qui, voyant que mon père était malade, et que
» je n'étais pas à Athènes, eux-mêmes l'exposèrent,
» et accomplirent toutes les autres cérémonies ; et,
» bien que mon père fût très-faible, ils l'amenèrent à

» sa tombe, sachant bien que sa présence serait douce
» à Astyphilos. Pour vous prouver ce fait, je vais vous
» présenter des témoins, les amis du mort qui assistè-
» rent aux funérailles. — *Les témoins montent déposer.*
— L'orateur reprend : « Ainsi Cléon n'a pas enseveli
» Astyphilos ; lui-même ne pourrait le nier ; le fait vous
» a été affirmé par témoins ; pour moi, lorsque je re-
» vins..... (§ 4.) » Et la narration continue. Ainsi, le fait
déjà posé ,dans le récit, puis affirmé par les témoins,
reparaît une troisième fois sous forme de récapitulation.

De même qu'Isée fait revenir à plusieurs reprises
un argument, il fait reparaître plusieurs fois un même
groupe de dépositions. Le neveu de Pyrrhus veut démontrer que Philé était une courtisane ; il rappelle que
sur ce point les témoignages n'ont pas été démentis
par les adversaires dans le procès précédent, et il
les fait lire une première fois. — « C'était donc la
» maîtresse de qui voulait, et non la femme légitime
» de notre oncle, cette fille que Nicodème affirme lui
» avoir donnée en mariage. Les autres parents de
» Pyrrhus (sauf les oncles) et les voisins de Pyrrhus
» en ont témoigné devant vous ; ils vous ont dit quelles
» batailles, quelles débauches, quelles orgies c'étaient,
» chaque fois qu'elle venait chez lui. Or, qui donc ose-
» rait aller festiner chez les femmes mariées ? Est-ce
» que les femmes mariées vont dans les festins avec
» leurs maris ? Est-ce qu'elles soupent avec des étran-
» gers qui sont les premiers venus ? Eh bien, les adver-
» saires n'ont osé réclamer contre aucun de ces témoi-
» gnages ; et, pour prouver que je dis vrai, lis de

» nouveau au tribunal cette déposition. » — *Lecture*.
— L'orateur reprend un moment la parole : « Lis aussi
» les dépositions sur ceux qui ont eu commerce avec
» elle, afin que le tribunal sache bien qu'elle était la
» maîtresse de qui voulait, et qu'on ne la voit pas avoir
» d'enfant avec un autre que Pyrrhus. » — *Lecture
de plusieurs dépositions*. — « Ainsi, elle était à qui
» voulait, cette femme que Nicodème affirme en té-
» moignage avoir mariée à notre oncle; rappelez-vous
» combien de témoins vous le disent. » (§ 13)

Ainsi, la mère de Philé était une femme perdue ;
c'est dans la cause un point capital non moins important que cet autre sur lequel l'orateur revient trois fois :
il n'y a pas trace de dot. Si l'on ne tient compte
de l'effet produit par cette lecture des dépositions,
si l'on ne se représente ce qu'il y eut dans le plaidoyer réel, là où nous ne trouvons dans le texte
qu'un seul mot, on estimera que l'orateur n'a pas
insisté assez fortement sur une affirmation décisive.
En réalité, le développement était donné par les dépositions des témoins; ce que nous voyons du texte d'Isée
n'est que le cadre de ce développement. Et pourquoi ?
L'oncle dont le plaideur possède l'héritage se trouve
mêlé à ces scandaleuses histoires; le neveu touche
discrètement ces souvenirs qu'il aurait préféré laisser
dans l'oubli. Il faut bien toutefois faire passer sous les
yeux des juges le récit de ces bruyantes débauches ;
mais c'est une besogne pénible et que l'héritier laisse
faire aux témoins: il sied que sur ce point, des étrangers parlent plus longuement que le neveu.

Il arrive que le client d'Isée appelle quelque
témoin qui refuse son témoignage; Isée d'ailleurs s'y
attendait bien, et c'est un effet d'audience habilement préparé. — « Il y a un témoin qui a vu la
» lutte, c'est Hiéroclès, le même qui prétend que
» l'acte a été déposé chez lui; mais je me doute bien
» qu'il ne voudra pas prêter un témoignage infirmant
» le testament qu'il produit. Cependant, appelle
» Hiéroclès, et que, devant le tribunal, il prête témoi-
» gnage, ou jure qu'il n'a rien à dire. » — *Refus
d'Hiéroclès.* — « Je le savais bien, et je reconnais
» l'homme : ce qu'il sait, il jure qu'il ne le sait pas;
» et il est prêt à jurer que des faits inventés sont
» réels. » (§ 18.)

Cette sorte d'intermède ne déplaisait pas au tribunal; le plaideur y trouvait l'avantage de faire
paraître dans une situation désavantageuse celui qui
serait tout-à-l'heure le principal témoin de l'adversaire ;
Hiéroclès est mis en demeure, soit de déposer contre
lui-même, soit de refuser sa déposition sur un fait
évidemment connu de lui.

Mais il est rare que notre orateur se serve des
témoignages pour amener une scène de ce genre. Dans
le plan serré de ses plaidoyers, les dépositions ne sont
pas seulement un repos ménagé aux juges, une sorte
de distraction; leur rôle est actif; elles sont les
auxiliaires puissants de l'argumentation.

Les remarques précédentes s'appliquent en
grande partie aux lois. On se rappelle le début de
Théopompe. L'orateur commence brusquement, en

faisant lire la loi sur les successions ; puis il démontre que l'adversaire n'est parent du mort à aucun des degrés indiqués par la loi. Alors, il fait relire le texte ; appelle l'adversaire sur le bêma, et, texte en main, il énumère les degrés de parenté énoncés par la loi : Es-tu ceci ? Es-tu cela ? Non. Vous voyez bien qu'il ne peut rien dire. — Il établit alors dans une narration rapide la filiation, montrant qu'il est bien, lui, ce que n'est pas l'adversaire, parent au degré légal. Il fait relire une troisième fois le passage relatif aux cousins issus de germains ; de nouveau, il le commente. Ce texte, ainsi ramené comme une conclusion victorieuse, est revenu frapper trois fois l'esprit du juge, et trois fois donner à la parole de l'orateur quelque chose de l'autorité qui s'attache à la loi.

Pour les points accessoires, la lecture de la loi comme l'audition des témoignages sert le plus souvent de conclusion à un fragment de récit ou d'argumentation, marquant une halte et appuyant d'une preuve une partie donnée du plaidoyer. Toutefois, il en est autrement, quand la loi présente un caractère général, intéresse, par exemple, le sentiment religieux. (1) L'orateur, veut prouver qu'Alké, dont le fils revendique l'héritage d'Euctémon, est une courtisane éhontée. « Elle n'outrage pas seulement la » famille d'Euctémon, mais la cité entière. Ecoutez-en » seulement une preuve, et vous verrez son dédain » pour les lois. — Prends cette loi. » — L'orateur fait

(1) Philoct. § 48 et seq.

lire la loi sur les Thesmophories, qui ne permet l'accès des cérémonies qu'aux femmes de naissance honorable. — On comprend l'effet : l'attention est éveillée et suspendue : quelle révélation va suivre ? quelle violation des choses saintes pour tous ?

« Voilà le texte, juges, le texte vénérable et saint,
» de la loi que vous avez portée, voulant marquer
» fortement à l'égard de ces déesses (Cérès et Proser-
» pine), comme à l'égard des autres Dieux, votre
» piété. Or, la mère de ces enfants, qui si manifeste-
» ment est esclave, et qui a toujours vécu d'une
» manière infâme, qui n'avait le droit ni de passer le
» seuil du temple (d'Eleusis), ni de voir aucune des
» cérémonies qui s'y accomplissent, alors qu'on faisait
» les sacrifices aux Déesses, a osé se mêler au cortège,
» entrer dans le temple, et regarder ce qu'elle n'avait
» pas le droit de voir. — Et vous verrez que je dis
» vrai, en entendant le décret que le Sénat a rendu
» contre elle. — Prends le décret. » (§ 49)

VII.

LA PÉRORAISON.

On ne trouve presque jamais à la fin des plaidoyers d'Isée ce que, dans l'école, on nomme proprement Péroraison, c'est-à-dire une partie manifestement réservée à la passion, où elle se donne libre carrière, légitimement et du consentement des juges. La part donnée à la passion est toujours moins grande qu'elle ne le serait chez nous ; enfin, les actes les plus odieux, et ceux qui atteignent directement le plaideur, ne sont pas ceux qui excitent le plus vivement son indignation.

Ceux qui organisèrent les tribunaux d'Athènes eurent cette pensée que le plaideur devait se borner à exposer les faits, et faire valoir ses raisons sans autre habileté que son bon droit. Si l'on imposait à tous l'obligation de plaider pour eux-mêmes, c'est que l'on se faisait du plaidoyer une idée fort simple. On sait que l'Aréopage interdisait aux orateurs les mouvements pathétiques, et proscrivait comme indignes de son caractère sacré les mouvements oratoires où l'artifice eût été trop sensible. Sans doute, les tribunaux civils n'avaient pas un caractère aussi vénérable ; toutefois, ne peut-on pas conclure du fait précédent qu'aux yeux des Athéniens, la trop grande habileté d'un plaideur était une tentative contre la justice, que les artifices oratoires étaient une entreprise presque malhonnête sur l'esprit du juge, que tout ce qui sortait de l'exposition simple des faits était contraire à l'esprit de l'institution ? Voilà aussi pourquoi on imposa aux plaideurs la brièveté en leur mesurant l'eau de la clepsydre. Quand ils produisaient des témoins, ou faisaient lire des témoignages, c'est-à-dire tant qu'ils instruisaient le juge, l'écoulement de l'eau était arrêté ; mais ils ne pouvaient parler eux-mêmes au-delà de la limite prescrite, comme si l'on eût voulu leur laisser le temps d'éclairer le tribunal, mais leur enlever le loisir de l'émouvoir et de l'égarer. Sans doute comme le remarque M. Egger (1), l'usage de la clepsydre se trouva être, dans le temps où les affaires affluèrent à Athènes, un moyen commode et sûr de les expédier plus rapidement ; mais on peut aussi, croyons-nous, supposer chez ceux qui l'introduisirent dans les tribunaux, le désir d'enfermer l'orateur dans une exposition simple et dénuée d'artifices.

S'il est dans la nature des choses que le plaideur, parlant pour lui-même, mêle des accents émus à l'exposition de ses droits, et que la lutte appelle la passion, il est vrai de dire que cette passion crut toujours prudent de se dissimuler. A Athènes, il n'y eut jamais, comme à Rome, une partie spéciale du plaidoyer réservée à l'émotion, une péroraison consacrée par l'usage, attendue et acceptée par le juge, où

(1) Mémoire lu à l'Institut le 7 décembre 1860.

le plaideur professe manifestement l'intention, non plus
d'éclairer le tribunal, mais de l'émouvoir. Quintilien
remarquant que Cicéron sut mieux que Démosthène
émouvoir la pitié, ajoute : « Et fortasse epilogos illi
civitatis mos abstulerit. » (1); et l'emploi du mot
civitatis montre que, selon Quintilien, les péroraisons
passionnées étaient proscrites, non par une préférence
littéraire, mais par l'esprit des institutions judiciaires.

Mais ces mêmes juges qui se tiennent en défiance
contre une habileté oratoire qui serait trop visible, se
laissent aisément émouvoir par la passion politique
ou le sentiment religieux. Telle considération d'intérêt
général qui toucherait médiocrement un juge isolé,
enfermé dans une enceinte étroite, émeut profondément les héliastes, parce qu'ils font partie d'une foule.
Ces juges n'oublient pas qu'ils sont citoyens d'Athènes :
ils apportent volontiers au tribunal les habitudes prises à l'agora; ici, comme là, ils se plaisent aux
développements passionnés tirés de la politique et de
la religion, laquelle, dans les cités antiques est si
étroitement mêlée à la politique.

Combien de fois ne voyons-nous pas dans les
plaidoyers revenir sous toutes les formes cette pensée
que l'adversaire est un audacieux impuni, dédaigneux
et rebelle envers les lois, qu'il serait temps enfin
qu'il trouvât son maître, et que le tribunal lui dît,

---

(1) Inst. Or. X. 1. Parlant des discours qui finissent, non par une
péroraison, mais par une simple récapitulation, il ajoute : « Id unum
» epilogi genus visum est plerisque Atticorum.... qui de arte scriptum
» aliquid reliquerunt; id sensisse Atticos credo, quia Athenis affectus
» movere etiam per præconem prohibebatur orator. »

comme les vieux héliastes d'Aristophane à l'enfant qui
se moque d'eux: « J'en sais châtier de plus grands
que toi. » (1) Il n'est donc pas étonnant que le plaideur se fasse de sa faiblesse et de sa pauvreté un titre
à la bienveillance des juges ; en se montrant opprimé
par un adversaire riche et puissant, il n'éveille pas
seulement ce mouvement d'indignation désintéressé
que soulève la vue d'un faible victime d'un fort :
il fait appel à un sentiment moins généreux : à des
gens petits et pauvres comme lui, il offre l'occasion
de satisfaire leur rancune et leur jalousie.

Une question de finances publiques, dont il faut
tenir compte ici, pouvait se trouver mêlée à un débat
d'intérêts privés. On sait qu'il y avait à Athènes une
sorte d'impôt sur le revenu : les citoyens les plus riches étaient soumis aux liturgies, c'est-à-dire qu'ils
devaient fournir, quand ils en étaient requis, aux dépenses des armements et des fêtes de toute sorte. Si
les uns mettaient leur orgueil à s'acquitter avec libéra-
lité de ces obligations, à y dépenser même plus d'argent
qu'on ne leur en demandait, d'autres les remplissaient
avec parcimonie, ou même, transformant leurs biens
en valeurs mobilières, dissimulaient leurs revenus pour
échapper à l'impôt. Il y avait donc dans la répartition
de la fortune une question qui intéressait directement
tous les juges, riches ou pauvres. Les finances d'Athènes étaient fort modiques, si on les compare à celles
des peuples modernes ; et dans la ruine ou l'accroisse-

(1) Guêpes, v. 552.

ment d'une seule famille supportant des liturgies, il y avait un intérêt public qui pouvait peser sur les décisions des juges. Aussi est-ce un argument puissant dans un débat pécuniaire que de pouvoir dire : j'ai subi des liturgies avec honneur, et je m'en acquitterai plus largement encore, si vous m'accordez la somme en litige ; — ou bien : mon adversaire convertit ses biens en valeurs mobilières; ne lui donnez pas cet argent qu'il ferait disparaître, comme le reste, sans profit pour les finances de l'Etat.

Voilà pourquoi, dans les plaidoyers d'Isée, tant que l'orateur parle de lui-même, de ses propres intérêts, de ses propres malheurs, il observe dans le ton un calme qui souvent (nous le verrons plus tard), peut nous étonner. Il semble qu'il tienne à honneur de s'enfermer dans sa réclamation stricte, et qu'il attende le succès de son bon droit, non de la pitié des juges. Si le ton s'élève et s'émeut, c'est qu'on engage habilement dans la cause quelque intérêt public; on est véhément alors qu'on ne paraît plus plaider une affaire privée, mais la cause même de la cité ; en apparence, on bannit la passion d'une revendication particulière; en réalité, on recueille tout le bénéfice de la passion. Tel plaideur, victime de menées odieuses, laisse à peine, en les racontant, échapper son indignation ; mais il lui livre pleine carrière, quand il voit dans son adversaire un citoyen funeste à l'Etat, un impie coupable envers les morts. Comme le tribunal est une partie même du peuple, on ne court pas risque de l'indigner en s'échauffant pour l'intérêt public ; après avoir conquis et flatté les juges par la gravité et le calme de ses réclamations, l'orateur peut sans crainte laisser éclater la passion, là où les juges l'accepteront aisément, trouvant que c'est leur propre cause qui se plaide si chaudement.

Il y a une péroraison à la fin du discours pour l'héritage de Ménéclès; mais l'orateur prie au nom des dieux protecteurs de l'adoption, au nom d'un mort; et nous savons d'autre part que la cité tout entière est intéressée à ce que les morts ne soient pas outragés.

« L'adversaire veut me dépouiller de l'héritage de mon père (que cet héritage soit grand ou petit, peu
» importe), il veut que le mort demeure sans enfant,
» que personne ne porte son nom; que nul ne l'ho-
» nore en faisant pour lui les sacrifices de famille, en
» lui faisant des cérémonies funèbres chaque année;
» il lui enlève les honneurs auxquels il a droit. Ces
» honneurs, Ménéclès voulait se les assurer, quand,
» maître absolu de son bien, il adoptait un fils pour
» n'être point privé de tout culte funèbre. — Non,
» juges, vous ne croirez pas mes adversaires; vous ne
» m'enléverez pas cet héritage dont il ne reste plus
» qu'un nom; vous n'annulerez pas l'adoption faite
» par Ménéclès. Puisque la décision est remise en vos
» mains, et que vous êtes les maîtres absolus, défen-
» dez et moi-même et celui qui est chez Pluton; ne
» le laissez point sans défense, par les dieux et par
» les mânes, je vous en supplie, contre les outrages
» de ces adversaires, mais souvenez-vous de la loi, du
» serment que vous avez prêté, et de ce que j'ai dit
» pour ma défense; et rendez, conformément aux lois,

» la décision que demandent la justice et le respect
» du serment. » (§ 46)

Dans le plaidoyer pour l'héritage de Dicéogène,
l'orateur finit par l'invective la plus violente qu'Isée
nous ait laissée; mais l'adversaire qui a dépouillé
pour un riche héritage son nom glorieux de petit-fils
d'Harmodius est un citoyen inutile, lâche, menteur
envers la cité ; cette naissance dont il va se parer
tout-à-l'heure, retombe sur lui, et l'accable; après
tant de crimes publics et privés, et toujours impunis,
ce n'est pas une seule de ses victimes qui doit réclamer
contre lui, c'est le peuple indigné qui doit se lever et le
punir.

« Désigné dans sa tribu pour être chorège aux
» Dionysies, il n'obtient que la quatrième place ; pour
» le chœur tragique et pour le chœur des pyrrhiquistes,
» il eut la dernière. Ce sont les seules liturgies que,
» forcé et contraint, il ait subies; et, avec un tel
.» revenu, voilà comme il a brillamment rempli ses
» fonctions de chorége. De plus, alors que tant de
» citoyens ont été désignés pour être triérarques, lui,
» ne l'a jamais été, ni seul, ni en s'associant à un autre;
» et cela, quand l'Etat en avait si grand besoin;
» d'autres sont triérarques qui ont un capital inférieur
» à son revenu. Et cependant, juges, ce n'est point
» son père qui lui a laissé cette fortune considérable
» c'est vous qui la lui avez donnée par vos suffrages (1).

(1) Lors du procès où Dicéogène avait obtenu l'héritage tout entier.
— Remarquer cette tendance à considérer la propriété, non comme
un droit que la loi protége d'une défense inviolable, mais comme une
chose dont peut disposer la cité, ou la volonté du tribunal.

» Aussi, ne fût-il pas citoyen, ce souvenir lui impose-
» rait le devoir de rendre des services à la cité.
» Or, il y a eu bien des contributions auxquelles ont
» pris part tous les citoyens pour subvenir à la guerre
» et sauver la cité ; mais il n'en est pas une à laquelle
» ait pris part Dicéogène (1). Excepté lors de la prise
» de Léchée ; interpellé par un citoyen, il s'engagea
» devant l'assemblée à donner trois cents drachmes,
» moins que Cléonyme le Crétois ; il s'engagea, oui ;
» mais il ne tint pas l'engagement ; et, sur une liste
» d'infamie , son nom fut affiché devant les statues
» des Eponymes, avec les noms de ceux qui, ayant
» volontairement promis à l'assemblée de donner de
» l'argent pour le salut de la cité, n'avaient pas tenu
» leur promesse. Faut-il s'étonner, juges, qu'ayant
» affaire à un seul citoyen, il m'ait trompé, alors qu'il
» en a fait autant au peuple entier, réuni en assem-
» blée publique?» (§ 37)

Audition de témoins affirmant les faits précédents.

Avec ses parents, Dicéogène ne s'est pas mieux
conduit; il a dépouillé les uns, réduits les autres à la
condition de valet : « Tous ont vu sa mère dans le
» Temple d'Ilithyie, l'accusant d'un crime dont j'ai
» honte de parler, mais qu'il n'a pas eu honte de com-
» mettre (2).

(1) Il s'agit de contributions volontaires.

(2) Schömann : Cur in Ilithyiæ potissimum æde consederit Dicéo-
genis mater, quidve filio exprobaverit , nemo a me narrari sibi postu-

« Quant à ses amis, Mélas l'Egyptien était lié avéc
» lui, depuis l'enfance ; dépouillé par Dicéogène d'une
» somme d'argent, il est son plus mortel ennemi : ses
» autres amis, ou bien ne sont pas rentrés dans l'ar-
» gent qu'ils lui avaient prêté, ou bien ont été trompés
» par lui, et n'ont pas reçu ce qu'il avait promis de
» leur donner s'il parvenait à se faire adjuger l'hé-
» ritage. Et cependant, ô juges, nos ancêtres qui ont
» gagné cette fortune et qui nous l'ont laissée, ne se
» sont soustraits à aucune chorégie ; ils vous ont donné
» en contributions pour la guerre de grandes sommes
» d'argent, et ils ont subi sans interruption des triérar-
» chies. Il y a des témoignages de ce qu'ils ont été,
» dans les temples, où, du superflu de leur fortune, ils
» consacraient des offrandes, monuments de leur
» vertu ; il y a dans le temple de Dionysos des tré-
» pieds qu'ils reçurent comme vainqueurs dans les
» chorégies ; il y en a dans le temple de Phœbus
» Pythien. Dans l'Acropole aussi, ils ont consacré sous
» forme d'offrandes une partie de leurs biens, et ils
» ont enrichi le lieu saint d'objets d'art en bronze et
» en pierre, fort nombreux, si l'on songe qu'ils étaient
» payés par la fortune d'un particulier. Eux-mêmes
» sont morts en combattant pour la patrie. Dicéogène,
» père de Ménéxène, mon grand-père, était stratège,
» quand il fut tué au combat d'Eleusis ; Ménéxène, son
» fils, était phylarque, quand il fut tué dans le pays

labit. Reiskio tamen, quum a prægnantibus et parturientibus Ilithyia
invocaretur, videtur pæne mater Diceogenis, partû propinquo, se a
filio gravidam factam questam esse, eumque incestûs insimulasse.—
On voit jusqu'où peut aller la violence de l'invective.

6

» d'Olynthe à Spartole; Dicéogène, fils de Ménéxène, était
» triérarque de la galère Paralienne, quand il fut tué
» à Cnide. C'est le patrimoine de ce dernier que tu as
» reçu, ô Dicéogène, et que, sans conscience ni pudeur,
» tu as anéanti (1); tu l'as converti en argent, et tu te
» plains d'être pauvre; mais quelles dépenses as-tu
» faites? Pour la cité, comme pour tes amis, on sait
» bien que tu n'as jamais rien dépensé. Tu n'as pas
» non plus gaspillé de l'argent en chevaux : tu n'as
» jamais eu de cheval valant plus de trois mines;
» ce n'est point en attelage de mules, alors que tu avais
» tant de terres et de biens. Tu n'as pas non plus payé
» la rançon d'aucun citoyen fait prisonnier (2). Que
» dis-je? il y avait des offrandes de la valeur de trois
» talents que Ménéxène faisait préparer, quand il mou-
» rut avant de les avoir consacrées; tu ne les as pas
» données à la cité; elles traînent encore dans l'atelier
» du sculpteur; et tu croyais légitime de détenir des
» biens sur lesquels tu n'avais pas de droits, quand tu ne
» rendais pas aux dieux les statues qui leur apparte-
» naient. Qu'invoqueras-tu donc pour que les juges te
» renvoient de la plainte, ô Dicéogène? Diras-tu

(1) Nous traduisons ainsi διολώλεκας. L'orateur ne veut pas dire que Dicéogène a gaspillé l'héritage (ce serait aller contre son but); mais qu'il a détruit cette réunion d'immeubles patrimoniaux, qui, au point de vue des charges publiques, présentaient à l'Etat une prise large et facile. Ceux qui voulaient se soustraire aux liturgies dissimulaient leur fortune, et la convertissaient en argent. (Cf. Hérit. d'Apollodore, § 39 et suiv.)

(2) C'était une des libéralités les plus honorables à Athènes : Démosthène s'en fait gloire (pro Coronâ, § 268.)

» que tu as subi beaucoup de liturgies ? que tu as dé-
» pensé beaucoup d'argent, pour que ceux-ci (l'orateur
» désigne les juges) eussent une plus belle cité ? ou
» bien que, triérarque, tu as fait beaucoup de mal à
» l'ennemi ? ou que, fournissant pour la guerre des
» contributions à la patrie appauvrie, tu as grandement
» mérité d'elle ? Non, car tu n'as rien fait de tout
» cela. Diras-tu que tu es brave soldat ? Tu n'as jamais
» servi, même dans cette guerre terrible où les Olyn-
» thiens et les habitants des îles meurent pour cette
» terre en combattant, tandis que toi, ô Dicéogène, toi
» citoyen, tu n'es pas même soldat ! — Mais peut-être
» à cause de tes aïeux qui ont tué le tyran, tu trouveras
» légitime de l'emporter sur moi ? Certes, je les ho-
» nore ; mais je dis que tu n'as rien de leur vertu.
» D'abord, tu as préféré à leur gloire la possession de
» notre héritage, et tu as mieux aimé être appelé fils de
» Dicéogène que fils d'Harmodius, dédaignant la nour-
» riture au prytanée, te souciant peu des droits de
» préséance et des immunités accordées aux descen-
» dants de ces héros. D'ailleurs, Harmodius et Aristo-
» giton ont été honorés, non pour leur naissance,
» mais pour leur courage, dont tu n'as point hérité, ô
» Dicéogène ! »

Le neveu de Ciron accumule contre Dioclès des
accusations bien autrement épouvantables : remarquons cependant que le ton est beaucoup plus calme,
et que le plaidoyer ne finit pas sur l'invective : l'orateur s'arrête, se calme et finit par la récapitulation des
moyens qu'il a fait valoir. Pourquoi ? C'est que les crimes de Dioclès, si grands qu'ils soient, sont des crimes

privés(1). Dans le plaidoyer pour l'héritage d'Astyphilos, l'orateur termine par une fin assez vive ; rappelle-t-il l'infamie des adversaires qui apportent un testament faux ? celle d'Hiéroclès, qui a colporté son témoignage à vendre ? Non ; il ne faut pas qu'on envoie au tombeau d'Astyphilos ceux qu'il haïssait ; il faut que les volontés des morts soient accomplies ; il ne faut pas non plus que l'orateur soit vaincu parce que ses adversaires parlent mieux que lui ; les juges sont là, arbitres souverains, pour confondre l'habileté qui ne s'appuie pas sur la justice, pour empêcher que les faibles ne soient spoliés. — Ne sent-on pas là un appel aux petits et aux faibles, qui sont la majorité au tribunal ? N'est-ce pas un moyen détourné de leur dire : Je suis l'un des vôtres, et vous êtes souverains : secourez-moi.

Ces sortes de péroraisons sont très-rares : presque toujours, l'orateur, approchant de la fin, reprend son calme, s'il s'en est départi (2) ; visiblement, il veut laisser de son plaidoyer l'impression d'une parole mesurée qui a cherché non à troubler le juge, mais à l'instruire ; une dernière fois, il reprend les arguments développés, il les résume ; il oppose son droit aux prétentions vaincues de l'adversaire. Parfois, il finit par la lecture d'un témoignage ; parfois même, la voix de

(1) Ciron, § 40 et seq.

(2) Hér. de Pyrrhus, de Ciron ; — Démosth. in Everg.— In Polycl. — In Calliclem.

l'orateur s'arrête sur une phrase (1), on pourrait dire sur
une formule, d'une froideur voulue et presque affectée:
« Jugeant et discutant dans votre conscience toutes
» ces considérations, donnez votre suffrage selon la jus-
» tice; » ou bien : « Je ne vois pas ce que je pourrais
» ajouter, car je pense que vous saisissez tout ce qui a
» été dit. »

Est-ce à dire que la passion soit complètement
absente de la plupart des plaidoyers? S'il en était ainsi,
Isée aurait commis la faute de se priver d'un auxiliaire
puissant. Le juge, apportant au tribunal non-seulement
son intelligence, mais une âme accessible à l'émotion,
l'orateur ne doit pas se borner à démontrer. Serait-il
naturel, d'ailleurs, que le plaideur, luttant lui-même
dans sa propre cause, parût ne s'émouvoir jamais ? Ne
serait-ce pas trahir la présence d'une main étrangère,
que de rester calme en face d'un adversaire inique, et
impassible dans son propre danger? Il faut donc que
l'orateur, tout en ménageant la défiance des juges,
soutienne, par la passion, la narration et les preuves.
Mais, au lieu de la concentrer ostensiblement dans une
péroraison finale, il la dissimule en la répartissant dans
le plaidoyer ; la passion reparaît çà et là, ravivant le
récit des faits, et échauffant l'argumentation.

Le fils de Ménéclès, défendant contre le frère du
mort son titre de fils adoptif, raconte que, du vivant
de Ménéclès, les deux frères allèrent devant des arbi-

(1) Nous la retrouvons dans le disc. pour l'hér. de Ciron; pour l'hér.
d'Apoll. — Cf. Démost. in Conon.

tres à propos d'une discussion d'intérêt. Le frère alors, en contractant avec l'orateur, le tenait pour fils de Ménéclès; et l'orateur acceptait un arbitrage désavantageux, pour montrer son désintéressement, et n'être pas entre les deux frères une cause d'inimitié. Les arbitres rendirent leur décision dans le temple de Vénus. « Ils décidèrent qu'à l'avenir nous devions
» nous donner des preuves de bienveillance mu-
» tuelle, soit en paroles (1), soit en actes; et ils
» nous firent jurer devant l'autel, nos adversaires et
» nous, que nous ferions ainsi, et nous jurâmes qu'il
» y aurait entre nous, à l'avenir, bienveillance mu-
» tuelle, dans la mesure de nos forces, soit en paroles,
» soit en actes. Or, maintenant, voilà les preuves de
» bienveillance qu'ils nous donnent; au mort, ils veu-
» lent enlever son fils; moi, ils veulent me chasser de
» la famille avec ignominie. Je vais appeler comme
» témoins les arbitres qui ont reçu leurs engage-
» ments. » (§ 32)

Le neveu de Pyrrhus, réfutant les allégations adverses, rencontre le témoignage de ses propres oncles; c'est le plus redoutable, venant de proches parents; à l'égard des coquins comme Nicodème, l'orateur reste calme, se contentant de le confronter dédaigneusement avec les faits; mais, à l'égard des oncles, il faut que l'argumentation soit soutenue par la passion, du moment où l'orateur n'a pas pris le

---

(1) La formule était usitée dans les arbitrages.

personnage d'un faible qui gémit et implore, mais d'un résolu qui fait tête à l'injustice, peut-il relever sans colère le témoignage de ses propres parents? La preuve n'aura-t-elle pas plus de puissance sur le juge entraîné dans le mouvement ironique de toute cette argumentation ? (1)

« Vous êtes venus déposer que votre neveu
» vous avait recommandé de veiller sur cette pauvre
» enfant ; ah ! bonnes gens, dites, si vous voulez, que
» vous n'avez pas su qu'Endius se faisait adjuger
» l'héritage ; mais quand il mariait la fille, qu'il fai-
» sait l'acte dotal, vous laissiez, vous, les oncles,
» marier avec la qualité de bâtarde, l'enfant de votre
» propre neveu ! vous qui dites avoir été présents,
» quand votre neveu épousait en légitime mariage la
» mère de cette enfant, et, de plus, avoir été invités
» au repas du dixième jour ! vous dites, (et voilà qui
» est vraiment étrange) que votre neveu vous a
» recommandé de veiller sur cette pauvre enfant, et
» voilà comment vous veillez sur elle ! et cela, quand
» elle porte, dites-vous, le nom de votre propre
» sœur (2) ! » (§ 70)

Le neveu de Dicéogène, racontant les longues iniquités dont toute sa famille a été victime, semble

(1) Cf. un mouvement analogue du frère d'Asthyphilos contre son oncle Hiéroclès : Hérit. d'Astyph. § 39.

(2) On avait sans doute fait jouer dans l'affaire un rôle pathétique aux oncles ; on se préparait probablement dans le plaidoyer adverse à s'apitoyer sur l'enfant injustement dépouillée.— Cette ironie prévient l'effet d'un pathétique attendu.

laisser échapper malgré lui son indignation : des orphelins ont été dépouillés par celui qui était à la fois leur
tuteur et leur adversaire en justice ; ils ont vu la
maison paternelle détruite et transformée par Dicéogène
en jardin de plaisance ; le neveu même de celui de qui
lui venait toute cette fortune, il en a fait un valet, et
il lui reproche aujourd'hui de porter des vêtements de
pauvre, après l'avoir réduit à la pauvreté. Mais brusquement l'orateur se domine ; lui-même se rappelle
au calme : « Allons, je ne veux point m'étendre plus
» longtemps sur ces souvenirs ; je reprends l'exposition
» où je l'avais laissée. » Et il rentre dans l'énumération des faits judiciaires qui ont précédé le procès
présent.

Dans le plaidoyer pour l'héritage de Philoctémon,
l'orateur écartant les prétentions élevées au nom du
fils d'Alké, montre que la mère est bien capable
d'outrager la famille de Philoctémon, puisqu'elle ose
insulter même les dieux d'Athènes. Elle s'est mêlée,
elle impure, aux cérémonies saintes, et a été frappée
par un décret du Sénat. Puis, par un retour brusque
et fort naturel. « Eh ! bien, je vous le demande, juges,
» faut-il que le fils de cette femme soit l'héritier de
» Philoctémon, qu'il aille aux tombeaux de la famille
» verser les libations, offrir les sacrifices funèbres ?
» ou bien le fils d'une sœur, ce jeune homme que le
» mort a adopté lui-même pour son fils ? Faut-il que la
» sœur de Philoctémon, que l'épouse de Chéréas,
» veuve aujourd'hui, tombe au pouvoir de pareilles
» gens, qui seraient libres de la marier à qui ils vou-
» draient, ou de la laisser vieillir dans le veuvage ?

» ou bien qu'elle aille, elle, la femme honorable,
» dans la maison de l'époux que votre décision lui aura
» donné? Car votre arrêt décidera de tout cela.» (§ 51)
Puis, après cette échappée d'indignation, le mouvement va se calmant, et l'orateur reprend la suite de
l'argumentation.

Ces exemples, (et l'on pourrait en apporter de
plus nombreux), permettent de conclure que la passion
n'est pas absente des plaidoyers d'Isée, et que, si
l'on n'y trouve presque jamais ce que l'école appelle
la Péroraison, on y trouve toujours ce qui est l'effet de
la Péroraison : l'émotion qui entraîne le juge, et lui
fait souhaiter de trouver évident ce que l'argumentation cherche à lui démontrer. Et de fait, la passion
n'est-elle pas ainsi naturellement dispensée? Lorsque,
sans visée oratoire, nous soumettons à autrui, arbitre
ou conseiller, des faits où est engagé quelque intérêt
cher, il n'y a pas un moment donné où nous soyons
particulièrement émus; l'émotion qui couve sous le
récit éclate par instant, quand nous touchons à un
point douloureux, émotion que nous maîtrisons bientôt, pressés par le besoin d'instruire et de convaincre
celui qui va nous juger.

Rappelons en terminant les principaux caractères
de la disposition dans Isée : la liberté et la netteté du
plan qui, variant selon les affaires, est toujours fortement conçu en vue de la démonstration; l'exorde
très-simple, la péroraison presque toujours absente
ou dissimulée, et l'émotion répartie discrètement
dans les diverses parties du plaidoyer; la narration

et l'argumentation se mêlant pour former le corps même du discours ; la route fermement indiquée, et sûrement suivie ; partout un effort sensible pour retenir et réveiller une attention dont on se défie; et la distribution, la répétition des témoignages et des lois accusant avec netteté chaque pas fait par la démonstration.

VIII.

LES MŒURS ET LE PATHÉTIQUE.

Nous avons eu plusieurs fois l'occasion de parler des mœurs et du pathétique ; nous voudrions résumer ici les remarques précédentes, et préciser la cause de ces deux faits : 1° la parfaite convenance du ton approprié aux personnes et aux affaires ; 2° la réserve de l'orateur dans l'emploi du pathétique, chaque fois qu'il touche à des intérêts et à des sentiments privés.

Posséder la première qualité était pour le logographe une nécessité capitale. Forcé de composer un rôle pour son client, il devait savoir se dépouiller de lui-même, créer un personnage qui convînt à la nature de l'affaire, à l'âge du plaideur, à sa condition, à sa personne même. Tel, en effet, lancera hardiment une invective sonore, qui paraîtrait languissante, débitée par une voix plus modeste ; celui-ci saura faire sentir le mordant d'une argumentation ironique ; le pathétique sera mieux placé dans la bouche de celui-là. Aussi l'appréciation d'un plaidoyer serait incomplète, si l'on n'en dégageait le rôle conçu par l'auteur, si l'on ne montrait

les parties diverses conspirant à former le personnage
conçu par le logographe. Prenons pour exemples le
neveu de Cléonyme et Théopompe ; l'opposition de ces
deux caractères fera mieux ressortir la souplesse du
talent d'Isée et sa puissance.

C'est un jeune homme timide, presque un enfant,
que ce neveu de Cléonyme. Il commence ainsi : « Quel
» changement a amené pour moi, juges, la mort de
» Cléonyme ! Vivant, il nous laissa son bien ; mort, il
» nous a légué le danger de le perdre ; nous qu'il éle-
» vait alors si modestement, que jamais, même par cu-
» riosité, nous n'étions venus au tribunal, voici que
» nous y venons pour défendre tout ce que nous pos-
» sédons. » Nouvelle douleur : c'est contre des parents
qu'il faut lutter ; et comment ne pas plaindre ces orphelins aux prises avec des adversaires expérimentés?
« Je crois que les sentiments, juges, ne sont pas les
» mêmes de part et d'autre ; pour moi le danger que
» je cours contre toute justice, n'est pas ce qu'il y
» a de plus triste en tout ceci ; c'est que je soutiens
» une lutte contre des proches, lutte où, même vain-
» queur, on a honte de l'être..... Mes adversaires ne
» pensent pas comme moi ; ils viennent à nous avec
» leurs amis qu'ils ont convoqués ; avec des orateurs
» dont ils se sont assuré le concours ; on dirait, juges,
» qu'il s'agit d'ennemis dont ils veulent se venger, et
» que ce n'est pas à des parents, à des gens du même
» sang, qu'ils vont porter dommage. » (§ 6) — A l'égard
du mort qui fut si bon pour les orphelins, quel doux et
pieux souvenir ! ses fautes mêmes, on n'en parle qu'avec

un tendre respect; dans un jour de colère, il avait
déshérité ses neveux parce qu'il s'était querellé avec
Dinias, alors leur tuteur : « Lequel des deux eut
tort ? » Le jeune orateur ne veut pas en décider; nulle
plainte contre Cléonyme : il vaut mieux rappeler tout
ce qu'il a fait pour les enfants qu'il avait recueillis;
c'est alors qu'il faut saisir sa pensée, et non dans le
moment de la colère (§ 13) : car alors on se trompe :
« n'est-ce pas ce qui nous arrive à tous ? » Des adversaires mêmes l'orateur ne parle qu'avec réserve ; il
semble ménager un retour possible, ne pas vouloir
fermer tout espoir de réconciliation : point d'ironie,
point de ces interrogations directes où l'on regarde
l'adversaire face à face. C'est vers les juges que l'orateur se tourne, avec une confiance presque filiale : il
leur soumet ses preuves avec candeur : « tout ceci
n'est-il pas évident ? ces raisons ne sont-elles pas convaincantes ? »

Tout autre est Théopompe : plaideur émérite, il
lutte contre son propre pupille, contre son neveu orphelin. Il ne peut vaincre qu'en étouffant sous l'évidence de son droit l'intérêt que fait naître la situation
de l'enfant. Rompu aux affaires, il ne veut pas de paroles inutiles. Qu'on lise d'abord la loi sur laquelle
il s'appuie. Et comme il la commente ! quel naturel
dans ce ton brusque de l'homme forcé de démontrer
l'évidence ! Il y a vraiment un moyen bien simple : que
l'adversaire monte au bêma; qu'il vienne dire laquelle
des parentés énoncées dans la loi il prétend invoquer
en faveur de l'enfant. On se rappelle ces vives interro-

gations poussées, les yeux dans les yeux, sous le regard
des juges, qu'égaie sans doute la piteuse mine de l'adversaire décontenancé. Et comme Théopompe en
triomphe, quand il le renvoie confus : « Vous voyez
bien qu'il ne peut rien dire : moi, je ne fais pas comme
lui : je vais vous dire ma parenté.» (§ 6) Il finira comme
il a commencé ; point de paroles : des faits. « Voici
qui résume tout, qui vaut mieux que tout, et qui vous
paraîtra juste, je pense. J'offre qu'on mette en commun ce que je possède et ce que possède l'enfant, et,
qu'il y ait peu ou beaucoup, prenons chacun la moitié
du total, de telle sorte que l'un n'ait pas plus que l'autre : eh bien ! soyez sûrs que l'adversaire n'acceptera
pas.» (§ 50) Il n'implore pas la pitié des juges : il leur
impose l'évidence de son droit ; il ne se plaint pas, il
est de taille à se défendre hardiment ; il ne s'appuie
que sur des arguments, et il paraît moins les soumet-
tre au tribunal que les lancer à la face de l'adversaire.
Point de ménagements à l'égard des parents qui le
poursuivent ; ce sont des voleurs qui veulent l'exclure
de la tutelle, parce qu'il ne veut pas laisser piller les
biens de ce même enfant qu'on l'accuse de dépouiller.

En lisant ces deux plaidoyers, d'où se dégage
un personnage si nettement tracé, l'impression est la
même qu'à la lecture d'un drame fait de main de
maître ; on croit entendre l'accent, saisir l'attitude, le
geste, l'expression du visage. Est-il d'ailleurs téméraire
de croire que le logographe ne se bornait pas à donner
à son client le plaidoyer manuscrit? si le dramaturge

n'abandonne pas l'interprétation du rôle au caprice de l'acteur, si Démosthène, élève d'Isée, attachait tant d'importance à l'action, on peut penser qu'Isée, après avoir si soigneusement composé ses personnages, ne laissait pas aller le plaideur sans lui indiquer quel débit, quelle attitude devrait accompagner et commenter le plaidoyer : devant des Athéniens, qui avaient un sentiment si vif de la justesse et des convenances, un plaidoyer bien fait, mal débité, eût tourné à la confusion du plaideur.

Voici deux affaires, (l'héritage de Nicostrate, l'héritage de Dicéogène), où le client d'Isée doit démontrer aux juges que l'adversaire est un coquin sans pudeur. Dans le premier plaidoyer, l'orateur parlant au nom d'une famille honorable se présente en homme qui se sent estimé du tribunal. Il le prend de haut avec Chariade : point d'émotion, le coquin ne vaut pas qu'on s'émeuve. Dédaigneusement, et avec une gaîté de bonne compagnie, l'orateur rappelle cette série d'intrigants qui, tour à tour, sont venus tenter de mettre la main sur l'héritage, et s'en sont allés confus. Le voici plus sérieux : n'est-il pas fâcheux que la loi sur les héritages laisse tant de facilités aux revendications impudentes ? Qu'arrive-t-il ? la loi est méprisée, la famille outragée, les morts deviennent une matière à mensonges ; quant à ceux de Chariade, il ne faut pas grand effort pour les mettre à néant ; on sait de ses histoires ; le coquin est, en vérité, bien impudent d'appeler sur lui la lumière. Si l'on était curieux de se mêler des affaires d'autrui, cela pourrait lui coûter cher.

Le neveu de Dicéogène procède autrement ; Dicéogène est riche, influent, habile ; le neveu est jeune et pauvre ; or, il s'agit de faire accepter du tribunal ceci : à la suite d'un procès antérieur, il y a eu entre Dicéogène et lui des conventions verbales, que Dicéogène nie maintenant avec impudence. C'est une question de confiance ; comment gagner le tribunal ? En face de Dicéogène l'habile, l'insaisissable trompeur, Isée se sert des tromperies dont son client a été victime pour lui composer un personnage de plaideur inexpérimenté, un peu simple ; les mésaventures du pauvre garçon donnent envie de le protéger ; n'a-t-il pas été dupé par tout le monde ? par son cousin d'abord (§ 14), ensuite par Dicéogène et par Léocharès (§ 17). Il avait gagné un procès contre son oncle, et croyait le tenir enfin ; il se saisit d'un établissement de bains appartenant, croyait-il, à Dicéogène ; qu'arrive-t-il ? Micion, le propriétaire des bains lui fait un bon procès. « Et moi, malheureux, non-seulement je n'ai rien reçu de l'héritage, mais j'y ai perdu quarante mines. » (§ 24) Comment ne pas ajouter foi au récit de ce simple, qui sûrement n'est pas homme à inventer de telles histoires : on sourit et on le croit. Ce n'est plus, comme chez l'adversaire de Chariade le dédain calme et tombant de haut. On n'a pas d'ailleurs négligé la mise en scène ; on a amené sur le bêma Cephisodote, un autre neveu réduit par son oncle à la condition de valet ; il est venu en haillons, mettre sa misère sous les yeux des juges. Il n'y a pas là seulement un pauvre garçon dupé, il y a un faible écrasé par un puissant; une plainte partie d'en bas s'élève contre le coquin triomphant, éveillant un écho dans l'âme de ces pauvres qui sont en majorité au tribunal ; l'invective éclate, emportée dans un souffle de colère ; et cette juste colère grandit le personnage : Dicéogène, le trompeur, a dupé même la patrie, on n'est plus tenté de sourire ; c'est l'indignation maintenant qui emporte la confiance.

Dans le plaidoyer pour l'héritage de Pyrrhus, quel respect des convenances, en une matière si délicate ! Le neveu de Pyrrhus se défend contre les prétentions d'une fille née d'une courtisane éhontée mais que Pyrrhus a reconnue, disent les adversaires , pour sa fille légitime. Il faut montrer ce que cette femme a été pour Pyrrhus et l'accabler sous le récit de sa vie. Il y a dans Démosthène un plaidoyer qu'on peut rapprocher de celui-ci : le plaidoyer contre la courtisane Néère (1) ; mais là nul lien entre la courtisane et celui qui l'accable ; il est même l'ennemi déclaré de Stéphanos qui l'a épousée ; partant, point de ménage-

(1) L'authenticité de ce plaidoyer a été contestée ; « il est languissant, dit l'argument, et paraît en beaucoup d'endroits, indigne du talent de l'orateur. » — M. Schæfer conteste l'authenticité de ce plaidoyer, et celle de beaucoup d'autres: ses arguments ne nous paraissent pas décisifs ; les dates qu'il attribue à certains plaidoyers et dont il se fait une preuve contre eux, nous semble matière à discussion ; il se fonde également sur certaines faiblesses de style ; la question est délicate : le plaidoyer contre Olympiodore où le même critique relève des défauts de composition et de forme, est loué par Denys (Démosth., 13., meilleur juge que nous, et mis sur le même rang que les plaidoyers de Lysias. Nous croyons trouver dans celui-ci des qualités contraires aux défauts signalés par Libanius, et nous persistons à l'attribuer à Démosthène.

7

ments, point de réticences; il livre à la foule la vie de
Néère; sa haine déclarée le met à l'aise; il s'attarde
avec complaisance; il ne recule pas devant les détails
scabreux; il donne à son récit l'attrait mauvais du
scandale. Ici, les circonstances sont différentes : à la
vie de cette courtisane se trouve mêlée celle de
Pyrrhus, de cet oncle dont l'orateur possède l'héritage; et cette fille même, Philé, Pyrrhus l'a élevée;
Endius, frère de l'orateur, l'a dotée et mariée. Aussi
l'orateur parle-t-il de la conduite de son oncle avec un
regret contenu où l'on sent percer la tristesse et le
respect. Il l'excuse presque. « Il arrive que des jeunes
gens, épris de pareilles femmes, ne se connaissant
plus, égarés par la folie, commettent cette faute
envers eux-mêmes. » (§ 17) Comme il faut bien citer
les faits, il produit des témoignages; mais il ne les
commente pas, il fuit le scandale; ce sont choses
pénibles à entendre pour le tribunal, pénibles pour
lui-même (§ 11). Il réserve l'amertune pour Nicodème,
le misérable frère de cette courtisane, et pour les
oncles qui veulent introduire dans la famille l'enfant
de la femme perdue.

Les sentiments sont les mêmes chez l'orateur forcé
de raconter les égarements du vieil Euctémon, grand'
père du jeune homme pour qui l'on plaide : « Sans
doute, c'est chose pénible pour Phanostrate, ô juges,
que de voir étalés au grand jour les malheurs d'Euctémon; il faut bien, cependant, que j'en dise quelque
chose; il faut bien que, sachant la vérité, vous puissiez
décider selon la justice. » (Hér. de Philoct. § 17) Nul
accent de reproche; on veut rejeter ces fautes sur l'affai-

blissement venu avec l'âge ; on ne veut pas oublier qu'Euctémon vécut longtemps honoré, heureux, entouré d'une famille florissante; mais, dans sa vieillesse il fut victime d'un malheur qui fut la ruine de sa famille et le sépara de ceux qui lui étaient le plus chers; « quel fut ce mal ? quelle en fut l'origine ? je » vais vous le raconter aussi brièvement qu'il me sera » possible. » (§ 19) On respecte encore Euctémon; dans ce malheur, il a été la première victime. Cette piété ne sied-elle pas bien au défenseur d'une honnête famille, protégeant tristement le reste de son bien contre l'avidité d'une femme perdue ? On voudrait pouvoir commenter tous ces plaidoyers ; montrer partout la justesse des nuances dont l'harmonie donne une physionomie au personnage; opposer, par exemple, le fils de Ménéclès à celui d'Apollodore, l'homme du commun à l'homme de haute situation ; d'une part, celui qui fait des doléances et qui implore la pitié ; d'autre part, celui qui, plein de déférence pour les juges, garde néanmoins la dignité du ton et de l'attitude ; d'un côté, ceux qui injurient l'adversaire et disent: ô juges, secourez-moi (Ménéclès, Ciron).—Juges, vous êtes les arbitres souverains (Astyphilos); de l'autre, les hommes de grande famille qui combattent avec réserve et se bornent à dire aux juges : « Décidez selon l'équité (Apollodore). Mais les exemples cités semblent suffisants pour montrer avec quelle vérité Isée crée ses personnages ; avec quelle souplesse il donne à chacun un air qui lui est propre; quelle différence de ton entre les divers plaideurs qu'il envoie au tribunal ; mais comme tous sont fidèles au caractère que leur a créé le logographe ; quelle justesse de ton ! quelle sûreté dans la mesure de l'attaque ! quelle dextérité à manier les choses délicates ! quelle connaissance des juges d'Athènes, de leur sentiments, bons ou mauvais !

Si nous considérons le pathétique, la différence est grande et l'impression tout autre. Sans doute Isée laisse assez volontiers éclater la passion, quand une idée politique ou religieuse peut se mêler à l'affaire ; mais lorsqu'il manie des faits purement privés, comment expliquer sa réserve dans l'emploi du pathétique, et comme sa timidité ? Certainement, le créateur de personnages si vrais, l'auteur de ces narrations pleines d'une émotion contenue, (Ménéclès, Ciron, Philoctémon) qui, d'une main sûre, touche et éveille tous les sentiments humains, pouvait, s'il eût voulu, jeter dans le plaidoyer, les éclats de la passion. Comment ne pas s'étonner de le voir, arrivé à la limite ou la passion va éclater, s'arrêter pour ainsi dire, se détourner et se rejeter dans la discussion ?

Nous trouvons une première explication dans ce fait sur lequel nous avons insisté plus haut. A Athènes on conçut d'abord le plaidoyer comme une exposition des faits, simple, rapide, naïve : tout ce qui sortait de ce cadre étroit paraissait entaché d'artifice et éveillait la défiance : cette conception était née dans un temps où il n'y avait encore ni écoles de rhétorique, ni avocats de profession ; les progrès de l'éloquence, la part toujours plus grande qu'elle se fit dans les relations humaines, fit céder peu à peu cette antique opinion ; mais les orateurs durent toujours compter avec elle, et ménager un préjugé, qui, chez beaucoup de bons esprits, comme chez Aristophane, était entouré du prestige qui donne aux choses anciennes le regret d'un passé embelli par le lointain.

Nous trouverons au fait qui nous occupe une seconde cause plus générale, si nous considérons le milieu littéraire et moral dans lequel vécut Isée, et si nous rapprochons l'éloquence judiciaire du théâtre tragique, c'est-à-dire de la forme ou se produisit alors, avec le plus d'éclat et de liberté, la peinture de l'âme humaine. Ce rapprochement n'est pas arbitraire : il existait dans l'esprit des Grecs eux-mêmes. La tradition rapportait que Solon, après avoir vu jouer Thespis, lui demanda s'il n'avait pas honte de mentir avec ce front devant tant de personnes : avant peu, dit-il, ce jeu objet de nos éloges et de nos honneurs, nous le retrouverons dans nos contrats (1). Platon accusant la Rhétorique d'être une œuvre de tromperie, la compare à la tragédie qu'il enveloppe dans la même réprobation. « Si la poésie, dit Socrate, est une manière de parler au peuple, c'est donc une rhétorique; en effet, ne te semble-t-il pas que les poètes font les orateurs sur les théâtres? » (2) Grote insiste avec raison (3) sur cette relation intime de la tragédie et de la rhétorique : nées vers le même temps, sorties du

(1) Plutarque. Vie de Solon, § 29.

(2) Pluton. Gorgias, § 57.

(3) Grote. Hist. de Grèce, Trad. Sadous. Vol. 12, page 152 et seq.

même effort, et sollicitant les mêmes facultés, elles eurent, sur leur développement mutuel, une influence réciproque. Comment n'être pas frappé de la forme judiciaire que revêt si volontiers le drame grec? La situation tragique se résout en une antithèse de sentiments et d'intérêts qui plaident et se répondent; Electre contre Chrysothémis; Clytemnestre contre Electre; Antigone contre Ismène ; Cléon contre Antigone. Les plaidoyers s'opposent comme au tribunal; ou bien, vers par vers, la réplique va et vient comme dans un débat devant l'arbitre. Pour comprendre le drame grec, tâchons d'oublier le drame moderne: nous allons chercher au théâtre le plaisir d'être enlevés à nous-mêmes, de poursuivre à travers les détours inattendus de l'intrigue un dénouement incertain ; d'être emportés dans un mouvement de passion, et tout ce qui ralentit ce mouvement nous paraît languissant. Le récit des aventures qui sont le fond du théâtre grec avait bercé l'enfance des spectateurs ; ils demandaient à la tragédie le développement de caractères connus ; dans la conduite de l'intrigue, la part de la nouveauté était petite ; ils aimaient ces situations déjà vues, développées en oppositions simples, d'où se dégageait je ne sais quelle impression de calme, pareille à celle que produit la symétrie architecturale. Sans doute, la passion ne pouvait être absente de ces sombres et tragiques aventures; mais l'effet général était de toucher plutôt que de troubler ; les âmes des spectateurs étaient moins avides d'émotion et y étaient aussi moins accessibles. Ils ne s'étonnaient pas de voir le dévouement raisonner, et plaider la passion (1); d'entendre Hécube, mère désolée, défendre la cause de sa fille dans une plaidoirie dont l'habileté nous paraît trop ingénieuse, et garder assez de sang-froid pour réfuter à l'avance les arguments d'Ulysse. Le dévouement pour nous, c'est le ravissement de l'âme emportée par l'amour de ce qui paraît grand et beau; c'est l'abandon glorieux de soi-même; le souvenir de l'utile, le moindre retour vers l'intérêt, semblerait une souillure. Les héros grecs se dévouent, mais autrement; ici, point d'entraînement vainqueur; ils délibèrent, et dans cette délibération, l'intérêt n'est pas oublié. Oreste ne revient pas seulement venger son père, il veut rentrer dans la possession des pouvoirs et de la richesse dont on l'a banni. Quand Electre, croyant Oreste mort, veut entraîner sa sœur dans la tentative désespérée de tuer Egisthe, elle fait valoir cette raison, qu'Egisthe vivant, elles vieilliront sans avoir leur part des biens paternels, sans connaître l'hyménée : « car Egisthe n'est pas assez fou pour laisser naître de toi ou de moi des enfants qui seraient

(1) Gœthe. Voy. en Italie. Venise, 6 octobre 1786 : La tragédie d'hier m'a appris plusieurs choses; c'est le vrai spectacle qui convient à ce peuple ; car il veut être ému d'une façon cruelle; il ne prend aucun intérêt intime et tendre aux malheureux; son plaisir est d'entendre les héros parler bien ; car il s'attache beaucoup aux discours..... Je comprends mieux à cette heure les longs discours et les nombreuses dissertations des tragédies grecques. Les Athéniens aimaient encore plus à entendre parler, et ils s'y connaissaient mieux encore que les Italiens; ils se formaient déjà devant les tribunaux, où ils passaient tout le jour.

(2) Euripide. Hécube V. 250.

(3) Sophocle. Electre V. 960.

certainement sa perte (1).» Le théâtre grec ne présente
pas de dévouement plus haut que celui d'Antigone ;
or, à ceux qui traitent son sacrifice de folie, elle
démontre qu'elle a suivi son véritable intérêt ; elle justifie son héroïsme : « Pour quiconque vit comme moi,
» entouré de malheurs, comment la mort ne serait-
» elle pas un avantage ? Ainsi pour moi, le sort qui
» m'attend n'est pas un malheur ; ah! si j'avais
» laissé sans sépulture le cadavre de mon frère, voilà
» ce qui me rendrait malheureuse ; mais le traitement
» qu'on me prépare n'est pas un malheur pour moi ;
» quant à toi (Créon), si tu crois que j'ai agi follement,
» j'ose le dire, c'est un fou qui m'accuse de folie (2). »
Plus tard, au moment même où elle salue sa dernière
demeure et les chers morts vers lesquels elle descend,
elle explique sa conduite par un raisonnement fort
étrange, mais où perce un effort pour démontrer que
son héroïsme est sorti d'une délibération sage (3).
Qu'on se représente ce que serait sur notre théâtre la
scène dans laquelle Hémon plaide auprès de son père
la cause d'Antigone (4). Résolu à mourir s'il perd celle
qu'il aime, il défend sa propre vie avec celle de la
jeune fille. Va-t-il chercher à ébranler Créon par
l'explosion de sa douleur, à enlever la grâce d'Antigone par la prière et l'attendrissement ? Non, il im-

(1) Sophocle. Electre V. 960.

(2) Antigone. V. 468.

(3) Antig. 904. Le passage est interpolé peut-être ; mais l'interpo-
lation est antérieure à Aristote, et les Grecs l'acceptaient.

(4) Antigone. V. 683.

pose silence à son âme révoltée, à sa jeunesse, à son amour ; sur l'âme de Créon, le soin de l'intérêt est plus puissant que la pitié : le jeune homme reste assez calme pour ne pas l'oublier, pour marcher prudemment et sûrement vers le but à atteindre, pour ne pas se départir du raisonnement qui est ici le meilleur moyen de persuasion : avec quelles précautions insinuantes il ménage l'orgueil irritable du nouveau roi ; si la colère, promptement réprimée, s'échappe à la fin dans la première partie de la scène, Hémon défendant une cause si chère, reste assez maître de lui pour plaider avec habileté et mesure.

On peut dire qu'au théâtre, comme au tribunal, les Grecs ont aimé la convenance autant et plus que la passion ; goûter la justesse de sentiments calmes, mais appropriés avec précision à la situation du personnage, était pour eux un plaisir aussi vif que d'être émus par des mouvements pathétiques. Nous trouvons de ce fait un exemple frappant dans cette même tragédie d'Antigone. Malgré la défense de Créon, une main inconnue a enseveli Polynice ; l'un des jeunes gens chargés de garder le cadavre vient l'annoncer au roi. C'est un comparse d'arrière-plan dont l'action se borne à venir jeter dans le drame la nouvelle qui va mettre aux prises l'orgueil et l'ambition de Créon, la fierté et le dévouement d'Antigone. Ne semble-t-il pas que ce personnage effacé devrait ne paraître que pour se retirer bientôt, et faire place à ceux dont le conflit est l'âme de l'action ? Sophocle en a jugé autrement ; celui qui parle est d'humble condition, de ceux que les

puissants frappent sans crainte ; il tremble en apportant cette nouvelle à ce maître violent et dur, d'autant
plus jaloux de son autorité qu'il vient à peine de s'en
saisir : le poëte s'arrête à composer un personnage, et
lui prête un langage qui est un chef-d'œuvre d'habileté oratoire. Sans doute c'est un moyen indirect de
peindre Créon ; mais n'y a-t-il pas une complaisance
marquée à étaler aux yeux des spectateurs la parfaite
convenance de ce plaidoyer difficile ? Un long exorde
prépare l'annonce de la terrible nouvelle ; il suspend
et atténue l'explosion d'une colère qui pourrait ordonner brusquement le supplice du malheureux ; comme
ces craintes si longuement exprimées, ces hésitations
de l'homme égaré par la terreur, apaisent adroitement
la colère du maître en caressant son orgueil ; comme
la narration montre bien l'abattement et l'effroi qu'ins-
pire aux gardiens la violation de ses ordres ; et le plaidoyer finit sur le ton humble et découragé de l'homme
qui attend, tête basse, la décision du maître (1). Evidemment les Grecs apportaient au théâtre une disposition d'âme plus calme que nous ; ils aimaient, autant
que les émotions les plus vives, cette longue scène si
délicatement conduite où le jeune Néoptolème sent
peu à peu, au contact du généreux Philoctète, ébranler dans son cœur la résolution de mentir. Il ment,
mais comme un fils d'Achille, non comme un Ulysse
qui se complait dans sa ruse ; dans ce rôle emprunté,
subi à grand peine, il est gauche et timide ; tandis que
Philoctète, heureux de parler enfin à des hommes, se

(1) Antigone. 223.

répand en questions, en tendresses, en souvenirs, le
jeune homme répond presque avec sécheresse ; une
pudeur l'empêche de s'abandonner à celui qu'il va
tromper, et de laisser l'émotion loyale de son cœur
jouer un rôle dans le mensonge qu'il médite ; il n'offre
pas son vaisseau à Philoctète ; il attend sa demande ;
sans doute il lui semble (les consciences hésitantes
ont de ces subtilités) que sa honte sera moins grande
si c'est la victime qui, d'elle-même, se jette dans le
piége. Les Grecs s'attardaient avec plaisir sur ces
nuances délicates ; ils ne s'inquiétaient pas de voir
l'action se ralentir, et l'émotion prendre un temps de
repos ; pas plus qu'ils ne s'étonnaient dans l'Electre, de
voir le pédagogue couper par un long récit le mouvement du drame, raconter sans omettre un détail la
lutte où Oreste a succombé, transporter un moment
les spectateurs aux jeux pythiques, dire les concurrents, leur pays, la couleur de leur attelage et l'habileté du vainqueur, qui est un Athénien.

Les plaideurs et les juges apportaient au tribunal
les mêmes habitudes d'esprit qu'au théâtre ; ils voulaient que les caractères fussent tracés avec vérité ; ils
recherchaient l'exactitude du ton, le tact délicat qui
ménage toutes les convenances ; et ce n'était pas seulement une nécessité pour le logographe chargé de
composer un rôle et de se cacher derrière le client,
c'était aussi la jouissance littéraire exigée par les juges
dont la justesse d'esprit naturelle avait été développée
par la pratique du théâtre. Mais, d'autre part, l'importance du pathétique fut moins grande que celle des
mœurs. Devant les citoyens mêlés sans cesse et direc-

tement à la vie politique, laquelle est intimement liée à la vie religieuse, la politique et la religion introduites dans un débat privé amènent la vivacité et l'invective. La liberté de langage était grande à Athènes ; la violence des rancunes politiques ou personnelles pouvait se donner libre carrière ; nous le voyons dans Aristophane, dans Eschine, dans Démosthène ; mais il faut distinguer entre l'invective, moyen accessoire ajouté par l'habileté de l'orateur, et la passion qui naît spontanément des entrailles du sujet. Voici, dans ces plaidoyers, des faits privés et intimes ; voici des spoliations indignes, des familles ruinées par des revendications éhontées ; voici des coquins et des courtisanes s'attaquant à la fortune des honnêtes gens, entrant de force dans les familles et s'y installant en maîtres ; et l'émotion de l'homme atteint dans ce qu'il a de plus cher ne déborde jamais ; elle n'éclate un moment que pour être presque aussitôt réprimée, et la source d'où elle jaillit ne paraît ni abondante, ni profonde. La douleur serait souvent si légitime que le juge, semble-t-il, en eût accepté la violence en dépit de toutes les défiances préconçues.

Il ne faut pas seulement rechercher la cause de ce fait dans une conception de l'art particulier aux Grecs, ou dans les exigences de la clepsydre qui veut qu'on se hâte. Au fond, l'orateur grec est plus calme en face de l'injustice et de l'outrage que ne le serait un plaideur moderne. Nous croyons fermement que notre société vaut mieux que celle des contemporains d'Isée ; tout au moins peut-on affirmer que nous nous faisons de la justice et de la loyauté une idée plus élevée, et

que ceux qui les pratiquent le moins leur rendent cet
hommage d'en afficher hautement le respect. Dans les
situations où nous voyons les clients d'Isée, un plaideur moderne, défendant sa propre cause ressentirait
ou feindrait de ressentir une émotion qui aurait besoin
de se répandre ; au-dessus du danger que court l'intérêt, il y aurait comme une colère désintéressée contre
la perfidie des adversaires. Un Grec restait plus calme ;
vivant dans une société où la moralité n'était pas élevée,
où la composition des tribunaux, où les formes de la
procédure permettaient tant de tentatives malhonnêtes,
il ne s'étonnait pas grandement de l'attaque éhontée
dont il était l'objet, et son indignation n'était pas telle
qu'il ne pût la contenir et en ménager l'expression avec
habileté.

D'ailleurs notre race est, plus que la race grecque, sensible à l'outrage et soucieuse du point d'honneur ; que ce soit qualité ou défaut, il y a là une différence notable, importante pour l'objet qui nous occupe.
Achille nous séduit plus qu'Ulysse, resté si populaire
parmi les Grecs, et dont la souplesse est souvent le contraire de la fierté. Voyez Xénophon, si soigneux, si
désireux de présenter un type d'honnête homme ;
voyez le portrait qu'il s'est composé, non sans complaisance, dans l'Anabase ; voyez le Cyrus de la Cyro-
pédie et ses autres héros ; ils sont plus aimables
qu'Ulysse ; leur prudence avisée est parée de bonne
grâce ; mais comme Ulysse, ils poursuivent avec tena-
cité leur intérêt, sans s'indigner ni s'étonner de ce
qui vient traverser cette poursuite ; leur âme est souple et prudente plus que haute et fière ; en présence
du danger, le courage d'Ulysse, de Xénophon et de ses

héros, n'a pas d'élan, reste froid et calcule ; bien différent de la fougue héroïque et folle des Gaulois de Cé-
sar, que le vainqueur même, qui en profite, est forcé
d'admirer. Aussi ne faut-il pas s'étonner de voir ces
plaideurs grecs entrer parfois en accommodement avec
un agresseur impudent et odieux (1), là où le sentiment
de la justice outragée nous interdirait toute conciliation.
Là où nous croirions rabaisser imprudemment notre
bon droit en traitant avec un coquin, le plaideur grec,
plus avisé et moins fier, commence par tâcher de s'entendre avec l'adversaire le plus avantageusement possible, et de cette condescendance qui nous étonne, il
se fait, dans son plaidoyer, un titre à la bienveillance
des juges.

Les causes que nous venons d'énumérer montrent, croyons-nous, pourquoi les clients d'Isée restent
plus calmes qu'on ne le serait chez nous, en situation
pareille ; le gain du procès, l'intérêt à défendre, voilà
le but que leur raison poursuit, sans se troubler ; ils
restent maître de leur émotion, et cela leur est facile.
Devant un tribunal, qu'indignent modérément les injus-
tices privées, qui se défie d'ailleurs du pathétique,
l'orateur ne croit pas utile, pour faire croire à la justice
de sa plainte, d'étaler une émotion très-profonde et
très-vive; mais attentif à continuer sans faute de ton
le personnage qu'il a revêtu, à ménager toute convenance, à ne choquer en rien ces juges ombrageux, il
fait petite la part de la passion, et consacre surtout à
l'exposition des faits et à l'argumentation le temps que
la clepsydre lui mesure et dont il doit être économe.

(1) Cf. Plaidoyer p. l'Hérit. de Dicéogène.

IX.

LE STYLE.

Isée, qui s'attacha à l'imitation de Lysias, avait été, nous le savons formellement, à l'école d'Isocrate. Sans doute il y prit la pureté du langage attique, la science de la construction, l'art de choisir les mots et de les placer en leur lieu. Mais on sent toujours dans la prose d'Isocrate l'auteur des Panégyriques : ce style qui se berce au bruit flatteur des périodes balancées, cette phrase qui se déroule, lente et noble, selon l'expression de Denys, comme une théorie, n'était pas faite pour captiver longtemps notre orateur. Son goût le portait vers le genre judiciaire, le seul qu'il ait cultivé, vers les discussions d'affaires, vers la langue qui leur est propre. Il ne pensait pas aux spectateurs réunis, sous un portique, pour écouter dans un jour de loisir et de fête, un beau langage dont souvent l'unique ambition est de se faire admirer; il songeait à la place Héliée, aux plaideurs débattant leurs intérêts, aux juges qu'il faut rapidement instruire et convaincre. Il dut se tourner assez vite vers Lysias. Toutefois il garda de l'école une habileté plus sensible dans la construction de la phrase : Denys, le comparant à Lysias en fait la remarque. Il ne suffit pas d'aimer la simplicité pour l'atteindre : Isée goûtait, voulait imiter la négligence élégante de Lysias ; mais il ne l'avait pas, comme le maître, tirée de lui-même. Il ne sut pas toujours dissimuler complètement son art, parce qu'il avait conquis cette simplicité par l'étude. Ceci nous explique que dans certains passages où son style nous paraît rivaliser avec celui de Lysias, Denys, meilleur juge que nous, relève des traces d'effort, et comme le souvenir de l'école.

Qu'il nous soit permis néanmoins de trouver à cet égard le critique grec trop sévère : Isée, l'habile praticien, put-il commettre la faute de laisser, dans des phrases trop savantes, percer et se trahir la main du logographe ? put-il oublier que son premier mérite devait être de pousser l'art du style jusqu'à ce degré de perfection où il se fait oublier ? Il fallut à Athènes être si naturel et si simple que chaque juge pût penser que lui-même n'aurait pas dit autrement ; l'élégance dut être si aisée que l'auditeur en jouît sans songer à en faire l'éloge. Or, n'est-ce pas là le mérite suprême de la forme ? Les œuvres secondaires trahissent l'effort de l'artiste ; en même temps que nous admirons, nous savons pourquoi ; dans les œuvres parfaites (et ceci est vrai de tous les arts) l'harmonie est si naturelle et si juste que l'esprit s'y repose et s'y abandonne sans analyser son plaisir. Nous disions plus haut que le grand nombre des juges força l'orateur à conquérir une clarté si lumineuse qu'elle frappât même un œil inattentif : ne peut-on pas dire aussi que l'obligation de se dissimuler imposa au logographe cette nécessité

salutaire de parler si simplement et si juste, qu'on
oubliât de remarquer cette justesse et cette simplicité;
son style dut être comme une glace si transparente
que le regard la traverse sans la voir ni s'y arrêter.

Isée resta donc voisin de Lysias: quelque chose
fut perdu peut-être, le charme indéfinissable de la
négligence, χάρις, ἄνθος, ἀφροδίτη; mais Denys lui-même
avoue qu'on peut confondre leurs discours, et qu'il
faut être connaisseur émérite pour ne pas attribuer à l'un les plaidoyers de l'autre. Comme chez
Lysias, les mots sont pris dans la langue ordinaire;
les termes propres atteignent directement l'idée et
l'embrassent tout entière, sans le secours d'images,
qui en donnant plus d'éclat, laissent aux contours
quelque chose de flottant; partout une idée nette,
laissant voir son aisance et sa simplicité sous la trans-
parence d'un style simple et aisé comme elle; point
d'expressions brillantes, point d'alliances inattendues ;
rien qui éclate, surprenne; l'effet se produit à la longue
par la satisfaction que trouve l'esprit dans cette clarté,
dans ce rapport exact de la pensée et des mots.

Certains caractères du style varient dans les
différentes parties du plaidoyer : dans l'exposition et
la narration, bien que les faits soient savamment
ordonnés, les phrases se succèdent avec un abandon
qui bannit l'idée d'artifice. Qu'on prenne pour exemple
le récit du fils de Ménéclès, ou celui de Thrasylle,
fils d'Apollodore: l'orateur paraît énumérer ses souvenirs sans visée oratoire, simplement et dans l'ordre
du temps ; les phrases sont reliées avec une certaine

8

mollesse; c'est là surtout, semble-t-il, qu'on ne pouvait dire autrement.

Mais dès que l'orateur discute, la phrase change d'allure: Nous trouvons dans Denys, si fécond en images quand il veut faire sentir les qualités du style attique, ces expressions remarquables: ἡ συστρέφουσα τὰ νοήματα καὶ στρογγύλως ἐκφέρουσα λέξις (1); il est plus facile de commenter que de traduire; c'est l'image de mots qui se groupent sans laisser de vide, et qui font la pensée arrondie et solide comme la forme qui les enserre. Ce ne sont plus des membres de phrase qui se succèdent sans se subordonner; toutes les parties, selon l'image employée par un autre auteur (parlant de Lysias) s'emboîtent pour former un tout solide (2) Denys qui trouve que cette qualité est égale dans Lysias et dans Isée nous paraît injuste envers notre orateur. Isée qui fit une part plus grande à la discussion, qui, de l'aveu même de Denys, disposa mieux les preuves et en tira meilleur parti, nous semble aussi avoir donné à l'argumentation une expression plus serrée et plus vigoureuse; il avait perdu quelque chose de la grâce du maître; mais ne serait-ce pas précisément en rendant plus visible, dans l'arrangement des mots, l'effort du raisonnement? Il ne faudrait pas croire toutefois que cet effort tende outre mesure la phrase et la déforme: les langues anciennes, par la liberté de leurs constructions, permettent d'accuser, sans forcer l'ordre

(1) Lysias. § 6.
(2) Photius, τὸ εὐπαγὲς τῶν λόγων.

grammatical, le relief de certains mots, et d'augmen-
ter leur valeur logique; les expressions qui s'opposent
se trouvent aisément et par le jeu naturel de la phrase,
placées dans une lumière plus vive ; elles ressortent,
se répondent, et le raisonnement se détache dans une
pleine clarté. Souvent, ce sont deux moitiés de phrase
qui, disposées symétriquement, s'appellent et s'opposent,
membre par membre, mot par mot. Le juge en entendant la première partie de la phrase, pressent la
seconde (1); il y a dans la chute de ces idées et de ces
mots attendus une satisfaction pour l'oreille et pour
l'esprit ; l'orateur a dit vrai, car l'auditeur a pensé avant
lui ce qu'il vient de dire ; c'est ainsi que dans certaines
phrases musicales dont la première partie annonce la
seconde, l'oreille goûte avec un plaisir plus vif le
retour d'un motif qu'elle a pressenti.

Mais la symétrie dans les phrases d'Isée n'est jamais puérile comme dans celles de Gorgias et de son
école qui recherchait curieusement la pondération des
membres égaux, les allittérations, les mots de même
longueur et de même consonnance, donnant plus à
l'oreille qu'à l'esprit. Antiphon n'avait pas été exempt
de ce défaut ; Lysias lui-même, tout en réagissant
contre l'école de Gorgias, avait gardé en plus d'un en-
droit les traces de sa première manière (2). La symétrie dans Isée est toujours logique et non musicale ;
si les mots se répondent, c'est que les idées qu'ils re-

(1) Hérit. de Cléonyme, (§ 25 et 28).

(2) Voir la première phrase du discours contre Eratosthène et la
chute sur les mots ἀπαινεῖν et ἐπιλιπεῖν. — Et dans le même discours
la symétrie affectée des antithèses § 36. § 89. § 93.

présentent s'opposent ; il fuit ce qui donnerait à son langage l'apparence de l'apprêt ; et jamais l'on ne trouve une harmonie trop exactement balancée qui détournerait l'esprit de ce que dit l'orateur, pour faire penser à la manière dont il le dit.

La phrase d'Isée a d'ailleurs le vol assez court ; en général il présente les idées successivement, ou les oppose l'une à l'autre, plutôt qu'il ne les subordonne dans la construction logique d'une longue période. Avocat d'affaires, il fit bien de ne pas porter au bêma la phrase d'Isocrate, plus faite pour charmer un lecteur que pour instruire un juge ; mais il ne sut pas, comme Démosthène, transformer cette phrase ornée, en faire un instrument de lutte, et ne s'éleva pas à cette puissance de l'esprit qui enferme dans une seule conception un groupe d'idées, à cette période oratoire, où les incidentes nourrissent et soutiennent l'idée principale, et qui poursuit son évolution, ne fermant pour ainsi dire le cercle commencé, qu'après y avoir enfermé toutes les idées accessoires qui s'y meuvent à l'aise.

Les figures de mots sont rares dans le style d'Isée ; en revanche les figures de pensée y abondent. Les anciens les appelaient d'un nom expressif σχήματα διανοίας, que Cicéron traduit heureusement par « gestus orationis » (1), les gestes, l'attitude du discours. La parole de Lysias garde le plus souvent une attitude calme ; elle est tournée vers le juge auquel ingénûment elle soumet ses raisons ; on sent le geste sobre et mesuré qui dut l'accompagner ; on pense à l'action de ces an-

(1) Orator § 25.

ciens orateurs qui parlaient la main sous le manteau.
Tout autre est le plaidoyer d'Isée ; la pensée s'est animée ; les gestes sont plus nombreux et plus vifs ; ce
style aime la lutte, il la recherche, il y est à l'aise.
Parfois, c'est un trait ironique lancé en passant : « Je
» demanderais volontiers à l'adversaire qui se donne
» pour homme sage, quel parent devait choisir Méné-
» clès pour l'adopter (1). » — « Il fallait, ô juges, que
» Cléon, qui n'a pas l'air d'un sot, appelât, quand Asty-
» philos adopta son fils par testament, tous les parents
» qu'il savait se trouver à Athènes (2). » — Parfois
l'ironie est intraduisible : l'orateur vient de raconter
quels embarras lui avait déjà suscités, du vivant de
Ménéclès, l'avidité de l'adversaire, qui est son oncle.
Après une lecture de témoignages, il reprend son récit:
ὁ θεῖος οὑτοσί (3) le premier mot éveillant les idées d'affection, de protection, le second rappelant la conduite
de cet étrange parent ; et de la réunion des deux mots
jaillit une malignité qu'une inflexion de voix suffisait
à souligner. Qu'on lise le début du plaidoyer pour
l'héritage de Pyrrhus (4) ; l'orateur veut montrer que
l'adversaire a menti quand il a témoigné que sa sœur
avait été mariée à Pyrrhus ; remarquez cette série de
questions où sont mis en contradiction flagrante les
actes de Nicodème et son témoignage ; comme tous ces
mots, femme légitime, donner en légitime mariage,

(1) Hérit. de Ménéclès, § 21.
(2) Hér. d'Astyphilos, § 11.
(3) Hér. de Ménéclès, § 35.
(4) § 8 et seq.

déposer en justice, reviennent avec une insistance ironique mettre le mensonge en évidence.

Souvent le raisonnement s'anime et prend la forme
de l'interrogation : « Qui doit connaître le passé? (1) Evi-
» demment ceux qui ont connu mon grand-père : ils
» ont affirmé ce qu'ils ont entendu dire. Qui doit né-
» cessairement être renseigné sur le mariage de ma
» mère ? Ceux qui l'ont mariée et ceux qui assistaient
» au mariage ; or, les parents de Nausimène et ceux
» de mon père ont témoigné. Mais qui sait que ma
» mère était nourrie dans la maison de Ciron, et
» qu'elle était sa fille légitime ? Les adversaires discu-
» tent là-dessus, et en réalité ils déposent clairement
• en ma faveur, lorsqu'ils refusent de laisser mettre
» les esclaves à la torture. » — « Qu'est-ce qui
» donne de l'autorité aux choses dites ? n'est-ce pas
» la déposition des témoins ? pour moi, je le crois ; et
» de l'autorité aux témoins ? n'est-ce pas la torture ?
» cela est vraisemblable. Et qu'est-ce qui enlève toute
» autorité aux paroles des adversaires? n'est-ce pas ce
» fait, qu'ils fuient les moyens d'établir les preuves ?
» Cela est évident. » (2)

Il ne suffit pas à l'orateur de raisonner juste ; il
prend le juge à témoin ; par des questions vives et pressantes, il fait pour ainsi dire la preuve de son argumentation ; il est heureux d'avoir si bien conquis l'évidence ;
on sent percer un accent de triomphe. C'est un procédé
d'invention habituel à Isée que de chercher dans les

(1) Hérit. de Ciron, § 14.
(2) Ibid. § 28.

paroles et la conduite de l'adversaire des preuves contre lui ; cette manière d'argumenter amène naturellement l'interrogation directe et l'apostrophe : « J'aurais
plaisir à lui demander... » — Je veux d'abord l'interroger sur ce point... » — Il ne lui suffit pas d'éclairer
le juge ; il combat sous ses yeux ; il aime à sentir quelqu'un en face de ses coups ; il se tourne vers l'adversaire, le provoque, le raille, parfois il l'outrage : « Voyons,
Nicodème..... » — « Eh bien, bonnes gens, vous di-
siez que vous ignoriez ce fait. » On se rappelle Théopompe faisant comparaître l'adversaire sur le bêma, et
le poussant de questions sous les yeux du tribunal. La
passion n'est nulle part plus vive que dans la péroraison contre Dicéogène ; c'est encore sous cette forme
favorite de l'interrogation qu'elle se présente ; une suite
de questions emportées dans un même mouvement de
colère, venant coup sur coup, avec plus d'opiniâtreté
que d'ampleur, donner le même assaut, comme des
vagues qui battent un rivage.

C'est en ceci qu'Isée est novateur ; c'est dans cette
forme plus serrée, dans ce ton d'argumentation plus
batailleuse, dans ce style d'allure plus vive, que réside
le caractère propre de notre orateur et que, malgré la
variété des causes, on trouve les traces de la même
main. Denys le lui reproche ; on sent, dit-il, l'artifice,
la méchanceté (1). Nous serons moins sévère. Isée
n'est pas de ces avocats agressifs qui, combattant par
humeur plus que par réflexion, ont besoin de s'escri-
mer en tous sens ; ici, le jeu très-vif, reste savant et

(1) Τεχνικώτερα, Isée, § 3. δεινὸς τεχνιτεῦσαι λόγους ἐπὶ τὰ πονηρότερα
Ibid. § 4.

mesuré ; ce talent sait régler sa force et se plier aux
convenances ; le ton demeure exactement approprié à
la personne du plaideur et à celle de l'adversaire : le
neveu de Dicéogène peut pousser sans réserve l'attaque contre celui qu'il a su rendre odieux ; le fils de
Ménéclès peut se prendre corps à corps avec un adversaire de condition égale ; mais le fils d'Apollodore
garde le calme et la dignité ; le défenseur d'Hagnon et
d'Hagnothée malmène Chariade sans se commettre
dans une lutte face à face avec le coquin. Loin de blâmer Isée, nous le louerons d'avoir ajouté à l'éloquence
une force nouvelle. Il y a sans doute une différence
entre Lysias et lui ; il y a dans ce ton nouveau moins
d'ingénuité, moins de dignité peut-être ; mais dans
l'éloquence judiciaire qui dut à l'origine être très-calme,
très-sobre de mouvements, la passion et la polémique
se firent avec le temps une part plus large. Isée est
plus jeune que Lysias de quelques années seulement ;
mais entre eux, la marche en ce sens est visible ; c'est ainsi
que Sophocle put voir son jeune rival Euripide peindre la passion avec des traits plus vifs, et rabaisser
peut-être la dignité du poëme tragique, pour remuer
plus fortement l'âme des spectateurs. On peut admirer
la noblesse d'Eschyle et de Sophocle, sans méconnaî-
tre la puissance nouvelle qu'Euripide donnait à l'art
dramatique. Qu'on songe aux juges qui écoutaient les
clients d'Isée ; vifs esprits, faciles à se laisser séduire
par une argumentation lestement enlevée, heureux de
sentir leur attention paresseuse plus souvent réveillée,
s'intéressant à ce débat où se mêle un élément dramatique, prompts à se tourner contre le plaideur, que son
adversaire a si vivement réfuté.

CONCLUSION.

Nous voudrions, pour conclure, essayer de montrer quel fut à Athènes le personnage de notre avocat ; déterminer la place qu'il occupe dans l'histoire de l'éloquence grecque entre Lysias et Démosthène ; nous demander enfin si ces plaidoyers, peu connus, ne méritent pas qu'on les étudie pour eux-mêmes, et qu'on y aille chercher d'utiles leçons.

Isée ne fut et ne voulut être qu'un avocat de causes privées. En admettant que l'éloquence politique lui ait été fermée par sa condition de métèque, il ne cultiva pas le genre démonstratif qui lui restait ouvert. Cette éloquence pompeuse, voisine de la poésie, n'attira pas cet esprit pratique ; sa nature l'inclinait vers la discussion des affaires ; c'est en ce sens que son talent se développa. Isocrate, qui se piquait de philosophie, qui aimait les belles idées générales, les développements de morale, de politique et d'histoire, dut trouver que son élève avait dégénéré en sortant de ses mains, quand il le vit s'attacher à l'imitation de Lysias, dont la gloire avait inquiété la sienne, et s'enfermer dans la défense des intérêts privés. Isée put entendre son ancien maître, dans le discours sur l'Antidose, juger sévèrement les logographes, déclarer qu'ils sont trop méprisés pour qu'on leur confie des élèves, ajouter dédaigneusement qu'il n'apprend pas aux siens le métier d'avocat, et que d'ailleurs lui-même y est inhabile (1). L'école d'Isée dut être fort différente de celle d'Isocrate ; elle rapporta sans doute au maître moins d'honneur et de profit, puisqu'il fut, dit-on, déterminé à la quitter pour une somme assez considérable en ce temps, mais qui n'était pas une fortune (2). S'il fut à l'école ce qu'il était au tribunal, on peut croire que son enseignement fut plus solide que brillant. L'instinct de la véritable éloquence mena chez lui Démosthène ; mais la foule des jeunes gens riches, ceux que l'éclat séduisait, ceux qui recherchaient surtout dans l'éloquence l'agréable et le brillant, durent négliger cette école de raisonnement et de discussion, faite surtout, devait-il sembler, pour former des logographes et des praticiens habiles.

Mais, dans cette foule de logographes qui vivaient autour des tribunaux, quelle fut la place d'Isée? Faisant

(1) Le discours sur l'Antidose est de 354. Démosthène qui avait enlevé Isée à son école avait alors trente ans. A cette date, Isée n'enseignait plus ; mais il est utile de noter qu'il fut en quelque sorte renié par son maître.

(2) Démosthène aurait donné à Isée dix mille drachmes, soit 9,300 fr. Il semble, d'après le plaidoyer pour l'héritage de Pyrrhus, qu'un homme fût regardé comme riche, quand il possédait trois talents (16,680 fr.) Isocrate demandait à chacun de ses élèves dix mines (930 fr.) Pour l'éloge d'Evagoras, il reçut vingt talents.

à la fois fonction d'avoués, d'agents d'affaires, d'avocats, ces hommes, dont nul mot français ne peut embrasser la profession multiple, exerçaient leur industrie sans titre officiel, guidant le plaideur dans la marche de la procédure, lui indiquant le fort et le faible de sa cause, lui montrant quels témoignages il était utile de s'assurer, lui composant enfin un plaidoyer. Des textes nombreux nous montrent la malveillance du public à l'égard des logographes, et celle des tribunaux à l'égard de leurs clients (1). Socrate, selon Quintilien, ne crut pas honorable d'accepter le plaidoyer que Lysias avait composé pour lui (2). Dinarque reproche à Démosthène, alors en possession d'une haute influence politique, de s'être enrichi en faisant le métier de logographe pour le compte d'un Ctésippe et d'un Phormion (3). Isocrate lui-même, oubliant ou voulant faire oublier les occupations de sa jeunesse, s'élève avec amertune et dédain contre une profession qu'il avait jadis exercée (4). Enfin, les clients d'Isée ne manquent pas de faire remarquer, quand ils le peuvent, que l'adversaire est arrivé au tribunal, entouré de conseillers et de gens d'affaires.

Toutefois, il ne faudrait pas croire qu'un homme, par le seul fait qu'il exerçait cette profession, fût frappé d'un irrémédiable discrédit. Les logographes

(1) Thucydide. VIII. 68. Lycurgue contre Léocrate, § 138.

(2) Instit. Or. II. 15.

(3) Contre Démosth. § 111.

(4) Disc. sur l'Antidose, passim

n'étaient point formés, comme les avocats modernes, par les mêmes études; ils n'étaient pas réunis en un corps où chacun recueille sa part de la dignité commune, où tous sont jaloux de la dignité de chacun. C'étaient des gens de toute provenance, qui exerçaient leur profession isolément, librement, sans contrôle : la profession dut valoir au point de vue de la dignité, ce que chacun la faisait. Le nom même était frappé de défaveur, mais il y eut sans doute dans l'estime publique des degrés nombreux entre les agents d'affaires misérables, acceptant toute besogne, suppléant au talent par l'absence de scrupules, et ceux à qui de longues études et le talent personnel, en faisant affluer vers eux les affaires considérables, conquéraient malgré tout la considération, et rendaient l'honnêteté plus facile. On n'ignorait pas à Athènes que Démosthène était l'élève d'Isée le logographe, qui lui-même avait composé des plaidoyers pour autrui : nous le voyons cependant conquérir une influence prépondérante dans la direction de la cité, influence que le talent de l'homme aurait pu saisir pour un temps, mais non conserver, si elle n'avait été soutenue par l'estime du public.

Dans une publication récente (1), nous lisons ce jugement sur Isée : « L'orateur ne s'en tient pas aux » textes qu'il allègue pour le besoin de sa cause ; il » cherche à en dégager la pensée dont s'est inspiré le » législateur; il s'élève jusqu'aux principes et aux » axiomes du droit. » Et plus loin : « Quant à Isée, ce » ne fut, il est vrai, qu'un avocat ; c'est seulement à

(1) Perrot. L'éloquence politique et judiciaire à Athènes. — Isée.

» l'occasion d'espèces particulières, des procès qu'il
» avait l'occasion de plaider, qu'Isée aborde les ques-
» tions de droit privé, et cherche à remonter aux prin-
» cipes. Il n'en est pas moins incontestable que, par
» cette tendance de son esprit, il mérite d'être pré-
» senté comme un précurseur de Théophraste, comme
» le premier des légistes d'Athènes. »

On aimerait à attribuer à l'auteur qu'on étudie ce
beau rôle de juriste, supérieur aux luttes dans lesquelles
il descend un instant, dégageant des conflits passagers
la loi qui ne passe pas. Mais, d'autre part, il faut entendre Denys d'Halicarnasse qui nous donne sur Isée,
non-seulement son propre jugement, mais celui des
contemporains d'Isée et de Démosthène : « Il avait
» la réputation parmi ses contemporains de séduire
» et de tromper; il passait pour un homme habile à
» pousser l'artifice du discours jusqu'à la déloyauté ;
» et sur ce point, il avait mauvaise renommée. J'en
» trouve la preuve chez un ancien orateur, Pythéas,
» dans son accusation contre Démosthène, à ce que
» je crois. Il dit que toute la méchanceté humaine ha-
» bite en Démosthène, et attribue uniquement cette per-
» versité à ce fait qu'il s'était nourri d'Isée tout entier
» et de tous ses artifices oratoires. Et, par ma foi,
» ajoute Denys, c'est un reproche qui les atteint tous
» les deux (1). » — Et ailleurs : « Dans Isée, tout est
» apprêté en vue de la tromperie ou de quelqu'autre
» but mauvais. On croit Lysias même quand il ment;

_____

(1) Denys. Isée, § 4. Il convient d'ajouter que ce Pythéas fut un
rival et un adversaire de Démosthène.

» quand même Isée dit la vérité, on ne se laisse pas
» aller sans défiance (1). »

Entre ces deux jugements, à quel terme s'arrêter ?
Essayons d'abord d'expliquer ces affirmations contradictoires.

L'esprit de Denys et aussi celui des contemporains
d'Isée, semblent, quand ils jugent ce dernier, être préoc-
cupés par le souvenir de Lysias. Les plaidoyers de Lysias
sont, en effet, conçus avec une simplicité qui ne fut
plus imitée après lui ; leur puissance est presque tout
entière dans la narration merveilleuse de naturel et
d'habileté ; la foi du juge est surprise avant que l'orateur fasse profession d'argumenter. Que reste-il à faire?
à commenter certains faits de la narration, à citer une
loi, à réfuter quelque raison de l'adversaire. Voilà
pourquoi Denys loue cet air de naïveté où ne perce
jamais ni l'effort ni l'acrimonie de la lutte (τὸ πικρὸν,
τὸ δεινόν, τὸ φοβερόν), tout en remarquant que Lysias laisse
à désirer pour la disposition des arguments et leur
mise en œuvre ; notons d'ailleurs qu'il s'agit ici, non
de la loyauté de l'orateur (Denys ne s'en préoccupe
aucunement), mais de l'effet produit par le plaidoyer.

Or, n'oublions pas que, du temps de Denys, il y
avait déjà un retour plus passionné que mesuré vers la
simplicité perdue ; peut-être alors l'éloquence la plus
ancienne et la plus simple paraissait-elle aussi la plus
achevée. De plus, Pythéas et ses contemporains
voyaient se produire avec Isée une manière nouvelle

(2) Ibid. § 16.

de concevoir le plaidoyer : la narration était toujours savante et naturelle, mais n'avait plus la même importance que dans Lysias ; l'orateur abordait plus franchement et à lutte ouverte l'argumentation ; les arguments étaient plus riches, plus savamment disposés ; il y avait dans la parole de l'orateur quelque chose de plus serré, un ton plus vif de polémique ; on ne cherchait plus à séduire le juge à son insu ; on s'imposait à lui, et on forçait sa conviction. « Isée, dit Denys, malmène l'adversaire, et subjugue (1) le juge en général habile (τοὺς δικαστὰς καταρατηγεῖ); un moderne eût été tenté de dire: il les mène tambour battant. Or, si ceux qui virent les premiers efforts de l'éloquence naissante, l'accusèrent, comme Aristophane, d'être une ouvrière de tromperie, faut-il s'étonner qu'Isée, apportant dans l'art oratoire une force nouvelle et une habileté plus visible, ait encouru chez ses contemporains le soupçon de déloyauté, et fait naître contre son art comme un regain de défiance.

Faut-il, d'autre part, se ranger à la première opinion, et voir dans Isée le premier des juristes d'Athènes « qui cherche à dégager de la cause la pensée dont s'est inspiré le législateur? » Nous ne le croyons pas ; c'est un rôle qui ne fut joué à Athènes par aucun logographe. Celui qui parle au tribunal n'est pas semblable à l'avocat moderne, qui placé, comme un magistrat intermédiaire, entre le plaideur et le juge, peut s'élever au-dessus de la cause, élargir le

---

(1) Denys, Isée, § 3.

débat, et montrer dans l'espèce l'application du
principe. Ici, c'est le plaideur qui parle dans sa propre
cause, et l'intérêt personnel tient naturellement la première place dans le plaidoyer : il y a tels passages (1)
où l'orateur expose avec une logique souple et nette
les arguments que lui fournit la loi ; il excelle à mettre
vivement en lumière un point de droit assez obscur
pour des juges qui ne sont pas des jurisconsultes de
profession ; il connaît d'ailleurs à fond tous les détours
de la procédure ; il s'y oriente à l'aise ; il saisit et fait
saisir toute faute commise par la partie adverse dans
la conduite de l'action judiciaire. Le commentaire des
lois devait naturellement occuper une place assez
grande dans ces plaidoyers conçus en vue de la
démonstration ; mais l'orateur y fait admirer son
habileté de praticien plus que la hauteur et l'impartia-
lité de sa science, et nous croyons qu'on ne peut se
livrer sans défiance, ni édifier avec sûreté, sur ses
plaidoyers, une étude des lois Athéniennes.

Isée fut, selon nous, non un interprète élevé de la
loi ; mais un adroit avocat d'affaires, qui, tout en ma-
niant avec plus de sûreté que ses prédécesseurs, les
questions de droit, apporta dans l'exercice de son art
beaucoup d'habileté, peu d'élévation. Le ton qu'il prête
à ses clients n'est pas, et ne pouvait être celui du juriste remontant aux axiomes de droit, mais celui d'un
intéressé dont l'effort ne vise rien au-delà du gain de
l'affaire présente.

(1) Hérit. de Ciron, § 30 et seq.; Apollod., § 18 et seq.; Hagnias, passim.

A-t-il toujours cru à la justice de sa cause ? En l'absence des plaidoyers adverses, il est difficile d'en décider ; cependant, un tribunal moderne ne donnerait pas gain de cause aux neveux de Cléonyme ; l'honnêteté de ce fils de Ménéclès, héritier du vieillard à qui il avait marié sa sœur encore enfant, nous laisse des doutes ; le premier mariage de Ciron ne nous paraît pas suffisamment démontré ; enfin, pour l'héritage d'Hagnias, il nous semble, après la réfutation de Démosthène, qu'Isée donnait de la loi une interprétation fausse, et prêtait son office à un homme assez peu recommandable. Rappelons-nous néanmoins, pour ne pas tomber dans une sévérité dont l'excès serait injuste, le milieu où vécut Isée et la déplorable facilité des mœurs judiciaires à Athènes. Félicitons-nous de vivre dans un temps où les tribunaux mieux organisés, les lois mieux codifiées, où la dignité professionnelle de l'avocat, où la moralité plus haute arrête l'impudence des tentatives déloyales, et nous impose le devoir d'être plus délicats en ces matières ; soyons sévères pour les tribunaux, pour les plaideurs, pour les témoins d'Athènes ; mais en regrettant qu'Isée ne se soit pas élevé au-dessus des exemples qui l'entouraient, ne l'apprécions pas avec une mesure qui n'était pas celle de son temps. Il est un point, d'ailleurs, qu'il faut relever à la louange de notre orateur ; à travers les exagérations d'Aristophane, et par maint passage des plaidoyers, nous voyons que souvent les plaideurs sortaient de la cause pour flatter, pour attendrir les juges, ou pour les irriter par les violences d'une éloquence sans dignité : on dut souvent imiter sur la place Héliée

9

les exemples que Cléon avait donnés à l'agora. Il était
facile pour l'orateur à court de raisons ou de talent, de
sortir de la cause et de plaider, comme on dit, à côté.
Sans croire que tout plaideur égayât son discours d'anecdotes et de traits plaisants, ni que toute affaire se pas-
sât comme celle de l'acteur Œagros qui dut réciter un
passage de la tragédie de Niobé (1), nous voyons Aristote (2) s'élever contre les maîtres de rhétorique qui
enseignent très-brièvement l'argumentation, mais s'é-
tendent sur les moyens propres à troubler et à égarer
l'esprit des juges. Une foule est, en effet, plus aisément
accessible à la passion qu'à la raison, et par cela seul
qu'un homme fait partie d'un public nombreux, il est
plus facile à l'émotion. Il est peu probable qu'on ait vu
souvent des plaideurs traînant sur le bêma « leurs jeu-
» nes enfants qui se prosternaient et geignaient tous
» à la fois (3). » En voyant néanmoins les plaideurs
prémunir si souvent le tribunal contre les digressions
des adversaires, nous devons penser que ces digressions
étaient fréquentes. La tentation n'est-elle point forte,
en effet, de glisser sur un point de droit douteux, d'es-
quiver une argumentation aride, et de jeter sur l'adversaire l'outrage ou la raillerie, de complicité avec
cette foule des juges, prompte à rire ou à s'irriter.

Isée, sans s'interdire les moyens que lui offrait,
que lui imposait même la composition du tribunal, en

(1) Aristoph. Guêpes, 579.
(2) Rhét. I. 1,3. περὶ τῶν ἔξω τοῦ πράγματος τὰ πλεῖστα πραγματεύονται.
(3) Guêpes, v. 569.

usa avec discrétion ; il demeura un délicat qui répugne
à la faconde de mauvais aloi ; il voulut des victoires
dont les lettrés pussent le féliciter ; il voulut convaincre
les juges, et non soulever ce qu'un parleur violent,
haranguant un tribunal de ce genre, pouvait toujours
y réveiller de mauvais ; si son caractère n'a pas toujours
été à la hauteur de son talent, on peut dire, au sens
littéraire, qu'il a toujours respecté son art.

Isée imita Lysias ; mais il garda ses qualités propres, et resta lui-même. Pour le style, nous recon-
naissons avec Denys qu'il n'atteignit pas toujours la
naïveté de Lysias ; il ne faut pas s'en étonner : élève
d'Isocrate, il pouvait n'être pas toujours maître de
dissimuler sa science ; orateur de logique et d'argumentation, son style dut chercher la force plus que la
grâce et l'abandon. Pour les mœurs et la narration
éthique, il est inférieur à Lysias ; nous avons vu dans
Isée des récits habilement conçus, vraisemblables,
touchants même ; mais il semble que le client de
Lysias ouvre plus profondément son âme ; il y a véritablement un charme, des traits intimes et pénétrants,
une souplesse à comprendre et à traduire les sentiments humains, qui paraît venir du cœur plus que de
l'esprit. Dans la construction logique du plaidoyer,
dans le talent de conduire et d'animer l'argumentation,
Isée reprend ses avantages ; non que ce fût un art in-
connu jusqu'alors ; mais il prit avec Isée une puissance
que nul ne lui avait encore donnée. L'éloquence
judiciaire fait un pas ; le plan est plus ferme, la
discussion plus serrée ; les faits, les témoignages, les
lois, sont maniés d'une main plus sûre ; une vive

polémique échauffe l'argumentation; l'art plus puissant se laisse voir davantage; on s'éloigne de plus en plus de la conception primitive du plaidoyer, et l'on approche de Démosthène.

C'est sans doute par la puissance logique de son talent qu'Isée attira et retint Démosthène, qui devait être un grand logicien. D'autres ont concouru à nourrir le génie du grand orateur; il faut tenir compte de la lecture de Thucydide, du voisinage d'Isocrate, et peut-être de Platon (1). Mais l'influence du maître sur l'élève fut considérable; les contemporains le reconnaissaient, nous l'avons vu plus haut, et Denys (2) dit qu'Isée fut véritablement la source de la puissance de Démosthène. On croyait dans l'antiquité que ce dernier avait déterminé Isée à quitter son école pour se réserver à lui seul son enseignement. Sur ce point qui nous paraît hors de doute, nous réfuterons néanmoins, si étrange qu'elle soit, l'opinion contraire qui s'est produite naguère dans une dissertation : « De » Demosthene, Isæi discipulo, » (P. Hoffmam, Berlin, 1872), où l'auteur affirme que Démosthène n'a pas été l'élève d'Isée. Il s'appuie surtout sur un passage d'Isocrate (3) où ce dernier affirme que les logographes, si nombreux qu'ils soient, n'ont pas été assez estimés pour qu'on leur confiât des élèves. C'est oublier qu'Isocrate, avec plus d'orgueil que de sincérité,

(1) Plut. vie de Démosth. § 5.

(2) Isée. § 3.

(3) Discours sur l'Antidose § 41.

dépréciait, pour relever sa profession, celle des logographes qu'il avait jadis exercée. Dans le même
discours (1), Isocrate affirme qu'il ne compose pas de
plaidoyers civils ; faut-il rejeter, pour cela, les six
plaidoyers qui nous restent de lui? Comment écarter le
témoignage d'Hermippos, dont Denys loue l'exactitude,
et qui dit qu' « Isée fut le maître de Démosthène? » et
les affirmations réitérées de Denys lui-même? Peut-on,
enfin, écarter l'autorité d'un contemporain, Pythéas,
dont Denys semble rapporter les paroles mêmes :
« Démosthène s'était nourri d'Isée et de ses artifices? » (2)

Selon Libanius, plusieurs attribuaient à Isée les
discours que Démosthène prononça contre ses tuteurs :
l'affirmation peut être fausse, poussée à l'extrême
rigueur; bien qu'on trouve dans le plaidoyer, pour
l'héritage de Ciron, un passage reproduit littéralement
dans le plaidoyer contre Onélor. L'argument n'est
pas décisif, si l'on pense aux fréquents emprunts que
les orateurs faisaient à leurs prédécesseurs. Mais, est-il
vraisemblable que ce jeune homme, vivant dans la
familiarité d'un maître préféré, confiant dans cette
intelligence conforme à la sienne, et mûrie par une
expérience plus longue, n'ait pas eu recours pour ce
premier et si grave combat, aux conseils d'un maître
qu'il admirait? Ainsi, dans l'éducation oratoire, et dans

(1) § 2 et 3.
(2) Denys d'Halic. Isée, § 4.

les débuts de Démosthène, nous trouvons l'influence d'Isée.

Mais l'élève dépassa le maître ; il y a de la sécheresse dans le talent d'Isée ; quand il s'était détourné du genre démonstratif pour se donner tout entier aux discussions d'affaires, il s'était rendu compte sans doute de la nature de son talent : c'était un esprit sûr, mais un peu étroit ; il manœuvrait avec précision sur un terrain de petite étendue, qu'il limitait et restreignait, comme s'il eût senti qu'au-delà le souffle dût lui manquer. Il faut à Démosthène plus d'espace : de bonne heure, il rêva les succès de l'agora et l'influence politique conquise par la parole. Isée lui avait donné la sûreté et la rigueur de l'argumentation : une nature plus généreuse, une ambition plus haute, l'ardeur des luttes publiques, Philippe et le danger de la Grèce firent le reste. Le rapprochement serait injuste entre des plaidoyers privés et des discours politiques ; c'est sur des sujets semblables qu'il convient de comparer les deux orateurs. Or, même dans les causes civiles, on sent chez Démosthène un souffle plus puissant, comme une impatience des limites étroites, un désir d'agrandir le débat privé, en y jetant hardiment des idées plus larges, tirées de la politique et de la religion. Le plaidoyer de Sosithée, client de Démosthène, contre Macartatos, répond au plaidoyer de Théopompe composé par Isée, pour un procès antérieur : dans la plus grande partie de son discours, Démosthène se montre l'élève et le rival d'Isée : mêmes mérites de part et d'autre ; avec la vivacité et la sûreté d'argumentation que lui avait enseignée Isée, l'élève rétablit la vérité obscurcie par

son maître ; mais la fin dépasse le mesure d'Isée. Il y˙
a là autre chose qu'un intérêt d'argent ; les morts,
personnes sacrées, sont protégés par les dieux et les
lois ; les juges qui décident d'une question d'héritage
doivent voir au-dessus du débat le caractère religieux
du devoir qui leur incombe. Cette idée, ce lieu, comme
disaient les anciens, se trouve dans Isée. L'orateur qui
revendique l'héritage de Nicostrate se plaint des facilités que la loi ménage aux réclamations injustes en
matière d'héritage ; il voudrait que le vaincu payàt une
amende égale à la succesion réclamée : « Alors, on
» ne verrait pas les lois méprisées, les familles outra-
» gées, les morts victimes de mensonges ; mais puis-
» que n'importe qui peut revendiquer en justice n'im-
» porte quel bien, à n'importe quel titre, votre devoir, à
» vous, est d'étudier ces procès avec un soin extrême,
» et d'y apporter tout l'effort de votre attention (1). »
Voilà la mesure d'Isée. On peut voir, il est vrai, le même
lieu développé avec plus de passion en faveur de « celui qui est chez Pluton » dans le plaidoyer pour l'héritage de Ménéclès (2). Démosthène développe autrement. Brusquement, il fait lire plusieurs lois de Solon
sur les devoirs des parents survivants envers les morts ;
il y a évidemment un effet de surprise cherché par
l'orateur ; ces vieux textes vénérés qui apparaissent,
inattendus, réveillent le juge et rehaussent le débat.
Un oracle, sans doute récent, avait ordonné aux Athéniens effrayés par un prodige, entre autres cérémonies

---

(1) Héritage de Nicostrate, § 11.

(2) § 24 et 46. Cf. Héritage d'Apoll. § 30.

pieuses, des honneurs à leurs morts, et renouvelé la
piété envers ceux « qui sont chez Pluton. » Démosthène cite l'oracle : « Vous entendez, juges, que le
» Dieu dit dans l'oracle la même chose que Solon dans
» ses lois ; il ordonne que les parents rendent des
» honneurs à leurs morts aux jours fixés (1). » Quelle
est l'impression du juge? Les dieux veulent qu'on respecte les morts ; l'antique législateur a soigneusement
déterminé et les devoirs que la parenté impose aux
vivants, et les degrés de la parenté ; et tout cela est
troublé, violé par ce plaideur qui voudrait, pour son
avantage privé, égarer des juges pieux, des citoyens
chargés de défendre la loi. On comprend le pathétique
de la péroraison : « Pour moi, juges, je défends au-
» tant qu'il est en mon pouvoir, et avant tout, ces
» morts... Je vous confie cet enfant... Songez que cet
» enfant est devant vous, vous suppliant, au nom de
» ceux qui sont morts, au nom d'Hagnias, d'Eubulide,
» et de toute la maison d'Hagnias, et que ces morts
» vous demandent, à vous les juges, de ne pas laisser
» désoler leur maison par ces impies, par ces bêtes
» féroces qui sont de la maison de Stratius, et n'ont
» jamais été de celle d'Hagnias : moi, je défends et les
» morts, et les lois qui protégent les morts... En déci-
» dant ainsi, vous jugerez selon la justice, selon votre
» serment, selon votre intérêt (2). » N'est-ce pas
comme un écho de l'agora où les orateurs remuaient
le peuple, en apportant à l'appui de leur dire, de vieux

(1) Contre Macartatos. § 67.
(2) Ibid. § 81.

textes de lois, et souvent, nous le savons par Aristophane (1), l'éblouissaient avec des oracles ?

L'orateur qui réclame l'héritage de Philoctémon veut prouver qu'Alké est une courtisane ; c'est ce que veut prouver aussi contre Néère, Théomneste, client de Démosthène. Alké a été condamnée par le Sénat, pour avoir, femme perdue, assisté aux mystères. On se rappelle comment Isée se sert de cette condamnation. Alké viole, dit-il, même les lois de l'Etat. Puis il fait lire la loi sur les Thesmophories qui ne permet l'accès des cérémonies qu'aux femmes de naissance honorable ; et, après avoir montré le caractère sacré de ce texte vénéré, il raconte comment Alké l'a outragé. Démosthène rappelle contre Néère que sa fille a été condamnée pour avoir touché aux cérémonies saintes. Que l'on compare le passage d'Isée traduit plus haut (2), à celui de Démosthène contre Néère (3). Stéphanos a marié comme la sienne, la fille de Néère à Théogène, archonte roi, et l'épouse de Théogène a fait, au nom de la cité, les sacrifices mystérieux où nul n'est admis que la femme de l'archonte roi; elle a été donnée comme épouse à Dionysos. C'est ici que le développement s'élargit et dépasse celui d'Isée : autour des cérémonies souillées par la fille de Néère, la courtisane, Démosthène évoque les traditions antiques ; voici les anciens rois d'Athènes, Thésée, le héros populaire, la loi en vieux caractères sur le stèle de

(1) Cf. les Chevaliers.
(2) Cf. page 61. — Cf. Hérit. de Philoctém, § 48 et seq
(3) Contre Néère, § 72 et suiv.

pierre, dans le temple de Diouysos, qu'on ne laisse voir qu'une fois par an ; c'est alors, qu'après avoir réveillé, alarmé la piété athénienne, il retombe sur la fille de Néère : Théogène, réprimandé par l'Aréopage, a chassé cette misérable, sur la condition de qui il avait été odieusement trompé.

Dans le procès pour l'héritage de Pyrrhus, Philé, fille de la courtisane Philomaché, peut conquérir le droit de cité ; de même, les fils d'Alké, dans le procès pour l'héritage de Philoctémon ; cette considération est touchée par Isée, mais en passant ; son client combat en homme qui veut avant tout défendre ses intérêts. Mais, devant ce droit sacré prêt à tomber en des mains impures, Démosthène s'indigne. Il rappelle les formes scrupuleuses et imposantes dont on entoure la collation de ce droit ; ceux-là seulement l'obtiennent qui ont rendu de grands services à la cité ; dans un récit fort étendu, plein des souvenirs de Thucydide, il rappelle les Platéens et leur long dévouement : Marathon, Salamine, Platée ; leur lutte contre Thèbes et Sparte, leur fidélité opiniâtre en face du danger et de la mort : voilà ceux dont les Athéniens ont fait leurs concitoyens. Et Néère, qu'a-t-elle fait ? Elle a couru d'un bout de la Grèce à l'autre, se vendant au plus offrant, insultant les dieux et les lois : ce n'est plus d'un débat privé que les juges vont décider (1), ils vont donner leur

(1) Contre Néère § 107 et suiv..

suffrage pour défendre leurs femmes, leurs filles et leurs mères dont il ne faut pas que Néère devienne l'égale ; ce n'est plus un plaideur, ce n'est plus un seul citoyen qui est devant le tribunal ; ce sont les lois elles-mêmes qui, insultées par Néère, se lèvent contre elle et réclament.

Parmi ces développements, il en est qui, dans l'enceinte étroite de nos tribunaux civils, paraîtraient ambitieux et disproportionnés à la cause ; mais figurons-nous la place Héliée, la largeur du théâtre ouvert à l'orateur, la foule mobile des juges remplis par la pratique de l'agora de préoccupations politiques et de traditions religieuses ; nous comprendrons la puissance de ces moyens oratoires, et nous verrons comment la transition fut facile des plaidoyers civils aux harangues politiques.

Mais, dans l'évolution du génie de Démosthène, la trace de l'influence d'Isée reste manifeste. Isée aussi avait su mêler aux débats privés la politique et la religion, mais timidement, sans oser se livrer : Démosthène le fit avec plus de puissance et de hardiesse, mais son maître l'avait fait avant lui. Ainsi, l'adversaire de Philippe, celui qui soulevait pour la défense de la patrie la foule hésitante, et qui se fit absoudre par Athènes vaincue, ne fut point formé par un brillant orateur de tribune, par un Cléon, par un de ceux dont l'éloquence éclatante et facile n'éblouit qu'un instant et n'allume dans les âmes qu'une flamme fugitive : son maître fut un praticien presque obscur, mais dont l'éloquence repose sur la base solide de l'argumentation. C'est près d'Isée que le grand orateur

avait appris l'art de raisonner qui fait sa force, l'art
de faire du discours une construction logique, sans
laquelle tout mouvement oratoire n'est que déclama-
tion vide; si son pathétique est puissant, c'est qu'il
sort des entrailles de la cause, c'est qu'il fait
corps avec le reste du discours, ou plutôt n'est que
l'argumentation elle-même qui s'échauffe. Même en
lisant le discours pour Ctésiphon, on peut dire, en
suivant l'image de Denys, que si le fleuve a grandi,
c'est néanmoins dans l'enseignement d'Isée qu'il faut
en chercher la source.

Naturellement, le style suivit le mouvement de la
pensée; la phrase, comme le développement, prit plus
d'ampleur ; les idées produites plus abondamment se
subordonnèrent dans une construction plus large et
plus riche. Mais, dans les plus longues périodes de
Démosthène, le motif principal n'est-il pas l'opposition, tour favori de la phrase d'Isée? D'ailleurs, la
période de Démosthène est une construction logique,
et c'est l'influence d'Isée qui avait développé chez le
grand orateur la puissance du raisonnement ; grâce à
lui, la phrase harmonieuse d'Isocrate prit, entre les
mains de Démosthène une allure, plus ferme et plus
militante. Enfin, la variété des tours qui donnent à
l'argumentation un vif relief, le grand nombre des
figures de pensée, surtout les interrogations pressantes qui revêtent le raisonnement d'une forme dramatique, ne rappellent-elles point partout, dans les
plaidoyers et les harangues de l'élève, le style et l'influence du maître ?

Denys d'Halicarnasse, étudiant Isée, l'immole à la
gloire de Lysias, et semble ne l'admettre en son livre

que par faveur (1). Moins riches que les anciens en monuments de l'éloquence attique, soyons moins dédaigneux. Qu'Isée demeure au second rang, c'est justice ; mais on serait injuste, croyons-nous, si l'on se contentait de le citer avec honneur, et de saluer en passant le maître de Démosthène. Il est digne d'une admiration plus active ; ses œuvres sont des modèles qui méritent d'être étudiés pour eux-mêmes. Ce n'est point qu'on puisse promettre à ceux qui abordent ces plaidoyers des beautés qui étonnent, ni le plaisir d'être aussitôt émus et entraînés. Il faut un effort, et cet effort même est salutaire. La cause n'est pas seulement dans la nouveauté de l'appareil judiciaire ; il en est une autre plus générale et qui touche à toutes les œuvres du genie grec.

L'art moderne, et plus particulièrement l'art contemporain, à l'influence duquel il est plus difficile encore de se soustraire, prodigue les émotions fortes et les effets violents ; il aime à étonner, à éblouir, à troubler ; nous n'avons point à rechercher ici les causes ; mais l'effet est celui-ci : le goût s'émousse aux émotions trop fortes ; habitués à des beautés d'éclat, qui cherchent le regard et l'appellent, nous sommes moins sensibles à des mérites plus discrets et plus simples ; et notre esprit garde à l'égard des œuvres d'art une sorte de nonchalance, comme si habitué à être sollicité, il était lent à goûter une beauté plus calme, qui exige qu'on fasse effort vers elle.

Pour comprendre les œuvres des Grecs, il faut se

(1) Isée, § 20.

rappeler ce que fut leur vie morale, plus calme et plus simple que la nôtre. Héritiers d'un long passé, nous avons analysé en tous sens, aiguisé, exagéré peut-être tous les sentiments humains. Notre âme est traversée, même dès l'enfance, par des émotions plus nombreuses et plus troublantes. Tout autre fut la vie des Grecs. Leur religion, dont la science contemporaine atteint les conceptions premières, voilées par la poésie, qu'est-elle pour un contemporain d'Isée, sinon un trésor de belles légendes, modifiées par le caprice des poètes, riantes et sans arrière-plan? Autour des questions que nous évoquons avec angoisse, leur philosophie voltige, sœur de la poésie, plus curieuse peut-être du plaisir de la recherche qu'avide d'atteindre le but. Même pour les hommes d'étude, la vie de l'âme n'a point sur celle du corps d'empiétement maladif. Ces causes contribuèrent à former en l'homme une habitude d'équilibre et de santé, qui lui fit aimer ce qui est sain, calme et fort. Ils aimèrent la beauté dans la sérénité plus que dans la passion; leurs artistes, en représentant les attitudes du corps, en peignant les sentiments de l'âme, répugnent à la violence; jusque dans les sombres et tragiques aventures du drame grec, leurs héros rappellent la dignité, et, dans une certaine mesure, le calme de leur statuaire. Leur vie est simple d'ailleurs; ils eurent en toute chose la simplicitée et la naïveté de l'invention première: de même que du haut d'une acropole, l'œil peut embrasser presque entière l'étendue très-limitée de la patrie, la constitution politique n'a point de mécanisme savant, et se livre, sans exiger d'effort à l'intelligence de tout citoyen. Dans leur art militaire, dans leur architecture, dans leur régime même et dans leur vêtement, rien qui ne soit simple et d'apprêt facile. Fuyant le luxe autant qu'ils recherchent l'élégance, ils sont sobres en toute chose, et Quintilien semble avoir saisi ce rapport entre leur manière de vivre et leurs œuvres d'art, quand il loue ces orateurs « quâdam eloquentiæ frugalitate contentos. » (1)

Voyez un temple grec : l'impression est précisément le contraire de l'étonnement ; c'est un repos de l'œil ; toutes les parties sont tranquillement et solidement assises ; chaque membre explique, sans effort et par sa forme même, son rôle dans l'économie de l'édifice : l'ensemble harmonieux a quelque chose d'attendu; il semble que tout dût être ainsi. Regardez de plus près : le renflement doux des colonnes, l'espacement des fûts, la courbure imperceptible des longues lignes horizontales, tout a été laborieusement étudié par un art à la fois naïf et savant, qui, fuyant la surprise et se dissimulant, a combiné ces formes tranquilles et harmonieuses pour la satisfaction de l'esprit et du regard. — Faut-il s'étonner qu'ils aient transporté dans l'éloquence judiciaire les mêmes habitudes d'esprit ? Sans doute, la passion ne saurait être complètement bannie d'une éloquence faite pour la lutte ; mais là, comme dans les autres œuvres d'art, la passion est bien plus discrète qu'elle ne le serait chez nous, étant donné le même combat. C'est que les auditeurs attendent en

(1) Inst. or. XII, 10.

effet, non ce qui trouble et ce qui transporte, mais le plaisir calme de voir le jeu aisé d'idées justes et mesurées, suivant leur cours avec sûreté et sans grands mouvements ; la justesse des moyens appropriés au but ; la convenance du ton ; un raisonnement ingénieux qui mette dans un vif relief la vérité à démontrer ; une élocution sobre et sans luxe ; une phrase faite de mots simples, construits sans effort, formée le plus souvent d'oppositions d'où la pensée se dégage précise et nette, comme le contour même des objets éclairés par la lumière attique.

Ce sont là des beautés discrètes qui n'emportent point l'admiration, mais pour lesquelles l'esprit s'éprend d'un goût toujours plus vif à mesure qu'il en conquiert une intelligence plus complète. Sans doute, les hommes ont connu depuis des formes de l'art plus riches et disposant de moyens plus puissants ; sans doute aussi, au temps de Cicéron, surtout au temps de de Quintilien, quand triomphait avec l'école de Sénèque le luxe excessif du style, il y avait dans l'admiration passionnée que les délicats affichaient pour l'éloquence attique, comme un mouvement de réaction ; dans cette fuite des défauts contemporains, ils se laissaient peut-être emporter trop loin ; peut-être même cette adoration du passé fut-elle, à leur insu, une forme commode de sévérité contre le présent. Mais, tout en se gardant de l'excès, n'est-ce pas un vif et légitime plaisir pour un moderne, que de revenir, parti d'un temps et d'une littérature si différente, vers la beauté calme et saine de cette éloquence grecque, faite de justesse, de mesure et de précision ? Dans ces plaidoyers il y a un charme que ne connurent point les héliastes qui les entendirent, le charme du contraste et du retour vers cette simplicité antique qu'il est plus aisé de goûter que de reproduire ; charme si profond et si vif, qu'on ne peut, bien que d'autres en aient si bien parlé,(1) se résoudre à s'en taire, et à ne pas s'y attarder.

Entre ces qualités de l'éloquence attique si frappantes dans notre orateur, et celles qui sont l'honneur de notre génie national, n'y a-t-il pas comme une affinité? N'est-on pas préparé chez nous, mieux qu'ailleurs, à comprendre, à goûter ces plaidoyers athéniens? Admirer cette éloquence faite de clarté, de justesse et de raisonnement, cette sincérité de style qui va droit à l'idée sans détours ambitieux, c'est pour nous un plaisir vif et fécond , parce que ces mérites sont nôtres ; nous avons appris à les aimer dans les chefs-d'œuvre de la prose française. Et, si nous avons contracté dans la pratique de littératures plus avancées, d'autres habitudes d'esprit, si nous sommes enclins à attendre de l'orateur des émotions plus vives, des couleurs plus éclatantes, est-il, pour nous prémunir contre les excès vers lesquels nous penchons, une étude plus efficace et qui atteigne plus directement le fond même de notre goût et de nos aptitudes littéraires ?

(1) Cf. J. Girard : Du caractère de l'Atticisme dans l'éloquence de Lysias.

FIN.

APPENDICE.

ANALYSE DES PLAIDOYERS.

I.

PLAIDOYER POUR L'HÉRITAGE DE CLÉONYME.

Cléonyme, déshéritant les fils de sa sœur, a institué comme héritiers des parents plus éloignés, sans doute des fils de cousins germains. Le testament a subsisté plusieurs années; mais, la veille de sa mort, Cléonyme a voulu le ressaisir; il a demandé qu'on fît venir le magistrat entre les mains duquel le testament était déposé; dans quelle pensée? voulait-il le détruire? voulait-il seulement le modifier? La mort, survenue brusquement la nuit suivante, ne lui a pas permis de manifester plus clairement son intention.

Une supposition paraît vraisemblable : Cléonyme, d'une part, n'ayant plus contre ses neveux les causes d'irritation qui lui avaient autrefois dicté ce testament, d'autre part, vivement irrité contre Phérénicus, l'un des héritiers institués, avait sans doute voulu rayer ce dernier du testament, et assurer aux neveux déshérités une part d'héritage. Un fait confirme cette conjecture : quand les neveux élevèrent leurs premières réclamations, parmi les arbitres privés, parents et amis communs, devant qui la contestation fut portée d'abord, plusieurs, voire même certains des héritiers, crurent juste de céder aux neveux un tiers de l'héritage (1). Excités par ce premier succès, les neveux rejetant l'offre et préférant risquer tout, tachent d'enlever par une victoire devant le tribunal, la totalité de l'héritage. L'effort du plaidoyer doit donc porter sur ces deux points : 1° il faut commenter le dernier acte de Cléonyme, voulant ressaisir le testament, et en faire sortir cette conviction que le testateur voulait le détruire ; 2° en face du droit conféré par le testament, il faut relever et faire valoir le droit de parenté.

Le personnage que revêt l'orateur est celui d'un adolescent timide, pieux envers la mémoire du mort, inhabile aux débats judiciaires, intéressant les juges à sa jeunesse, à son inexpérience, à sa piété ; élevé modestement, loin des tribunaux, où il n'était jamais venu même en curieux, il a honte d'exposer en public ce débat domestique, en face d'adversaires qui arrivent au tribunal avec éclat, entourés d'amis, d'orateurs payés : on dirait qu'ils viennent punir des ennemis. Il parle avec tendresse de Cléonyme qui les a aimés, défendus, ses frères et lui, et dont la mort les laisse exposés à la cupidité éhontée des adversaires. Il

(1) C'est ce qu'on peut conclure, en particulier, de la dernière phrase du plaidoyer.

ne raconte qu'à regret la brouille survenue entre
Cléonyme et Dinias, leur oncle paternel et leur tuteur;
s'il y a eu des actes fâcheux commis sous l'influence
de la colère, est-ce à lui de rechercher entre deux
parents également chers, à qui revient le tort ?

Exorde. — En même temps qu'il insiste sur
les traits propres à former le personnage que nous
venons d'indiquer, l'orateur pose nettement ses moyens:
il rappelle d'abord la décision rendue en sa faveur par
les arbitres privés; de plus, les adversaires s'appuient
sur un testament que Cléonyme a fait, n'ayant rien à
reprocher à ses neveux, mais parce qu'il en voulait
à leur tuteur ; qu'il a voulu annuler d'ailleurs, quand
il a envoyé Posidippe chercher le magistrat. — Pour
eux, ils sont les plus proches parents du mort, et ceux
qu'il a le plus chéris; ils ont avec eux les lois, puisqu'ils sont les plus proches; et Cléonyme, puisqu'il les
aimait tendrement ; et Polyarque, père de Cléonyme,
puisqu'il avait recommandé à son fils, s'il mourait
sans enfants, de laisser ses biens à l'orateur et à ses
frères.

Narration. — Pourquoi Cléonyme avait-il fait ce
testament ? Il était irrité contre Dinias son beau-frère,
tuteur des enfants. Il n'a pas voulu que, s'il mourait
avant la majorité des enfants, Dinias eût le droit d'ad-
ministrer ses biens, et de faire les cérémonies funèbres
à son tombeau. Mais il n'en voulait pas à ses neveux :
une réponse faite publiquement à Dinias le prouve.
Dinias meurt. Cléonyme recueille les enfants dans sa
maison, les élève, les aime, défend leur fortune. Alors,

il n'est plus égaré par la colère ; c'est alors qu'il faut saisir sa véritable pensée. Cléonyme tombe malade ; (ici toutes les circonstances sont importantes) ; il veut détruire le testament, car il envoie Posidippe chercher le magistrat ; or, Posidippe, l'un des héritiers institués, ne laisse pas entrer le magistrat; pourquoi ? Cléonyme s'en irrite ; il recommande à Dioclès de faire venir les magistrats le lendemain. « Il n'était pas fort mal (ce qui explique que Cléonyme ait cru pouvoir attendre), et l'on avait encore beaucoup d'espoir, quand subitement, cette nuit là, il mourut. » (§ 14).

Tous les faits précédents sont affirmés par des témoins.

Argumentation. — L'orateur fait d'abord sortir de ces derniers actes de Cléonyme une série d'arguments à l'appui de son interprétation.

Cléonyme, disent les adversaires, a voulu, en appelant le magistrat, confirmer le testament. — Ainsi, ce testament fait dans un temps d'égarement et de colère, Cléonyme, de sang-froid et devenu notre ami le plus tendre, a voulu le confirmer contre nous ? C'est reconnaître que le testateur était fou, et dire que le testament est nul (1).

Et pourquoi renvoient-ils le magistrat quand il se rend près de Cléonyme ? En le recevant, ils verront leur héritage confirmé ; en ne le recevant pas, ils irri-

---

(1) La loi de Solon, qui permettait de tester, annulait tout testament fait sous une influence pouvant égarer le jugement du testateur. (Plut. vie de Solon § 21.) Voir le texte de cette loi dans Démosthène contre Stéphanos II. § 14.

teront le testateur ; et c'est ce dernier parti qu'ils choi-
sissent.

Cléonyme voulait-il confirmer le testament ? mais,
leur ayant tout légué, que pouvait-il faire de plus ? —
Cléonyme voulait-il ajouter quelque chose à ce testament ? il pouvait le faire sur d'autres tablettes : mais
s'il voulait le détruire, il lui fallait les tablettes laissées
entre les mains du magistrat. — Mais, admettons que
Cléonyme ait voulu seulement modifier cet acte ; voilà
que les adversaires s'appuient sur un testament qui,
de leur propre aveu, déplaisait à son auteur.

Ici se place une conclusion, résumant l'argumentation qui précède : comment Cléonyme, malgré cette
tendresse dont il a donné tant de preuves à ses neveux,
aurait-il pu ne leur rien laisser, quand Céphisandre,
un parent des adversaires (c'était l'un des arbitres) reconnaît que l'héritage doit être partagé ?

Une partie des arguments qui précèdent est
ramenée devant l'esprit des juges, et comme renouve-
lée par l'introduction d'un fait nouveau : Cléonyme en
voulait à Phérénicus , l'un des héritiers : il a fait un
sacrifice à Dionysos auquel il a invité tous ses parents
et des amis, mais non Phérénicus. — Peu de temps
avant sa mort, il le rencontre, et ne veut pas le saluer,
et dit à Simon, son compagnon de route, qu'il en veut
à Phérénicus et qu'il le lui fera bien voir (1).

_____

(1) Cléonyme voulait sans doute déshériter Phérénicus et faire
passer à ses neveux cette part devenue libre. L'orateur n'a pu citer
qu'un seul des adversaires qui fût brouillé avec Cléonyme ; or, quatre

Ainsi Cléonyme nous aime, et il ne nous laisse rien; il est irrité contre plusieurs de nos adversaires, et il veut confirmer un testament fait en leur faveur. — Mais pour infirmer le testament, on ne dirait pas autre chose : on dirait (comme le font les adversaires), que le testament a déplu au testateur ; on accuserait ce dernier de folie, en montrant qu'il a voulu confirmer la possession de son bien à ceux qu'il ne saluait même plus, alors qu'il ne nous laissait rien, à nous, ses amis les plus chers. — Tandis que les adversaires, en nous concédant une partie de l'héritage, ruinent le testament, nous le montrons nous, contraire aux lois, à l'équité, à l'intention du testateur.

Deux questions, brusquement posées servent de conclusion à cette première partie. Qu'on demande aux adversaires sur quoi ils appuient leur droit? nous sommes les parents de Cléonyme, disent-ils, et pour un temps, il fut notre ami ; mais cette réponse est pour nous, plus que pour eux : vous êtes les parents du mort? nous sommes plus proches parents que vous; vous avez été ses amis? tout le monde sait qu'il nous aimait plus que vous (1).

lignes plus bas, il dit : « il était brouillé avec certains d'entre eux. » Isée croyait sans doute que cette inexactitude plus habile que loyale passerait inaperçue pour la majorité des juges. — Il peut être utile de relever ce trait pour faire apprécier l'honnêteté de l'avocat et l'attention du tribunal. — Ces sortes d'inexactitudes ne sont pas rares dans les plaidoyers athéniens.

(1) Nous aurons plus d'une fois l'occasion de remarquer dans Isée cette forme d'interrogation, dont la vivacité réveille l'attention du juge, et dont l'habileté consiste à prêter à l'adversaire des réponses telles que l'orateur les tourne à son avantage.

Ceci nous amène à la seconde partie de l'argumentation composée de lieux-communs, pouvant s'approprier à la défense de tout héritier naturel contre
des héritiers institués. L'orateur a démontré jusqu'ici
que, dans l'espèce, Cléonyme a voulu anéantir son
testament; il va s'attacher maintenant à faire valoir
contre les droits que ce testament confère, son droit
de plus proche parent.

Si Polyarque, père de Cléonyme, et notre
grand-père vivait, et était dans la misère, ou si
Cléonyme avait laissé des filles pauvres, la loi nous
forcerait, à titre de plus proches, de nourrir Polyarque
et d'épouser ou de doter les filles de Cléonyme. (1).
Or, si, quand il s'agit de charges, la loi les impose aux
plus proches, quand il s'agit d'un profit, les juges ont-
ils le droit de l'attribuer à n'importe qui, plutôt qu'aux
plus proches parents ?

Le droit des héritiers naturels est évident pour
tous, et sur ce point, nul ne peut mentir. Mais un testament ? Souvent, celui qu'on présente au tribunal est
fabriqué, ou bien fait par un testateur égaré ; tandis
que notre parenté est reconnue par nos adversaires, le
testament n'est pas admis par nous; car ils ont empêché
Cléonyme de le détruire.

---

(1) Celui qui ne nourrissait pas ses parents ou grands parents tom-
bés dans la misère, pouvait être condamné en vertu d'une loi spéciale
νόμος κακώσεως; les filles pauvres, restées orphelines et sans frère,
devaient être épousées par les plus proches parents ou dotées par
eux. — Le même lieu est reproduit dans le plaidoyer pour l'héritage
de Ciron § 32.

Quand un homme a le droit d'hériter de nous,
nous croyons avoir le droit d'hériter de lui. — Si Phérénicus ou l'un de ses frères était mort, leurs enfants
auraient hérité, et non Cléonyme; mais si nous étions
morts, c'est Cléonyme qui aurait hérité de nous.
Comme il s'agit de recevoir, nos adversaires parlent de
leur parenté ; s'il se fût agi de léguer, ils auraient fait
passer avant Cléonyme beaucoup de parents plus proches et plus chers (1)!

Conclusion. — Nos adversaires disent que Cléonyme a fait un testament ; — qu'il ne s'en est jamais repenti ; — qu'il a voulu ne rien nous laisser ;
— qu'il a voulu leur confirmer l'héritage. — Mais en
disant tout cela, ils ne démontrent pas qu'ils sont les
plus proches parents du testateur, ni qu'ils aient été
ses amis les plus chers. — Si vous les croyez, vous
déclarez que Cléonyme était fou ; si vous nous croyez,
vous ferez voir que Cléonyme était sage en voulant détruire le testament. D'ailleurs « quand nos adversaires
reconnaissent que nous avons droit à une partie de l'héritage, allez-vous le leur attribuer tout entier, et leur
donner plus qu'ils ne demandent ? »

---

(1) Toute cette argumentation se retrouve dans le plaidoyer pour
l'héritage de Nicostrate, § 14. — On peut voir la contre partie dans
le plaidoyer pour l'héritage de Ménéclès, et dans celui pour l'héritage
d'Astyphilos. — Ces rapprochements sont utiles à noter, croyons-nous,
pour faire ressortir le rôle des lieux dans l'éloquence d'Isée.

II.

PLAIDOYER POUR L'HÉRITAGE DE MENECLES.

Ménéclès avait épousé, assez vieux, une femme
fort jeune, qu'il avait répudiée quelque temps après :
mais cette femme, mariée à un autre époux, avait,
disent les adversaires, conservé son influence sur
Ménéclès ; elle avait deux frères, et voyant Ménéclès
sans enfant, elle lui avait conseillé d'adopter l'un d'eux.
Vingt-trois ans après l'adoption, Ménéclès meurt ; son
frère revendique l'héritage, disant que cette adoption
n'est pas valable, car elle a été faite par Ménéclès
égaré (παρανοῶν), et séduit par une femme (γυναικὶ
πειθόμενος) (1). Une explication est nécessaire pour faire
comprendre comment le procès s'engage.

Quand un homme mourait sans enfants, il fallait
qu'une adjudication faite par l'archonte (ἐπιδικασία)
envoyât les héritiers en possession des biens. Or, le
frère de Ménéclès réclamant cette adjudication, le fils

(1) Ce sont les termes de la loi dont il a été parlé plus haut,
Hérit. de Cléonyme. Page 142.

— 148 —

adopté a opposé une διαμαρτυρία (1), c'est-à-dire l'affirmation d'un témoin déclarant qu'il y avait un fils, et que l'héritage ne pouvait pas être réclamé en justice. Les prétentions des adversaires ainsi écartées, se sont produites sous une autre forme ἐπίσκηψις ψευδομαρτυριῶν; ils ont accusé le témoin produit de faux témoignage. Dans le présent plaidoyer, le fils adopté défend et le témoin attaqué, et ses propres droits; car s'il est reconnu que le témoin a dit vrai, les prétentions adverses sont mises à néant.

Les adversaires représentaient sans doute Ménéclès comme victime des intrigues d'une famille pauvre, qui avait exploité la passion d'un homme riche et déjà vieux, pour une enfant à peine en âge de se marier (2) : Ménéclès, disaient-ils, l'avait épousée sans dot, ce qui était extrêmement rare à Athènes, et jetait une défaveur sur la femme et sur sa famille (3). La jeune femme, dont le frère de Ménéclès dit beaucoup de

(1) La διαμαρτυρία, outre qu'elle pouvait décourager l'adversaire, présentait cet avantage : si celui qui l'avait employée était contraint de venir devant le tribunal, il avait pour lui l'autorité d'un ou de plusieurs témoins qui avaient eu assez de confiance dans la valeur de leur affirmation, pour ne pas craindre de s'exposer à un procès en faux témoignage.— Cf. le Plaidoyer pour l'héritage de Dicéogène, et le rôle joué par Léocharès. — Sur les inconvénients que présente cette procédure, cf. le plaidoyer pour l'héritage d'Apollodore. (§ 3).

(2) Notre sœur cadette, dit l'orateur, avait *à peu près* l'âge de se marier σχεδὸν ἡλικίαν εἶχεν ἀνδρὶ συνοικεῖν (§ 4). Ménéclès était vieux : nous le voyons, lors de l'adoption, se croire trop âgé pour espérer encore des enfants (§ 7).

(3) Dans le plaidoyer pour l'héritage de Pyrrhus, l'orateur se fonde sur cette absence de dot pour prouver qu'il n'y a pas eu mariage.

mal, ne pouvant hériter elle-même de son mari, avait pu trouver son profit à faire adopter son frère.

L'orateur démontre donc : 1° que l'adoption remplit toutes les conditions légales ; 2° que Ménéclès ne l'a pas faite, séduit par les artifices d'une femme ; 3° que l'héritage se réduit à peu de chose. Chemin faisant, il ne perd pas une occasion de montrer que Ménéclès et son fils adoptif étaient gens de même condition, et n'étaient ni très-riches ni très-pauvres ; que l'adversaire, après avoir enlevé à Ménéclès presque tout son bien, veut uniquement enlever au fils le peu qui reste. De plus, l'orateur s'appuie sur le caractère sacré de l'adoption. Une pensée religieuse enveloppe en quelque sorte le plaidoyer ; c'est par elle que l'orateur commence, par elle qu'il finit, et elle reparaît à plusieurs reprises dans le discours.

Ce plaidoyer est un des plus importants, au point de vue des mœurs et du pathétique : accusé d'être un intrigant qui s'est servi d'une femme pour capter un vieillard, l'orateur raconte avec un air de bonhomie et de naïveté comment tout s'est passé, ainsi qu'il convient entre gens honorables et délicats. — Mais en parlant de Ménéclès dont il a été appelé le fils pendant vingt-trois ans, en parlant des honneurs funèbres qu'on veut ravir à ce père, des devoirs sacrés qu'on veut interdire à un fils, le ton de l'orateur s'élève et s'échauffe. La piété filiale, s'élevant au-dessus des intérêts d'argent éclate en mouvements pathétiques, qui sont encore des arguments à l'appui de la cause.

Exorde. — L'orateur s'étonne de l'audacieuse accusation portée par l'adversaire ; ce n'est plus l'adolescent timide qui réclame l'héritage de Cléonyme, et qui a besoin d'éveiller la pitié ; c'est un homme dans la force de l'âge qui fait bravement face à une agression injuste ; puisqu'on veut enlever à Ménéclès le fils qu'il s'est donné, puisqu'on ne respecte pas les dieux de la famille, c'est un devoir pour l'orateur de défendre et son père et lui-même. — Il se propose de faire voir d'abord que l'adoption est légale, et que le témoin accusé a dit vrai.

Narration. — « Eponymos d'Acharne, notre
» père, juges, était fort lié avec Ménéclès ; c'étaient
» des amis qui se voyaient dans l'intimité. Nous étions
» quatre enfants, deux fils et deux filles. Ayant perdu
» notre père, nous mariâmes notre sœur aînée, quand
» elle eût l'âge, à Leucolophos, avec une dot de vingt
» mines. Quatre ou cinq ans se passent ; notre sœur
» cadette se trouvait à peu près en âge de se marier,
» quand Ménéclès vint à perdre sa femme. Après s'être
» acquitté des devoirs funèbres envers la défunte, il
» nous demanda notre sœur, nous rappelant et l'amitié
» qui l'unissait à notre père, et son affection pour nous
» tous. Et nous, sachant bien que notre père n'aurait
» donné notre sœur à personne plus volontiers qu'à
» Ménéclès, nous la lui donnâmes, non pas sans dot,
» comme le dit toujours l'adversaire, mais avec une
» dot égale à celle que nous avions donnée à l'aînée :
» nous avions jusqu'alors été les amis de Ménéclès ;
» nous fûmes désormais de la même famille. » (§ 3.)

Une déposition confirme cette affirmation très-impor-
tante, touchant la dot.

Les deux frères partent alors en Thrace, à l'armée ;
ils s'y distinguent et y font quelques profits : à leur
retour, la sœur aînée avait deux enfants, la cadette
n'en avait pas.

« Deux ou trois mois après, Ménéclès vint causer
» avec nous de notre sœur, dont il faisait le plus grand
» éloge ; il avait bien peur, disait-il, d'être trop âgé
» pour avoir des enfants ; il ne voulait pas que sa
» femme ne retirât d'autre fruit de toutes ses bonnes
» qualités, que de vieillir sans enfants près de lui ;
» c'était bien assez de lui à être malheureux. (Et cette
» parole montre bien qu'il aimait celle dont il allait se
» séparer : quand on en veut aux gens, on n'emploie
» pas les prières.) Il nous demandait donc ce service
» de marier notre sœur à un autre ; lui-même y con-
» sentait le premier. Nous lui donnâmes le conseil de
» décider lui-même sa femme : si elle consentait, nous
» étions prêts à faire ce qu'il voulait. Notre sœur,
» d'abord, ne voulut rien entendre ; puis, avec le temps
» et à grand'peine, elle se décida. Nous la marions à
» Eléios de Sphette ; Ménéclès lui rend sa dot. Il était
» précisément un de ceux à qui avait été confié contre
» hypothèque l'héritage des enfants de Nicias (1). Il

(1) Bœckh. Econom. polit. des Ath. XXIV. L'archonte éponyme devait amodier les biens des orphelins, conjointement avec les tuteurs.
L'amodiateur était tenu de fournir une hypothèque ἀποτίμημα. Ce
n'était pas seulement les immeubles qu'on amodiait ainsi, mais l'argent.
— Cette circonstance explique comment Ménéclès, qui n'était pas
riche, dit l'orateur, avait à ce moment de l'argent comptant.

11

» lui donne en plus les vêtements qu'elle avait appor-
» tés, et les modestes bijoux qu'elle possédait (1). Plus
» tard, un certain temps s'étant passé déjà, Ménéclès
» songea à ne pas rester sans enfant; il voulait avoir un
» fils qui, de son vivant, le soignât sur ses vieux
, jours, et, après sa mort, l'ensevelît et lui rendît
» chaque année le culte funèbre. Mon adversaire
» n'avait qu'un fils ; si bien que Ménéclès trouvait in-
» délicat de laisser son frère sans enfant mâle, en se
» faisant donner ce fils pour l'adopter. Il ne trouvait
» donc personne qui le touchât de plus près que mon
» frère et moi. Il vint nous parler, et nous dit
» qu'il serait content, puisque le malheur avait voulu
» qu'il n'eût pas d'enfant de notre sœur, de se faire,
» par l'adoption, un fils, dans une famille où il aurait
» voulu avoir des enfants par le sang. — Mon intention,
» dit-il, est d'adopter l'un de vous, celui des deux qui
» voudra. — Mon frère, à cette parole, considérant
» que Ménéclès nous donnait cette marque d'estime
» particulière, le remercia, et lui dit que son âge déjà
» avancé et la solitude où il était maintenant, exigeaient
» que ce fils adoptif l'entourât de soins et fût toujours
» à Athènes. — Moi, ajouta-t-il, je suis obligé de vivre
» loin d'ici, comme vous savez ; mais mon frère que
» voici (c'est de moi qu'il parlait), s'occupera de vos
» affaires en même temps que des miennes, si vous
» voulez l'adopter. Ménéclès répondit à mon frère
» qu'il avait raison ; et voilà comment il m'adopta. »

(1) Sur la dot, donnée ou rendue, cf. héritage de Pyrrhus, page 166.

L'orateur insiste pour montrer que l'adoption a été faite légalement, honnêtement. — Il y a une loi formelle permettant d'adopter un fils à tout homme qui n'a pas d'enfant mâle. — Eloge de cette loi. — Et l'adoption n'a pas été faite par un testament, à la veille de la mort, mais par Ménéclès, sain de corps et d'esprit. — Ménéclès a présenté lui-même son fils aux gens de sa phratrie, en présence de son frère (l'adversaire d'aujourd'hui), et il l'a fait inscrire sur le registre du dème, et le frère n'a pas réclamé, bien que ce fût le moment. — Et Ménéclès a vécu encore vingt-trois ans, et jamais il ne s'est repenti, car tout le monde trouvait qu'il avait bien fait.

Témoignages. — *Lecture de la loi sur l'adoption.*

L'orateur insiste sur la validité de cette adoption confirmée par ces témoignages ; puis la narration reprend :

« Cela étant fait, Ménéclès songea pour moi au
» mariage ; il me dit qu'il fallait prendre femme :
» j'épouse la fille de Philonidès. Et Ménéclès s'intéres-
» sait à moi, comme il est naturel qu'un père s'inté-
» resse à son fils ; et nous, comme s'il eût été notre
» père par le sang, nous le soignions, nous l'honorions
» ma femme et moi, si bien qu'il faisait notre éloge à
» tous les gens du dème. » (§ 18).

Argumentation. — Nous l'avons dit, l'argumentation ne fait que mettre dans un jour plus vif l'évidence des faits déjà établie par l'air de sincérité du narrateur. — L'orateur démontre le second point : Ménéclès n'a pas fait l'adoption, séduit par les artifices de la

sœur. — Lors de l'adoption, cette sœur, dont on dit
tant de mal, était mariée depuis longtemps : si Ménéclès
avait agi sous son influence, il eût adopté l'un de ses
enfants ; elle en a deux. — Non, il m'a adopté, 1° parce
qu'il était seul, 2° parce qu'il avait aimé mon père,
3° parce qu'il n'avait pas d'autre proche que moi à
adopter. — « J'aurais plaisir à entendre l'adversaire
me dire (car il n'a pas l'esprit égaré, lui) ; quel parent
devait adopter Ménéclès ? » Le fils unique de son frère ?
Son frère ne le lui aurait pas donné : « il n'est pas à ce
point avide d'argent. » Un fils de sa sœur ? de sa nièce ?
de son neveu ? Il n'y en avait pas. Si Ménéclès ne voulait pas vieillir sans enfant, que l'adversaire dise, quel
parent plus proche son frère pouvait adopter ?

L'orateur ne montre pas, comme il semblerait
naturel, que sa sœur a cessé de voir Ménéclès, et ne
pouvait plus avoir sur son premier mari l'influence
qu'on lui attribue. Est-ce pour masquer une faiblesse
dans les preuves, que cette seconde partie du plaidoyer
finit comme la narration, par un mouvement indigné et
ironique ? — Au fond, l'adversaire qui a des enfants,
en veut à Ménéclès de n'être pas resté sans enfant. —
Cette loi de l'adoption est respectée par tous les
hommes, Grecs et barbares, mais non par l'adversaire.
— Mais qu'aurait fait le frère de Ménéclès, dans la
même situation ? Il eût adopté un fils ; or, Ménéclès
ayant fait ce qu'il eût fait lui-même, il dit que Ménéclès, en m'adoptant, avait l'esprit égaré ; c'est lui-
même qui a l'esprit égaré quand il parle ainsi.

L'orateur démontre que l'adversaire agit par pure haine envers son frère mort, car l'héritage se réduit à rien. — Quand Ménéclès dut rendre l'argent aux enfants de Nicias, pressé par les intérêts accumulés, il fut forcé de vendre son bien. — Son frère élève alors sur une partie de ce bien des prétentions qu'il n'avait jamais élevées. — Ménéclès vend la partie non contestée soixante-dix mines, dont il donne soixante-sept à ses créanciers ; puis intente un procès à son frère. « Il y eut beaucoup de pourparlers et une grande » animosité; bref, il nous parut bon, pour que per- » sonne ne pût dire que j'agissais par avidité, et que » j'avais brouillé deux frères, de nous en remettre à » l'arbitrage d'un homme qui était parent par alliance de » mon adversaire, et de ses amis (§ 29.) » Les arbitres, qui d'ailleurs avaient accepté de juger, non d'après la justice stricte, mais au point de vue de l'intérêt de la famille, déclarent que nous devons céder la terre contestée. — Les deux parties jurèrent devant l'autel qu'il y aurait désormais bienveillance entre elles, en actes et en paroles. — Or voilà la bienveillance que me témoigne l'adversaire.

Lecture des Témoignages (1). — *Dépositions.*

Opposition entre la part du fils et celle de l'adversaire : le fils a reçu les trois mines restant de la vente, et une méchante maison qui ne vaut pas trois mines

(1) Il n'est pas inutile pour conserver la physionomie du plaidoyer de citer la phrase suivante : « Je vais faire paraître devant vous les » arbitres comme témoins, si toutefois ils veulent monter; car ils sont » amis de nos adversaires. S'ils ne veulent pas, je ferai paraître ceux » qui assistaient au serment. » (§ 32)

(275 fr). L'adversaire a reçu une terre qui vaut plus de dix mines (916 fr).—Opposition entre la conduite du fils et celle de l'adversaire.— Le fils, ainsi que sa femme, a soigné Ménéclès ; il a donné son nom à son petit enfant ; il l'a enseveli convenablement ; il a placé uu beau monument sur sa tombe ; il a accompli tous les devoirs funèbres de façon à mériter les éloges de tous les gens de son dème. — L'adversaire a dépouillé son frère vivant ; mort, il veut lui enlever son fils, et faire périr son nom.

Témoignages.

Le point capital est de montrer que Ménéclès n'a pas agi sous l'influence d'une femme ; l'orateur y revient, tirant un argument de ce fait : lors de l'arbitrage, l'adversaire et son fils ont contracté, non avec Ménéclès, mais avec le fils adopté ; ils lui ont prêté serment, et ils ont reçu le sien, reconnaissant alors la qualité qu'ils lui contestent aujourd'hui.

Quels motifs poussent donc l'orateur à défendre un héritage qui n'existe plus que de nom ? La piété et le soin de sa dignité. — Jadis, avant la vente du bien, quand Ménéclès avait quelque fortune, il a été gymnasiarque dans le dème de Ménéclès ; il a été honoré parce qu'il était son fils ; il a été soldat dans la tribu et dans le dème de Ménéclès ; peut-il le trahir aujourd'hui ? — D'ailleurs, peut-il laisser croire qu'il fallait qu'un vieillard eût l'esprit égaré pour adopter un homme tel que lui.

« L'adversaire veut me dépouiller de l'héritage de » mon père, (que cet héritage soit grand ou petit,

» peu importe) ; il veut que le mort demeure sans en-
» fant, que personne ne porte son nom ; que nul ne
» l'honore en faisant pour lui les sacrifices de famille,
» en lui faisant des cérémonies funèbres chaque année ;
» il lui enlève les honneurs auxquels il a droit. Ces
» honneurs, Ménéclès voulait se les assurer, quand,
» maître absolu de son bien, il adoptait un fils pour
» n'être point privé de tout culte funèbre. — Non,
» juges, vous ne croirez pas mes adversaires ; vous
» ne m'enlèverez pas cet héritage dont il ne reste plus
» qu'un nom ; vous n'annulerez pas l'adoption faite
» par Ménéclès. Puisque la décision est remise en vos
» mains, et que vous êtes les maîtres absolus, défen-
» dez et moi-même, et celui qui est chez Pluton ; ne
» le laissez point sans défense, par les dieux et par
» les mânes, je vous en supplie, contre les outrages
» de ces adversaires ; mais souvenez-vous de la loi,
» du serment que vous avez prêté, et de ce que j'ai dit
» pour ma défense ; et rendez, conformément aux
» lois, la décision que demandent la justice et le res-
» pect du serment. » (§ 46.)

III.

PLAIDOYER POUR L'HÉRITAGE DE PYRRHUS.

Pyrrhus avait adopté le fils de sa sœur, Endius.
Après avoir possédé l'héritage sans conteste pendant
vingt ans, Endius meurt sans enfants. Xénoclès, au
nom de sa femme Philé, se disant fille légitime de
Pyrrhus, réclame en justice l'héritage qu'il estime
trois talents. La mère d'Endius opposa une réclamation du même héritage, disant que Philé n'était pas
fille légitime de Pyrrhus, lequel n'avait jamais été
marié. Elle réclamait d'ailleurs, non comme mère
d'Endius, mais comme sœur de Pyrrhus. Schömann
pense que la mère ne pouvait jamais hériter de son
fils ; Bunsen (1) pense le contraire ; quoiqu'il en
soit, cette femme était plus proche héritière comme
sœur de Pyrrhus, que comme mère d'Endius. Voici,
d'après Bunsen, dans quel ordre se succèdent les héritiers d'un homme mort sans descendance: le père du
mort ; ses fils, frères du mort, (ἀδελφοὶ ὁμοπάτριοι) et leurs
enfants (ἀδελφιδοῖ, ἀδελφιδαί) ; ses filles, sœurs du mort et
leurs enfants ; 2° Les enfants du grand-père paternel,

---

(1) Caroli Bunsen. De jure hereditario Atheniensium, Dissertatio
philologica. — Cf. ¡à l'appui de cette opinion,|Héritage d'Hagnias,
§ 17.

— 159 —

oncles et tantes du mort(θεῖος, θεία) ; c'est la situation de la mère d'Endius; et leurs enfants (ἀνεψιοί) ; et leurs petits-enfants (ἀνεψιαδοῖ). Alors seulement, se placent les droits de la mère. (1)

Xénoclès opposa une διαμαρτυρία (2). La mère d'Endius, ou plutôt sa tante, puisqu'elle s'appuie sur ce titre, répondit en accusant Xénoclès de faux témoignage. Xénoclès fut vaincu dans cette première action. Aujourd'hui pour confirmer sans doute la possession de l'héritage conquis, (3) l'héritière accuse de faux témoignage Nicodème, qui avait appuyé de sa déposition l'exception opposée par Xénoclès, en affirmant qu'il avait légitimement marié à Pyrrhus, sa sœur, mère de Philé (4). C'est encore le fils qui porte la parole au nom de sa mère dans ce second procès.

(1) Le frère d'Endius qui dans cette affaire, agit et plaide au nom de sa mère, ne peut revendiquer l'héritage pour lui-même : Endius, adopté par Pyrrhus, n'était plus son frère ; l'adoption rompant pour l'adopté tout lien de parenté avec la famille quittée, sauf avec la mère. — Au défaut de sa mère, l'orateur aurait hérité comme neveu de Pyrrhus.

(2) Cf Héritage de Ménéclès. Page 148, note 1.

(3) Le procès pour l'héritage de Dicéogène, et celui pour l'héritage d'Hagnias, font voir que cette précaution n'était pas inutile. Le vainqueur ne restait pas toujours tranquille possesseur ; le vaincu resaisissait parfois l'héritage par un procès nouveau ; et il arrivait que les tribunaux rendissent sur une même affaire des arrêts contradictoires.

(4) Les autres témoins de Xénoclès étaient les grands oncles de l'orateur ; Nicodème prêtait mieux à l'attaque ; à son égard, l'orateur n'a rien à ménager.

Xénoclès et Nicodème avaient produit des moyens qui n'étaient pas sans valeur. Trois oncles de Pyrrhus avaient déposé que jamais Endius n'avait été adopté (1), qu'il avait par conséquent détenu sans droit pendant vingt ans le bien d'une orpheline; ils avaient assisté, disaient-ils, au mariage de Pyrrhus, et plus tard, à la cérémonie où Pyrrhus avait donné à cette fille légitime le nom de sa propre mère. Ils pouvaient interpréter dans le sens de leur affirmation la conduite d'Endius lui-même qui avait doté cette fille et l'avait mariée à Xénoclès. Il y avait sans doute un point faible : on avait négligé pendant vingt ans une revendication si juste; mais le plaidoyer pour l'héritage d'Aristarque (§ 18) nous montre que les plaideurs n'étaient pas embarrassés pour trouver des raisons spécieuses, expliquant une longue inaction.

L'orateur ne cherchera pas à démontrer par des preuves directes qu'Endius a été adopté. En effet, quand même Endius n'aurait pas été le fils adoptif de Pyrrhus, mais seulement son neveu, sa mère, sœur de Pyrrhus, aurait seule été dépouillée, si toutefois Philé n'est pas fille légitime, et seule aurait droit de se

---

(1) Il ne s'agit plus, comme dans les deux plaidoyers précédents, de l'interprétation d'un fait; ici, sur un même fait, les deux parties produisent des affirmations contradictoires: il y a mensonge évident : nous ferons cette remarque une fois pour toutes; nous aurions l'occasion de la faire trop souvent. Notre orateur d'ailleurs appuie peu sur ce point de l'adoption, bien qu'Endius ait été adopté seulement par testament (διαθήκη, § 56). Il se bornera à montrer que les adversaires, par leur conduite, ont montré qu'ils croyaient à cette adoption.

plaindre. C'est donc sur ces deux points que porte l'effort du plaidoyer: 1° la mère de Philé n'a jamais été épousée par Pyrrhus ; 2° Philé n'a jamais été légitimée.

Point d'exorde ni de péroraison. Le ton est celui d'un homme qui, fort de son droit, reconnu dans un premier procès, pousse son avantage contre des adversaires malhonnêtes. Par sa situation pécuniaire, l'orateur est au-dessous de ceux qui subissent des liturgies ; industriel à Bésa, il apporte ici le ton de la discussion et comme la langue des affaires ; il n'a aucune réserve à observer à l'égard de Nicodème; tout en sachant s'arrêter à temps, il risquera une pointe de raillerie sur les aventures de la mère de Philé. Son personnage est celui d'un homme qui traite une affaire, calme et ironique, à l'égard du coquin qu'il trouve en face de lui. Tout au plus, le ton s'échauffe-t-il, quand, ayant poussé l'adversaire dans une contradiction flagrante, il l'y enferme, l'y maintient et en triomphe. Mais point de mouvement pathétique, point d'indignation contre Nicodème qui veut faire entrer dans une famille la fille d'une femme perdue, contre ces oncles qui se font les complices d'un intrigant : c'est un trait de mœurs judiciaires qu'il n'est pas inutile de remarquer en passant.

Exposition. — L'orateur commence par raconter brièvement et avec lecture de pièces à l'appui, comment le premier procès s'est engagé ; comment Xénoclès a été convaincu de faux témoignage, et du même coup Nicodème, puisqu'il avait déposé dans le même sens. Mais puisque l'affaire vient devant de nouveaux juges, il va démontrer que Nicodème a menti.

1re *partie.*—Dans une série d'interrogations pressantes, l'orateur établit ces deux points : 1º il n'y a aucune trace de (1) stipulation de dot ; 2º la sœur de Nicodème était une femme perdue.

Quelle dot Nicodème prétend-il avoir donné à cette sœur qu'il mariait à un homme possédant trois talents ? — A-t-elle divorcé avec Pyrrhus vivant ? A qui Nicodème a-t-il alors réclamé la dot ? — A-t-elle quitté la maison de Pyrrhus mort ? Quel procès en réclamation de dot Nicodème a-t-il fait à l'héritier ? — De tous ceux qu'elle a connus avant ou après Pyrrhus, en est-il un qui l'ait épousée ?

« S'il fallait énumérer ses amants l'un après l'au-
» tre, la besogne ne serait pas petite : si vous le vou-
» liez, je pourrais vous parler de quelques-uns ; mais
» si certains d'entre vous ont aussi peu de goût à en-
» tendre ces choses que j'en ai moi-même à en parler,
» je me bornerai à produire les témoignages fournis

---

(1) L'absence de dot n'est pas une preuve décisive, mais une forte présomption. Dans le procès pour l'hérit. de Ménéclès, l'adversaire nie qu'une dot ait été donnée, sans nier toutefois le mariage. De même, dans Démosthène, Béotus parlant de la mère de Mantithéos. Pourtant, cette preuve a ici une grande valeur ; car cette femme qui est présentée comme faisant métier de courtisane, se serait fait reconnaître probablement une dot, même n'eût-elle rien apporté, par l'homme qu'elle aurait amené au mariage : c'était une précaution contre le divorce, et un profit en cas de décès du mari. — C'est pourquoi l'orateur fait revenir trois fois cet argument dans la première partie du plaidoyer.

» dans le premier procès, témoignages contre lesquels
» nos adversaires n'ont élevé aucune réclamation. » (§ 11)

Lecture des témoignages.

Ainsi, c'était la maîtresse du premier venu ; tous
ceux qui ont connu Pyrrhus (sauf les oncles) et les
voisins racontent « quelles batailles, quelles débau-
» ches, quelles orgies c'étaient, chaque fois qu'elle
» venait chez lui. » (§ 14.) (1) On ne va pas boire
chez les femmes mariées ; les femmes mariées ne vont
pas souper avec des hommes qui ne sont pas de leur
famille, avec les premiers venus. L'orateur fait relire
le témoignage précédent, rappelant qu'il n'a été infirmé
par aucune réclamation des adversaires ; puis un second témoignage parlant des amants qu'elle a eus, et
établissant qu'elle n'a jamais eu d'enfant d'aucun autre
homme (2).

Peut-être Pyrrhus a-t-il été (cela arrive) égaré par
la passion au point d'épouser une femme de cette
sorte ? — Examinons : 1º la faiblesse des témoignages
produits dans le premier procès ; 2º la vraisemblance.

---

(1) Sur la conduite réservée des femmes mariées, cf. Lysias contre
Simon, § 7. — Sur la conduite des courtisanes, cf. Démosthène,
contre Néère, passim.

(2) L'orateur veut-il en passant jeter ce soupçon que l'enfant était
supposé ? On est tenté de le croire si on rapproche le passage présent
de celui-ci (§ 30) : τῆς θυγατρὸς ἀποφανθείσης εἶναι. La comédie antique
nous montre des exemples de pareil artifice employé par des courtisanes. D'ailleurs, cette stérilité éprouvée était une raison de plus pour
l'habile Nicodème de faire reconnaître une dot à sa sœur.

1° Nicodème, se préparant à marier sa sœur si avantageusement, ne s'est assuré que d'un seul témoin, Pyrétidès ; et encore, il produit, non le témoin, mais une ἐκμαρτυρία (1), que Pyrétidès renie et déclare fausse. Or, quand on prévoit qu'on aura besoin de témoins, on s'assure la présence de plusieurs amis intimes ; c'est dans les cas imprévus qu'on prend les premiers venus. De plus, quand dans le cas de maladie ou d'absence, on emploie la déposition par écrit, on la fait donner devant des citoyens honorables et qu'on connaît bien ; et l'on n'en appelle pas un ou deux, mais le plus grand nombre possible. Ainsi, quand Xénoclès alla à Bésa prendre possession d'une mine que nous avons là, il emmena pour être témoins Diophante, Dorothée, Philocharès et plusieurs autres, leur faisant faire trois cents stades (2); et quand c'est le mariage de la grand'mère de ses enfants, qui est en question, quand il s'agit de faire faire sur ce point capital, à

---

(1) Quand un témoin empêché ne pouvait paraître de sa personne, les intéressés lui faisaient donner par écrit sa déposition, en présence d'un certain nombre de personnes honorables, dont l'autorité garantissait devant qui de droit la sincérité de l'acte. La déposition prenait alors le nom d'ἐκμαρτυρία.

(2) Bésa est un bourg situé près du Laurium ; c'est ce qui nous fait croire que ἐργαστήριον désigne ici quelqu'exploitation de mine. Qu'allait faire Xénoclès à Bésa, où il emmenait, dit le texte, des amis pour être témoins τῆς ἐξαγωγῆς ? — Les enfants d'un mort n'ont pas besoin d'être envoyés en possession par une adjudication légale ἐπιδικασία. Ils entrent eux-mêmes en possession : βαδίζουσιν ἐς τὰ πατρῷα. — Xénoclès, agissant au nom de sa femme, qui se dit fille légitime de Pyrrhus, va prendre possession de la mine ἐμβατεύσις. Mais il devra contraindre les possesseurs actuels à vider les lieux ; il y aura ἐξαγωγή.

Athènes même, une déposition écrite, il n'appelle aucun de ses amis, mais les premiers venus, Dioclès et
Aristolochos. Si le témoignage avait été vrai, il aurait
appelé tous ses amis. Et Nicodème, mariant sa sœur à
un homme qui possédait trois talents, n'a qu'un témoin, Pyrétidès, lequel nie la déposition qu'on lui prête.

2° Les oncles de Pyrrhus disent qu'ils ont été appelés par lui pour être témoins de son mariage. —
Que l'on consulte la vraisemblance : Pyrrhus n'aurait-
il pas voulu plutôt se cacher de tous ses proches, loin
d'inviter ses oncles à être témoins d'un tel mariage ?

Retour sur l'absence de dot. Autre circonstance
étrange : si Nicodème donnait une dot à sa sœur, il
était naturel qu'il le fît constater par des témoins ; s'il
n'en donnait pas, c'était une raison de plus pour faire
reconnaître par Pyrrhus, égaré par la passion, qu'il
recevait la femme avec une dot ; c'était une sage précaution contre un divorce probable ; les unions de cette
sorte durent peu. Néanmoins, alors que Pyrrhus possède trois talents, Nicodème n'appelle qu'un témoin
au mariage, et les oncles déclarent qu'il n'y a pas eu
de dot.

Le témoignage des oncles est infirmé par l'erreur
faite sur le nom de la fille. — Les oncles disent avoir
assisté à la cérémonie du dixième jour, où l'on a donné
un nom à l'enfant ; d'autre part Xénoclès, quand il a
introduit l'action judiciaire, a désigné sa femme sous
le nom de Philé : or, les oncles disent que Pyrrhus a

donné à son enfant le nom de Clitarète (1). Ainsi après huit ans de mariage, Xénoclès n'a pas appris des oncles, de sa belle-mère, de Nicodème, le vrai nom de sa femme ? il la nomme Philé, quand il s'agit précisément de revendiquer l'héritage de son père. Cela prouve que les témoignages ont été concertés entre les oncles et la famille de Philé, longtemps après que l'action judiciaire était entamée.

Retour sur l'absence de dot. La loi dit qu'en cas de divorce, celui qui a marié la femme ne pourra rien réclamer de ce qu'il n'aura point fait estimer et reconnaître dans la dot (2). Quel avantage alors trouvait Nicodème à marier sa sœur, si le mari pouvait, quand il le voudrait, le renvoyer sans se gêner ? Nicodème savait que sa sœur n'avait jamais eu d'enfant. Or, c'est à lui que la loi attribuait la dot de cette sœur, si elle mourait sans enfant. Nicodème est-il si désintéressé, lui qui, pour un peu d'argent, vient ici débiter des mensonges ?

(1) Le choix et la signification d'un nom avaient quelqu'importance dans les familles ; témoin le Strepsiade des Nuées ; un père donnait volontiers à sa fille le nom de *Clitarète*, une courtisane celui de *Philé*. Il y a dans cette opposition un argument pour l'orateur, et c'est le nom de *Philé* qu'il se plaît à lui attribuer.

(2) Un acte était dressé en présence de témoins (προικῷα). L'époux reconnaissait avoir reçu une dot et donnait hypothèque sur ses biens pour la garantie de cette dot (ἀποτίμημα), Ce qui explique les termes du présent passage ; ἐάν τίς τι ἀτίμητον δῷ ; tout ce qui a été donné en plus (ἄνευ ὁμολογίας) ne peut être réclamé après la mort de la femme. — Dans le plaidoyer pour l'héritage de Ménéclès, on voit que ce dernier, divorçant, donne à sa femme des bijoux dont il n'était point fait mention dans la dot ; et l'orateur cite ce fait pour montrer dans quelles dispositions bienveillantes Ménéclès se séparait de sa femme.

Lecture des lois relatives à la dot.

Dans ce paragraphe, l'orateur rappelle en passant que Nicodème, accusé de n'avoir pas droit au titre de citoyen, n'a conservé ce titre qu'à une majorité de quatre voix (1).

2e Partie. — Philé n'était pas fille légitime : la conduite de Nicodème le prouve. L'orateur s'adresse à Nicodème : sachant que Philé était fille légitime, comment a-t-il laissé Endius se faire adjuger l'héritage sans épouser Philé, quand par le fait de cette adjudication, Philé était déclarée bâtarde? Pyrrhus, d'ailleurs, l'avait déclarée telle en adoptant Endius. (2) Comment Nicodème, quand Endius se faisait adjuger l'héritage, n'a-t-il pas opposé une διαμαρτυρία?

Lois sur l'adoption. — *Témoignages constatant qu'Endius s'est fait adjuger l'héritage, et que Nicodème n'a élevé aucune opposition.*

Nicodème dira-t-il, ou qu'ils ont ignoré l'adjudi-

(1) On comprend l'importance de ce fait, quand on se rappelle la distance qui sépare dans les cités antiques le citoyen de l'étranger. La qualité de Nicodème pouvait, paraît-il, être discutée ; s'il est étranger (et peu s'en faut qu'il n'ait été déclaré tel), sa sœur est étrangère aussi : or, quand un père reconnaissait un enfant, il devait jurer à la phratrie qu'il était né d'une femme Athénienne. — Dans ce cas, Pyrrhus, l'eût-il voulu, n'aurait pu reconnaître l'enfant.

(2) Un citoyen Athénien ne pouvait adopter un fils, que s'il n'avait pas d'enfant mâle. S'il avait une fille, le fils adopté était tenu de l'épouser. S'il n'y avait pas de fils adopté, le plus proche parent recevait l'héritage en épousant la fille. Celle-ci était dite ἐπίκληρος ; ce mot ne signifie pas proprement héritière, mais *qui s'ajoute à l'héritage.* Cette fille et son mari n'étaient pas réellement héritiers ; ils conservaient l'héritage pour les petits-fils du mort, qui étaient le véritables héritiers. Ceux-ci, à dix-huit ans, recevaient l'héritage de leur grand-père. Cf. Démosthène contre Stéphane, II § 20.

12

cation, ou que nous leur avons menti? Laissons cela (1).

Comment Nicodème a-t-il permis qu'Endius mariât Philé comme·fille naturelle ? Pourquoi n'a-t-il pas alors dénoncé le fait à l'archonte? (2) Un procès de ce genre était pour lui sans danger, n'eût-il pas obtenu un seul suffrage (3) : ne lui coûtait aucun frais (4) et faisait courir à l'adversaire ‖les plus grands dangers (5). Nicodème a laissé Endius, possesseur de trois talents, marier Philé avec une dot de 3000 drachmes ? et il ne s'est pas, dans son indi-

(1) Ces deux allégations avaient pu être produites par les adversaires : pour la première, nous voyons dans le plaidoyer pour l'héritage de Philoctémon, qu'un fait préjudiciable à la famille intéréssée a failli s'accomplir en justice à l'insu de cette famille, § 36. Pour la seconde, Philé était fort jeune à la mort de Pyrrhus, puisqu'elle s'est mariée douze ans après. Endius a pu alors promettre de l'épouser. Quoiqu'il en soit, l'orateur passe bien légèrement.

(2) L'archonte par excellence, l'archonte Eponyme. Demosth. In Macart. § 75 : « que l'archonte veille aux intérêts des orphelins, des épiclères, etc, etc. »

(3) Il y aurait eu εἰσαγγελία, et non plus δίκη procès privé : L'εἰσαγγελία est une action publique ou criminelle : l'accusateur devait payer une amende de 1000 drachmes , s'il ne réunissait pas le cinquième des suffrages, sauf le cas où il agissait pour une épiclère ou pour un orphelin.

(4) Il ne devait donner, dit Isée, ni πρυτανεῖα, ni παράστασις. Πρυτανεῖα, somme d'argent déposée par les parties et destinée aux jnges : le vaincu payait pour les deux. Παράστασις, la drachme donnée par le demandeur et le défendeur à l'arbitre qui instruisait le premier l'affaire.

(5) Les dangers sont indiqués plus bas, § 62.

ἐκινδύνευεν ἂν περὶ τοῦ σώματος καὶ τῆς οὐσίας ἁπάσης τῆς ἑαυτοῦ.

gnation, adressé à l'archonte ? — Mais Endius n'aurait pas marié une épiclère à un étranger, sachant que les biens du grand-père revenaient au fils de l'épiclère.

Conclusion. — Ainsi Endius, en mariant Philé, a établi qu'elle était fille naturelle; et Nicodème, qui n'avait déjà pas osé disputer l'héritage à Endius, n'a pas dénoncé ce dernier à l'archonte lors du mariage de Philé.

Témoignage constatant qu'Endius s'est fait adjuger l'héritage (deuxième lecture). — Témoignages touchant le mariage de Philé. — Lois concernant les Epiclères.

Philé n'est pas fille légitime ; la conduite de Xénoclès le prouve. — Si Xénoclès n'avait pas reconnu que sa femme était fille naturelle, ayant déjà des enfants d'un certain âge, il aurait dénoncé le fait à l'archonte. Xénoclès nie l'adoption d'Endius ; la preuve, c'est que passant par dessus le dernier héritier, il réclame non l'héritage fraternel d'Endius, mais l'héritage paternel de Pyrrhus ; mais alors, il y a con- tradiction dans sa conduite ; après avoir laissé Endius tranquille possesseur pendant vingt ans, trois jours après sa mort, ils se hâtent de réclamer : ils n'ont pas attaqué Endius vivant, et disent aujourd'hui qu'il possédait sans droit l'héritage. — Mais si Endius n'avait pas droit, pourquoi le laisser posséder si longtemps? s'il avait droit, pourquoi réclamer aujourd'hui, non l'héritage fraternel, mais l'héritage paternel? — Autre contradiction: ils réclament l'héritage paternel, et au lieu de procéder par ἐμβατεία,

ils introduisent une action civile (1). S'il s'agissait de
l'héritage d'un frère, il serait juste de réclamer
l'adjudication au civil (ἐπιδικασία) ; mais pour l'héritage
d'un père, il n'en est pas besoin ; ils trouvent mauvais
qu'Endius, fils adopté, ait procédé par ἐπιδικασία (ce que
font tous les fils adoptés pour écarter les compétitions) ;
et ceux-ci mêmes, quand il s'agit de l'héritage d'un père,
introduisent cette action civile. — Non, si Xénoclès
avait été sûr de son droit, il aurait eu recours à
l'ἐμβατεία ; il eût intenté une action au criminel,
mettant son adversaire en danger de perdre ses droits
politiques et tous ses biens. (2).

Philé n'est pas fille légitime ; la conduite des oncles le prouve. Si les oncles de Pyrrhus avaient su que
Philé était fille légitime, et que ni Endius, ni aucun
de ses frères ne l'épousait, ils n'auraient pas laissé
à Xénoclès une riche héritière sur laquelle ils avaient
des droits. En effet, les plus proches parents ont le droit
de réclamer en justice la fille épiclère ; même si elle a
été mariée par son père, ils peuvent l'enlever à son
époux. Et les oncles donnent à Xénoclès cette fortune
sur laquelle ils ont droit ? « Ne le croyez pas juges ;

---

(1) Nous avons vu que Xénoclès avait tenté de procéder ainsi :
page 164, note 2. Il faut croire qu'il avait renoncé à ce moyen, pour
réclamer une ἐπιδικασία.

(2) Il s'agit de l'ἀτιμία. L'atimie la plus ordinaire consistait en ceci :
ut ἄτιμος ; neque forum, neque Pnycem, neque ullum populi conven-
tum adire, neque causam in judicio dicere, neque publicis sacris inte-
resse, aut si id faceret, in vincula rapi posset. Atque nihil ferè hâc
pœnâ in foro Attico erat usitatius. Schömann de comitiis Atheniensium.
(Chap. VI.)

on n'est jamais l'ennemi de son propre avantage ; on
ne fait point passer les intérêts d'autrui devant les
siens. » Diront-ils que le droit d'Endius, fils adopté,
leur enlevait à eux-mêmes le droit sur la fille ? Mais
alors, pourquoi ont-ils démenti les témoins, qui affir-
maient l'adoption ? Pourquoi ont-ils appuyé Xénoclès,
réclamant non l'héritage d'Endius, mais celui de Pyrrhus ? Qu'on leur demande aussi depuis quand les enfants légitimes procèdent par ἐπιδικασία (1) ? D'ailleurs,
la loi défend au père de séparer son héritage de sa
fille légitime. — Si donc Pyrrhus a adopté Endius, sans
l'obligation d'épouser sa fille, l'adoption est nulle ; si,
cette obligation existant, Endius n'a pas épousé la
fille, comment l'avez-vous permis, « vous qui êtes
» venus déposer que votre neveu vous avait re-
» commandé de veiller sur cette pauvre enfant ?
» Ah ! bonnes gens, dites, si vous voulez, que
» vous n'avez pas su qu'Endius se faisait adjuger l'héri-
» tage; mais quand il mariait la fille, qu'il faisait l'acte
» dotal, vous le laissiez, vous les oncles, marier, avec
» la qualité de bâtarde, l'enfant de votre propre neveu,
» vous qui dites avoir été présents, quand votre neveu
» épousait en légitime mariage la mère de cette en-
» fant, et de plus avoir été invités au repas du dixième
» jour ! Vous dites (et voilà qui est vraiment étrange),
» que votre neveu vous a recommandé de veiller sur

(1) C'est un retour sur le raisonnement du paragraphe précédent.
Les mêmes arguments se produisent sous des formes souvent peu différentes dans cette seconde partie du plaidoyer.

» cette pauvre enfant, et voilà comment vous veillez
» sur elle ? et cela, quand elle porte, dites-vous, le
» nom de votre propre sœur ? » (§ 70.)

Philé n'est pas fille légitime : la conduite de Pyrrhus le prouve. Pourquoi Pyrrhus a-t-il adopté un fils,
s'il avait une fille légitime ? Avait-il d'autres parents,
plus proches qu'Endius et nous, à qui il voulût enlever le droit d'épouser sa fille ? Non. — Pourquoi, par
cette adoption, s'aliéner ses autres parents quand il
pouvait mener sa fille à la phratrie, la constituer épiclère, et ordonner qu'un de ses enfants fût constitué fils
du grand-père ? La fille épiclère aurait toujours eu pour
époux soit Endius, soit l'un de nous, soit l'un des oncles, soit l'un des parents plus éloignés. — Il obtenait
le même résultat, soit en faisant inscrire sa fille à la
phratrie, soit en n'adoptant pas mon frère ; or il fait le
contraire : il institue mon frère héritier, il ne fait pas
inscrire sa fille ; et, de fait, la déclare bâtarde. De
même que pour ce prétendu mariage, il n'a point offert
de victime nuptiale ; de même, il n'a point fait inscrire
cette fille prétendue légitime (1).

(1) Cf. Egger. De l'état-civil chez les Athéniens. La Société des
Phratores recevait et consacrait les déclarations de mariage et les déclarations de naissance. Une victime nuptiale était offerte aux Phratores γαμήλια ; cet acte marquait la consécration officielle du mariage.
    Cf. Héritage de Ciron § 18 et seq. Le plaidoyer présent, confirmé
par celui pour l'héritage de Ciron, nous montre que les moyens de
prouver l'existence d'un mariage étaient ceux-ci : 1º existence d'une
dot ; 2º invitation d'amis à un festin de noces ; 3º envoi d'une victime
appelée γαμήλια aux phratores ; 4º parfois la femme avait été choisie
par celles du dême pour présider les Thesmophories ; 5º témoignages
d'amis ou d'esclaves (ces derniers obtenus par la torture.)

Témoignage sur les faits précédents. — Témoignage
sur l'adoption d'Endius.

Récapitulation. — L'orateur rappelle rapidement
les principaux arguments de la première partie, lesquels, le plaidoyer étant fort long, peuvent être moins
présents à l'esprit des juges. — La mère de Philé était
une femme perdue ; — il n'y a pas de trace de dot ; —
avant ou après ses relations avec Pyrrhus, elle n'a jamais été mariée ; — d'aucun autre homme elle n'a eu
d'enfant. Il insiste en finissant sur ce point capital, que
ni pour épouser la mère, ni pour reconnaître la fille,
Pyrrhus ne s'est adressé aux phratores. — Point de
victime nuptiale ; — point d'inscription à la phratrie ;
— de plus, possédant une fortune de trois talents, il
aurait dû, s'il avait été réellement marié, offrir, aux
Thesmophories, un repas aux femmes du dême : or,
rien de semblable (1).

Le plaidoyer finit brusquement sur la lecture d'un
témoignage touchant ce dernier fait.

---

(1) Cf. Plaid. pour l'hérit. de Ciron § 19. Il s'agit de dépenses des-
tinées à relever l'éclat des fêtes de Cérès ; cette charge était attribuée
aux personnes les plus honorables ; et la femme d'un des plus riches
habitants du dême devait tenir à honneur de la rechercher.

IV.

PLAIDOYER POUR L'HÉRITAGE DE NICOSTRATE.

Un certain Nicostrate était mort à l'étranger : il avait quitté Athènes depuis onze ans ; c'était sans doute un soldat enrichi dans les aventures de la guerre ; car, lorsqu'il fut tué dans un combat, il laissa un héritage de deux talents. Il semble qu'il ait été assez difficile de s'entendre sur la personne même de Nicostrate. Hagnon et Hagnothée, qui réclamèrent les premiers l'héritage, disaient que le mort était fils de Thrasymaque et leur cousin germain ; certains prétendaient qu'il s'agissait d'un autre Nicostrate, fils de Smicros (1). Aussitôt que la demande d'Hagnon et d'Hagnothée fut affichée (2), elle souleva nombre de concurrents ; nous en connaissons cinq, produisant des

---

(1) Il ne s'agit pas d'une même personne à qui les deux parties attribueraient un père différent , mais de deux *Nicostrate*, appartenant à des familles distinctes : 1º § 24, les adversaires disent qu'Hagnon et Hagnothée ne sont pas de la famille du mort ; 2º les témoins de l'adversaire seraient, dans la première hypothèse, les parents d'Hagnon, et nous ne voyons rien de semblable.

(2) Nous adoptons la leçon proposée par Schömann ἐξέκεισθον : l'acte par lequel Hagnon et Hagnothée réclamaient judiciairement l'héritage (λῆξις τοῦ κλήρου) avait été affiché par le soin des magistrats.

titres divers, qui furent successivement écartés par Hagnon et Hagnothée, ou se désistèrent volontairement.

Chariade, qui n'avait d'abord élevé aucune prétention, se présenta ; il réclama d'abord l'héritage au nom d'un enfant prétendu de Nicostrate ; puis, abandonnant ce moyen, il réclama pour lui-même, se disant héritier institué de Nicostrate. Il disait l'avoir connu à l'étranger, et parlait d'une association ayant existé entre lui et Nicostrate, de qui, d'ailleurs, il prétendait avoir administré les biens. Il produisait à l'appui de ses prétentions des témoins, se disant parents du mort, et niant qu'Hagnon et Hagnothée eussent cette qualité. Il n'était revenu qu'après la mort de Nicostrate à Athènes, qu'il avait quittée depuis dix-sept ans, et où il avait laissé d'assez mauvais souvenirs (1). »

Dans un premier plaidoyer, on avait établi que Nicostrate était bien cousin germain d'Hagnon et d'Hagnothée ; qu'il n'y avait jamais eu d'inimitié entre eux et le mort ; qu'ils lui avaient rendu les honneurs funèbres ; que Chariade n'avait jamais été lié avec Nicostrate, ni à Athènes, ni à l'armée, et que cette prétendue association était une fable.

Ceci est un second plaidoyer ou *deutérologie* ;

---

(1) Il est toujours difficile quand on possède seulement le plaidoyer d'une des deux parties, de juger avec quelque exactitude la valeur des moyens employés par la partie adverse : la difficulté est plus grande ici, où nous avons, non le plaidoyer lui-même, mais un second discours, sorte de péroraison du premier.

même après le premier plaidoyer, l'affaire, sans doute, restait obscure ; si elle eût été fort claire, on n'aurait pas vu tant de gens essayer de mettre la main sur l'héritage ; Hagnon et Hagnothée n'avaient pas été recueillir des témoignages dans le pays où était mort Nicostrate ; enfin, dans ce débat, où il y a confusion sur la personne du mort, il nous semble qu'on passe bien légèrement sur ce point capital : Nicostrate est bien le fils de Thrasymaque et le cousin germain d'Hagnon et d'Hagnothée. Le but de l'orateur dans la deutérologie est de donner le dernier coup à l'esprit des juges hésitants. Point de témoignages, presque pas d'argumentation : l'orateur se borne à rappeler les faits établis sans en développer les preuves ; mais il montre (moyen décisif dans une question douteuse) que Chariade n'est que le dernier venu d'une série d'intrigants, qui se sont jetés sur cet héritage comme sur une aubaine ; un testament laisse toujours soupçonner quelque tromperie, surtout quand il est produit par un tel homme ; à ce testament, l'orateur oppose l'évidence du droit de parenté invoqué par ses clients ; à Chariade le voleur, qui jadis s'est sauvé d'Athènes, fuyant l'atimie, il oppose Hagnon et Hagnothée, fils d'un citoyen honorable, et déjà remplissant dignement tous leurs devoirs de citoyens. Le ton est celui d'un homme considérable, parlant aux juges avec autorité, sentant que le tribunal est avec lui contre les coquins qu'il a à combattre ; il le prend de haut avec Chariade ; c'est un misérable qu'on envoie dédaigneusement se faire prendre ailleurs ; il donne des conseils aux juges sur ce qu'on devrait exiger des plaideurs ; l'orateur enfin paraît plus attentif à couvrir de mépris des adversaires indignes, qu'à faire ressortir ses propres raisons (1).

—L'orateur explique son intervention en rappelant l'amitié qui l'a uni au père de ses clients, et qui l'unit aujourd'hui aux jeunes gens (2).

— Sur des faits arrivés en pays étranger, il est difficile de produire des témoins, et de prouver les mensonges des adversaires ; car Hagnon et Hagnothée n'ont pas été sur les lieux recueillir des témoignages ; mais les arguments, tirés des faits qui se sont produits à Athènes, sont suffisants.

Les deux parties ne donnent pas au mort le même nom. Hagnon et Hagnothée l'appellent Nicostrate, fils de Thrasymaque, et prouvent qu'ils sont ses cousins

(1) Le grammairien, auteur de l'argument placé en tête du plaidoyer dit qu'il fut prononcé par Isée lui-même. Nous ne trouvons dans le plaidoyer aucune preuve de ce fait que nous révoquons en doute. Si l'on considère la nature et le but de la deutérologie, selon toute vraisemblance, les jeunes gens ont dû chercher pour le débiter le citoyen le plus honorable, dont le caractère seul fût un argument en leur faveur. Faire prononcer ce discours par un homme connu pour faire métier de composer des plaidoyers, c'était aller contre leur but. Ils devaient s'attendre à ce que Chariade les accusât, lui aussi, d'être des intrigants et des avides : or, quand on veut prêter à son adversaire de telles qualités, nous voyons qu'on l'accuse le plus souvent d'arriver au tribunal avec des orateurs payés. (Cf. Hérit. de Cléon. § 7).

(2) Bien que l'auteur de l'argument le dise *parent* de ses clients, il semble plus naturel de donner à ἐπιτήδειος le sens d'ami intime, qui justifie mieux les mots ἔτι πρότερον. Cette erreur de l'argument serait une nouvelle raison de mettre en doute l'affirmation touchant Isée.

germains. Chariade l'appelle fils de Smicros. Cette confusion est une habileté perfide de Chariade. Si l'on produisait cette seule affirmation : Nicostrate a fait un testament, il serait facile aux jeunes gens de prouver le contraire ; mais Chariade veut forcer ses adversaires à dépenser la plus grande partie du plaidoyer pour montrer que Nicostrate est fils de Thrasymaque (1).

L'orateur insinue que cette intrigue n'est pas seulement l'œuvre de Chariade, mais qu'il y a derrière lui quelques-uns de ceux qui ont déjà fait tentative sur l'héritage.

« Qui ne coupa ses cheveux, quand les deux ta-
» lents s'étalèrent sur l'affiche ? qui ne prit des vête-
» ments de deuil ? Comme si, avec un air affligé, on
• se préparait des droits à l'héritage ? que de parents,
» que de fils adoptifs on donna à Nicostrate ? Démos-
» thène se donnait pour son neveu ; puis, convaincu de
» mensonge par mes clients, il se désista. Télèphe dé-
» clarait que Nicostrate lui avait légué tout son bien ;
» lui aussi, au bout de peu de temps, il se désista.
» Aminiade arrivait devant l'archonte, amenant un fils
» de Nicostrate : l'enfant n'avait pas trois ans, et il y
» en avait onze que Nicostrate n'avait paru à Athè-
» nes. Pyrrhus de Lamptra disait que Nicostrate avait
» consacré ses biens à Minerve, lui en léguant d'ail-

(1) On sait que le temps était mesuré aux orateurs par la clepsydre. Dans Démosthène (adv. Macart. § 8) L'orateur explique qu'il a perdu le premier procès parce que ses adversaires avaient combiné leur attaque de manière à avoir quatre fois plus d'eau que lui, et à ne pas lui laisser le temps d'exposer ses raisons.

» leurs une partie à lui-même. Ctésias de Bésa et
» Cranaos dirent d'abord que Nicostrate leur devait
» un talent pour un procès perdu contre eux ; puis,
» ne pouvant le prouver, ils s'avisèrent de dire que
» Nicostrate était leur affranchi, ce qu'ils ne purent
» pas prouver davantage. Voilà ceux qui, tout de suite
» et dès le début, sautèrent sur le bien de Nicostrate.
» Chariade à ce moment n'éleva aucune prétention ;
» c'est plus tard qu'il arriva, non pas tout seul, mais
» avec l'enfant de sa maîtresse, qu'il donnait comme
» fils de Nicostrate. De cette façon il espérait, ou avoir
» l'héritage, ou faire donner à l'enfant le titre de ci-
» toyen. Reconnaissant lui-même que sur cette
» prétendue parenté, il serait convaincu de mensonge,
» il arrêta l'action commencée au nom de l'enfant, et
» réclamant en son propre nom comme héritier insti-
» tué, il consigna contre mes clients. » (§ 7.)

Dans les procès civils, chaque partie déposait une
somme proportionnée à la somme en litige : le vaincu
perdait cette somme au profit du vainqueur (1). L'orateur regrette qu'il en soit ainsi quand il s'agit d'une
réclamation s'appuyant sur une donation testamen-
taire. Il faudrait que le réclamant perdît une somme
égale à l'héritage réclamé ; « alors on ne verrait
» pas les lois méprisées , les familles outragées,
» les morts victimes de mensonges. » C'est une rai-

---

(1) Cette somme était appelée παρακαταβολή, Dans les affaires d'héritage, elle était le dixième de l'héritage réclamé. Cette somme était
distincte de la πρυτανεία et de la παράστασις (Cf. Hér. de Pyrrhus, page
168, note 4.

son de plus pour les juges d'apporter toute leur attention aux procès de ce genre. Les procès en héritage
sont les seuls où il faille s'en rapporter aux arguments
plutôt qu'aux témoins ; le testateur n'est plus là ; les
témoins peuvent mentir sur le testament sans qu'on
puisse aisément les convaincre.

« De plus, juges, la plupart de ceux qui testent ne
font point part aux témoins présents de leurs dispositions testamentaires ; les témoins ne voient qu'une
chose, c'est qu'il y a un testament fait (1); or, il
arrive souvent que l'acte est changé, que des dispositions contraires à celles du testateur sont inventées
après coup. Il n'y a pas de raison pour que les témoins
sachent si l'acte pour lequel ils ont été appelés, est le
même que celui présenté dans le procès. Alors qu'il est
» facile de tromper même ceux que les deux parties
» reconnaissent avoir assisté à la composition de l'acte,
» comment n'essaierait-on pas de vous induire en
» erreur, (la chose est bien plus facile) vous qui ne
» savez rien de l'affaire ? » (§ 14)

Dans ces sortes de procès, il ne s'agit pas seulement de savoir s'il y a testament, mais si le testateur
était sain d'esprit ; il est donc très-difficile de savoir
si ceux qui invoquent un testament ont réellement des
droits. Au contraire, les héritiers naturels n'ont pas
besoin de témoins; et quel que soit l'état d'esprit du
mort, la loi leur attribue l'héritage : « En fait de testa-

(1) Sur cette ignorance des dispositions testamentaires où on laisse
les témoins, Cf. Démosth. in Steph. II § 28.

» ment, il faut que vous en croyiez les témoins,
» lesquels peuvent fort bien vous tromper ; (autre-
» ment, il n'y aurait pas de poursuite en faux témoi-
» gnage); avec les héritiers naturels, vous vous faites
» vous mêmes votre opinion ; car les lois sur lesquelles
» ils s'appuient, c'est vous-mêmes qui les avez
» établies. » (1)

Si encore les témoins de Chariade avaient été
intimement liés avec Nicostrate, on pourrait à la
rigueur les croire; mais ils n'ont été ni ses amis, ni
ses syssites (2); ils n'ont pas servi sous le même
taxiarque. — Nicostrate léguait tout son bien à
Chariade, et celui-ci n'a pas recueilli son corps, ne lui
a rendu aucun honneur funèbre ? — Et il ose dire qu'il
administrait les biens de Nicostrate? — Sur tous ces
points, l'orateur rappelle que ses clients ont fourni des
témoignages.

« On voit bien souvent des gens réclamer l'héri-
» tage d'hommes morts à l'étranger, et que parfois
« ils ne connaissaient même pas ; ils se disent que
» s'ils réussissent, ils bénéficieront du bien d'autrui ;
» s'ils échouent, le risque est petit. Ils trouvent des

(1) Nous avons vu déjà, dans le plaidoyer pour l'héritage de
Cléonyme, cette prévention contre le testament ; il semble que le
testateur ait voulu se soustraire à la loi. — Touchant cette habitude de
flatter les juges en leur rappelant qu'ils sont législateurs souverains,
Cf. Hérit. de Philoctémon, § 49. — Hérit. d'Astyphilos, § 34.
(2) Σύσσιτοι, Les soldats qui pourvoyaient eux-mêmes à leur nourriture, se réunissaient par groupes, pour faire leur cuisine en commun. A ce sujet, cf. le très-curieux discours de Démosthène contre
Conon.

» gens qni leur prêtent leur témoignage, et quant à
» les prendre en flagrant délit, ce n'est pas facile. »
(§ 22.) Quelle différence avec ceux qui réclament à
titre de parents ? Alors que le tribunal ne voit pas
clairement la vérité, alors que les témoins de Chariade
n'ont jamais été liés avec Nicostrate , quoi de plus
juste que de donner aux cousins le bien de leur cousin ? Car si Hagnon et Hagnothée étaient morts, c'est
Nicostrate qui eût hérité d'eux (1).

Ici se place un raisonnement qui mérite, à divers
égards, d'être remarqué : il touche au point capital, à
cette confusion entre les deux Nicostrate : « Mais, par
» Jupiter, Hagnon et Hagnothée ne sont pas parents
» de Nicostrate, à ce que disent les témoins des ad-
» versaires ; ils sont d'une autre famille. Ainsi, ils
» appuient de leur témoignage l'homme qui revendi-
» que l'héritage à titre d'héritier institué, et eux-
» mêmes ne le réclameront pas à titre d'héritiers na-
» turels ? On ne me fera pas croire qu'ils soient assez
» fous pour ajouter foi à ce testament et pour renoncer
» à une pareille fortune. Mais, à prendre leur propre
» déposition, c'est un avantage pour eux, puisqu'ils
» sont parents, que mes clients héritent de Nicostrate,
» plutôt que Chariade. Car, plus tard, si mes clients
» qui s'appuient sur leur droit d'héritiers naturels, ont
» l'héritage, les témoins pourront, eux aussi, quand
» ils le voudront, invoquer en justice le même droit,

(1) Sur ce lieu commun (réciprocité du droit d'héritage) cf. Héritage
de Cléon, page 145, note 1.

» et montrer qu'ils étaient plus proches parents de
» Nicostrate, et que celui-ci était fils de Smicros et
» non de Thrasymaque. Si au contraire, c'est Chariade
» qui hérite, il ne sera plus possible à aucun parent
» d'obtenir les biens de Nicostrate. » § 25.)

L'orateur rappelle que ses clients ont établi par
des dépositions qu'ils sont les cousins germains de
Nicostrate; qu'il n'a jamais eu d'inimitié contre eux ;
qu'ils lui ont rendu les honneurs funèbres (1); que
Chariade n'a été lié avec Nicostrate ni à Athènes, ni à
l'armée; que l'association, dont il fait son principal argument, n'a jamais existé.

L'orateur finit en montrant que ses clients sont
d'honnêtes citoyens, fils d'un père honorable, et que
l'adversaire est un coquin.

Thrasippe, leur père, a subi des liturgies et des
tributs (2). Eux-mêmes n'ont jamais quitté Athènes

---

(1) A Athènes, quand le corps y fut rapporté, ainsi qu'il est fait
pour Astyphilos (Hérit. d'Astyph. § 4). C'était d'ailleurs un point fort
important que de célébrer et de payer les funérailles d'un mort dont
on se proposait de revendiquer l'héritage. C'est un précédent favorable qu'on fait toujours valoir au tribunal, et si l'adversaire ne l'a pas
fait, on le lui reproche (Cf. le présent plaidoyer § 16). Voir surtout
dans le plaidoyer pour l'Hérit. de Ciron (§ 21 et seq.), le récit des
funérailles.

(2) Sur les liturgies ou prestations publiques. Cf. Bœckh. Economie
polit. des Athéniens III. 21. Sur les tributs εἰσφοραί ibid. IV. 2.
« Frequentissima belli tempore et maxime solennis supplendæ, deficiente
ærario, pecuniæ ratio hæc erat, ut tributum imperaretur, quæ εἰσφορά
dicebatur, pendebaturque ab omnibus, pro cujusque censu. » II. § 9
Il peut s'agir aussi de tributs volontaires ἐπιδόσεις (ibid.). Cf. Héritage
de Dicéogène. § 38.

13

que pour le service de la cité ; ils ont servi à l'armée ;
ils ont payé les tributs ; ils sont, tous le savent, de bons
citoyens. Si même ils réclamaient l'héritage en s'appuyant sur un testament, ils seraient plus dignes de
l'obtenir que Chariade. — Celui-ci a été jadis pris sur
le fait comme voleur ; il a été relâché avec d'autres
malfaiteurs par les Onze, par ceux-là mêmes que le
peuple a condamnés à mort (1). Il fut ensuite l'objet
d'une accusation au criminel devant le Sénat, n'atten-
dit pas le procès, et pendant sept ans, resta loin
d'Athènes, où il ne revint qu'après la mort de Nicostrate. Il n'a subi aucun service militaire, aucun tribut,
si ce n'est depuis qu'il réclame l'héritage de Nicostrate ;
il n'a jamais fait d'autre dépense pour la cité.

« Et avec un pareil passé, il ne lui suffit pas de
» n'être point puni de ses méfaits ! il ose encore ré-
» clamer le bien d'autrui ! Si ses adversaires étaient
» curieux de regarder dans les affaires des autres, et
» ressemblaient à certains citoyens, peut-être, au lieu
» de réclamer la fortune de Nicostrate, aurait-il à dé-
» fendre sa propre personne. Quant à Chariade, juges,
» le fasse condamner qui veut ; mais secourez mes
» clients. » (§ 30.)

(1) Il s'agit probablement des Onze, créatures des Trente tyrans,
qui furent seuls exclus de l'amnistie de Thrasybule, avec les Trente
et les Décemvirs du Pirée.

V.

PLAIDOYER POUR L'HÉRITAGE DE DICÉOGÈNE

Dicéogène, fils de Ménéxène était mort sans enfants, laissant quatre sœurs. Il appartenait à une grande famille alliée aux descendants d'Harmodius ; quand il fut tué à l'ennemi, il était triérarque de la galère paralienne. Son héritage paraît avoir été assez considérable ; le revenu, au dire de notre orateur était de quatre-vingts mines par an (1). Proxène, qui était père d'un autre Dicéogène, et qui avait épousé la sœur de Ménéxène, produisit alors un testament par lequel le mort adoptait le fils de Proxène, et lui laissait le tiers de l'héritage ; les deux autres tiers devant être partagés entre les sœurs et leurs enfants. On ajouta foi à ce testament, et pendant douze ans, les choses demeurèrent ainsi.

---

(1) Il est vrai que l'intérêt de l'argent paraît avoir été fort élevé à Athènes. Le moindre taux paraît avoir été de 10 o/o. Bœckh, Econom. polit. des Ath. 1. § 22.

A ce moment, Dicéogène produisit un testament nouveau, qui lui attribuait la totalité de l'héritage. Il gagna sa cause, chose étrange, et dépouilla sans pitié les sœurs du mort et leurs enfants. Un des neveux, Ménéxène, attaqua un peu plus tard un certain Lycon, qui avait prêté son témoignage dans l'affaire précédente et le fit condamner comme faux témoin. Dicéogène, sentant sa possession menacée, entra en arrangement avec Ménéxène, lui promit de lui rendre sa part, s'il renonçait à poursuivre ses attaques. Ménéxène, trahissant les intérêts de ses cousins, accepta; mais Dicéogène ne tint pas sa promesse, et Ménéxène trompé, revint vers ses cousins, leur proposant d'agir de concert.

Ceux-ci enfin attaquent l'oncle, lui réclamant non plus les deux tiers, mais la totalité de l'héritage. Il y avait alors dix ans que Dicéogène possédait l'héritage tout entier; il y en avait vingt-deux que le premier Dicéogène était mort. Dicéogène para l'attaque en opposant une diamarturia, s'appuyant sur le témoignage de Léocharès. — Les neveux accusent alors Léocharès de faux témoignage, et il allait être condamné, quand il obtint, à force de prières, que ses adversaires ne pousseraient pas leurs avantages jusqu'à le faire condamner à l'atimie. En retour, Dicéogène promettait aux neveux de leur rendre les deux tiers de l'héritage ἀναμφισβήτητα, c'est-à-dire que les neveux n'auraient rien à dépenser pour désintéresser ceux qui détenaient actuellement ces biens, soit les ayant achetés, soit les occupant à titre d'hypothèques: Léocharès se portait garant de l'exécution du contrat. — Or, Dicéogène se borna à rendre deux petites maisons situées hors de la ville et soixante plèthres de terre. Les neveux réclamant, Léocharès leur a déclaré que Dicéogène ayant rempli tous ses engagements, il se trouvait lui-même dégagé de toute caution. C'est sur ce dernier point que les neveux attaquent présentement, et bien que l'action soit dirigée contre Léocharès, c'est en réalité Dicéogène qui est en cause.

La question est donc de savoir si Dicéogène a promis de rendre les biens ἀναμφισβήτητα. Lorsque les deux parties avaient fait leur compromis devant le tribunal, il y avait eu des conventions écrites, par lesquelles Dicéogène s'engageait sous la caution de Léocharès, à rendre les deux tiers des biens, et des conventions verbales, faites en présence de témoins, par lesquelles Dicéogène s'engageait à désintéresser les détenteurs actuels des biens. Aujourd'hui, l'adversaire ne veut reconnaître que les conventions écrites et non les autres : j'ai rendu, dit-il, ce que j'avais promis de rendre ; pour le reste, j'ai fait des dépenses en appropriations, en constructions, en liturgies ; vous deviez me rembourser ces frais ; vous ne l'avez point fait. Le but de l'orateur est donc de prouver, par des témoignages, qu'il y a eu des conventions verbales, et de démontrer par l'argumentation que sans ces dernières conventions, les conventions écrites étaient dérisoires et n'avaient aucun sens.

Avant d'arriver à cette partie capitale du plaidoyer, l'orateur prévient les juges par un récit du passé de

Dicéogène. Ce récit a le double avantage d'exposer clairement une affaire assez embrouillée, et 'de donner plus d'autorité à la partie importante du plaidoyer. L'orateur a été amené au procès actuel par l'inexpérience qu'il a montrée dans le procès précédent ; son but est de conquérir la confiance du juge sur cette affirmation : « nous avons fait des conventions verbales ; » il est donc dans son rôle, en racontant combien de fois, lui et les siens, dans leur honnêteté maladroite, ont été dupés par l'impudente habileté de Dicéogène ; combien, d'ailleurs, ils ont été modérés dans leurs revendications les plus justes. En regard, il montre Dicéogène avide et insolent avec les siens, profitant des malheurs publics pour dépouiller sa famille ; il a menti même à la cité, même aux dieux ; le procès s'élargit ; le demandeur fait place au citoyen, entraînant dans son indignation les juges, citoyens comme lui, et comme lui, dupés par Dicéogène. La conception du plaidoyer est habile et simple : une argumentation serrée, préparée par un récit, et soutenue par une invective.

Au point de vue des mœurs judiciaires, ce plaidoyer est doublement intéressant : nous y voyons d'abord combien étaient capricieuses les décisions des tribunaux ; en second lieu, l'invective nous donne un frappant exemple de l'influence que pouvaient avoir, dans un débat judiciaire, les considérations tirées de la politique.

Exposition. — Etonnement de l'orateur en voyant contester des droits si évidents. Dicéogène s'est engagé à céder les deux tiers des biens provenant de l'héritage, et à désintéresser les détenteurs actuels de ces biens ; et Léocharès s'est porté garant.

Lecture de témoignage.

Peut-être Léocharès dira-t-il que Dicéogène a rempli la convention, et qu'il se trouve lui-même dégagé de toute responsabilité ? — L'orateur fait lire un inventaire des biens laissés par le fils de Ménéxène.— Si Léocharès dit que cet inventaire est faux, qu'il le prouve ; si, reconnaissant l'inventaire, il prétend que nous avons reçu notre part, qu'il produise des témoins, comme nous en produisons à l'appui de ces deux faits : 1º Dicéogène s'est engagé à nous livrer les deux tiers de l'héritage ; 2º Léocharès s'est porté caution.

Narration. —L'orateur raconte alors depuis, l'origine, les faits qui ont amené la convention sur laquelle porte le débat.

Mort de Dicéogène I ; le père de Dicéogène II produit le testament, instituant son fils héritier, avec le tiers des biens, les deux autres tiers étant attribués aux quatre sœurs du mort. Les choses demeurent ainsi douze ans. « C'était alors le temps des malheurs » de la cité, des discordes et de la guerre civile : Dicéogène, poussé par Mélas l'Egyptien, dont il fut du » reste l'instrument dans d'autres affaires, nous atta- » que, réclamant la totalité de l'héritage, et disant qu'il » a été adopté par notre oncle à titre de légataire uni- » versel. Nous pensions qu'il était fou d'intenter un » pareil procès ; nous ne nous serions jamais imaginé » que le même homme, ayant dit jadis qu'il était

» adopté avec le tiers de l'héritage, et disant aujour-
» d'hui qu'il l'avait été avec l'héritage tout entier,
» pourrait se faire croire de vous. Arrivés au tribunal,
» nous donnâmes des raisons bien plus nombreuses
» et bien plus convaincantes que les siennes ; nous
» perdîmes : non par la faute des juges, mais par celle
» de Mélas l'Egyptien et de ses amis qui, dans les
» malheurs publics, ne voyaient qu'une occasion pro-
» pice de prendre le bien d'autrui, et de se prêter
» mutuellement de faux témoignages (1) » (§ 7.)

Dicéogène dépouille alors sans pitié les sœurs et
les neveux de celui dont il détenait la fortune ; l'orateur insiste surtout sur la dureté du spoliateur à l'égard
de Céphisodote dont il était le tuteur.

« Mais voici le plus odieux ; profitant de l'enfance
» des orphelins, il acheta la maison de leur père, la dé-
» molit, et du terrain, il fit le jardin attenant à sa maison
» de ville : il percevait un revenu de quatre-vingts mi-
» nes des biens de Dicéogène notre oncle ; et le propre
» neveu du mort, Céphisodote, il le donna à son frère
» Harmodius, pour l'accompagner à la guerre de Co-
» rinthe, comme valet ; voilà son impudence et sa
» scélératesse. Et, après lui avoir fait tant de mal, il
» l'insulte ; il lui reproche de porter des chaussures et

---

(1) Quand un premier procès a été perdu, l'orateur prend la pré_
caution d'excuser les juges. Cf. Démost. contre Néère § 5 et contre
Macartatos § 10. C'est par une même habitude de déférence obsé-
quieuse que les orateurs, commençant un récit qui peut être long,
semblent s'excuser d'être à charge au tribunal, et disent que c'est
l'adversaire qui les contraint à faire ce récit. Cf. le présent plaidoyer § 5.

» un vêtement de pauvre, comme si Céphisodote lui
» causait un dommage en portant de telles chaussures ;
» comme si lui-même ne lui avait causé nul dommage,
» en lui prenant son bien, en le réduisant à la mi-
» sère (1). » (§ 11.)

L'orateur, reprenant la suite de la narration, raconte comment Ménéxène, l'un des neveux, attaqua et
fit condamner Lycon ; c'était un des faux témoins qui
avaient aidé Dicéogène à obtenir la totalité de l'héritage. — Dicéogène inquiet, promet de désintéresser
Ménéxène.

Audition de témoins.

Celui-ci se laisse gagner et trahit ses cousins.
Mais trompé par Dicéogène, il revient vers eux, et tous
ensemble se préparent à réclamer à l'oncle l'héritage
tout entier. « Deux testaments ont été produits, l'un
» autrefois, l'autre plus récemment ; aux termes du
» premier, produit par Proxène, père de Dicéogène,
» celui-ci était adopté par notre oncle avec le tiers de
» l'héritage ; aux termes du second, qu'a produit Di-
» céogène lui-même, il a été adopté avec le patrimoine
» tout entier. Or, pour le premier des deux testaments

---

(1) A quel moment Dicéogène avait-il reproché à Céphisodote son
costume misérable ? Sans doute, lorsque les deux parties avaient
comparu devant les magistrats chargés d'instruire le procès. — Ce
Céphisodote joue un certain rôle dans l'affaire ; nous voyons qu'il
était sur la tribune à côté de l'orateur (Κηφισόδοτος οὑτοσί). Faut-il
croire que ces pauvres plaidant contre ce riche avaient préparé une
mise en scène, comme Dicéopolis dans les Acharniens ? En tout cas, ce
passage est une précaution contre une attaque attendue des adversaires.

» (celui qu'a produit Proxène), Dicéogène a démontré
» au tribunal qu'il était faux ; et pour le second (celui
» qu'a produit Dicéogène), les témoins qui ont déclaré
» que notre oncle en était bien l'auteur, ont été con-
» damnés pour faux témoignage. Donc, puisque les
» deux testaments deviennent nuls, puisqu'il est avéré
» qu'il n'en existe pas d'autre, à titre d'héritier testa-
» mentaire, personne n'a de droit sur l'héritage ; c'est
» aux héritiers naturels qu'il revient, aux sœurs du
» Dicéogène décédé, c'est-à-dire à nos mères. » (§ 15.)

Dicéogène décline cette réclamation par une
diamarturia qu'appuie le témoignage de Léocharès.—
Celui-ci est alors attaqué par les neveux comme faux
témoin. Au moment où l'on renversa les urnes con-
tenant les votes (1), il fut facile de voir que Léocharès était condamné. Il supplia alors les juges et les
adversaires (2). Ceux-ci consentent à ce que l'archonte
ne fasse point compter les suffrages, et en retour de
cette condescendance, Dicéogène s'engage à rendre les

(1) A ce moment, les cailloux, noirs pour condamner, blancs pour
absoudre, n'étaient pas encore comptés ; c'est seulement après le
compte fait que la condamnation était prononcée.

(2) Dans certains procès, la peine était fixée par la loi, et l'affaire
était dite ἀγὼν ἀτίμητος ; dans d'autres, la peine était fixée par
l'accusateur ; le procès était dit τιμητός. L'accusateur, dans ce cas,
fixe la peine (τιμᾷ) ; l'accusé oppose une autre taxation (ἀντιτιμᾷ ; et
le tribunal décide en se joignant à l'un des deux. Le présent procès
était τιμητός. L'accusateur pouvait demander une amende telle que
l'accusé ne pût la payer et fût déclaré frappé d'atimie (§ 19 ἐγγενόμενον
ἡμῖν αὐτὸν ἀτιμῶσαι). Il pouvait aussi, comme nous le voyons, ne demander aucune peine, et se contenter des dommages-intérêts offerts
par l'adversaire.

deux tiers des biens ἀναμφισβήτητα il fournit deux garants Léocharès et Mnésiptolémos.

Audition de témoins confirmant les faits précédents.

Le récit qui précède donne une grande autorité à l'argumentation qui va suivre : l'orateur veut montrer que vainqueurs de leurs adversaires et les tenant à leur merci, ils n'ont pu accepter qu'un engagement sérieux, celui de restituer les biens en litige ἀναμφισβήτητα et non autrement; nous sommes ici au cœur du plaidoyer.

« Manifestement, ils mentent ; nous produisons
» devant vous les témoins qui étaient présents quand
» Dicéogène céda les deux tiers de l'héritage et s'en-
» gagea à les restituer aux sœurs de Dicéogène I, en
» remboursant les possesseurs actuels; quand Léo-
» charès garantit, à titre de répondant, que Dicéogène
» remplirait les engagements qu'il prenait. Nous nous
» adressons aussi à vous, juges; s'il en est parmi vous
» qui se soient trouvés présents alors, qu'ils veuillent
» bien recueillir leurs souvenirs, voir si nous disons la
» vérité, et nous prêter leur aide. En effet, juges, sup-
» posons que Dicéogène dise la vérité : qu'avons-nous
» gagné, nous, les vainqueurs ? et qu'a-t-il perdu, lui,
» le vaincu ? Car, s'il s'est borné comme il le dit, à
» céder les deux tiers de l'héritage, s'il ne reconnaît
» pas qu'il devait les restituer en remboursant les pos-
» sesseurs actuels, que perdait-il en cédant des biens
» dont il avait reçu la valeur ? même avant d'être vaincu
» dans ce procès, il n'avait plus en sa possession ces
» biens que nous réclamons ; ils étaient entre les mains
» de ceux qui les lui avaient achetés ou les avaient

» reçus en hypothèque ; son devoir était de les rem-
» bourser pour nous restituer notre part. C'est préci-
» sément pour cela que nous exigions de lui des ré-
» pondants, nous défiant de sa fidélité à remplir ses
» engagements. » (§ 20.)

Or, les neveux n'ont reçu que deux petites maisons hors de la ville et soixante plèthres de terre dans
la plaine (1). Et ils n'osent pas contraindre les possesseurs actuels des biens à vider les lieux. Dicéogène
lui-même les avait engagés à prendre possession d'un
établissement de bains, occupés par un certain Micion,
et quand Micion réclama en justice (2), Dicéogène, au
lieu de le désintéresser, comme il devait le faire, déclara que ses neveux avaient agi contre Micion sans
droit, et les fit condamner à quarante mines de dom-
mages et intérêts.

Audition de témoins confirmant les faits précédents.

« Voilà, juges, comment Dicéogène s'est conduit
» envers nous ; quant à Léocharès, qui s'est porté son
» garant, et qui est cause de tous nos mécomptes, il
» nie qu'il se soit porté garant des engagements dont
» nos témoins vous attestent la réalité. Pourquoi ?
» parce que dans l'acte dressé devant le tribunal, ces
» engagements ne sont point marqués. Mais considé-

---

(1) Une petite maison est estimée (Hérit. de Ménéclès) trois mines
(278 fr.) par Isée qui en rabaisse sans doute la valeur.

Le plèthre valait cinquante mètres carrés. Bœckh donne au plèthre
une valeur moyenne de cinquante drachmes (46 fr.)

(2) Les propriétaires, ainsi dépossédés, pouvaient répondre comme
dans le cas présent, en intentant l'action δίκη ἐξούλης.

» rez, juges, que nous étions alors sur la tribune,
» pressés par le temps ; quelques-unes de nos conven-
» tions furent consignées par écrit, et pour les autres,
» nous prîmes des témoins. » (§ 25).

Une preuve contre Léocharès ressort de sa conduite à l'égard de Protarchidès. Dicéogène avait marié sa nièce à Protarchidès avec une dot de quarante mines, représentée par une maison. La femme de Protarchidès avait droit à une part égale à celle de la mère de l'orateur. Léocharès, agissant comme répondant de Dicéogène, demanda à Protarchidès de lui remettre la maison ; Protarchidès devait recevoir de Léocharès la part d'héritage de sa femme ; Léocharès reçut la maison, et ne donna rien. (1)

Peut-être Dicéogène reproduira-t-il la réponse qu'il a déjà faite à nos réclamations (2). Nous avons, dit-il, promis de lui rembourser les dépenses faites pour l'appropriation de l'établissement de bains et

---

(1) Ce passage est obscur. Selon la conjecture de Schomann, cette femme était une sœur de Céphisodote, qui, dépouillée de l'héritage, et réduite à la misère, avait été mariée et dotée par Dicéogène, son tuteur. Plus tard, forcé de rendre l'héritage, celui-ci réclama au mari de la femme enrichie la dot donnée à la jeune fille pauvre. — Mais comment la part de cette femme, pouvait-elle être égale à celle de la mère de notre orateur ? Bunsen (de Jure hereditar. Ath. I. § 1). dit à propos de ce passage : Fratrum quidem liberos, quibus patris tantum nomine aliquid deberetur, in stipes hereditatem divisisse, feminis masculæ stirpis postpositis; sororum vero liberos, suo nomine ad successionem in avunculi bona vocatos, æquales et inter se et cum matre partes accepisse statuendum est.

(2) Lors du procès intenté par Micion.

pour les constructions ; comme nous ne l'avons pas
fait, il ne peut désintéresser ses créanciers, et nous
restituer ce qu'il nous doit. — Or, au moment où l'on
dressait l'acte, nous nous sommes engagés, sur l'avis
des juges, pour le rembourser des dépenses en
liturgies et en constructions, à lui laisser les revenus
perçus. Plus tard, nous lui avons abandonné volontairement, en sus de son tiers, la maison qui est dans la
ville et qu'il a vendue à Philoneicos cinq mille
drachmes — Opposition entre la conduite modérée des
neveux et la violence de Dicéogène.

Preuve nouvelle contre Léocharès : il est condamné
par la conscience même de ses amis. Avant d'entamer
le présent procès, Dicéogène et Léocharès proposèrent
de s'en rapporter à des arbitres privés ; les neveux
consentirent. Chaque partie choisit deux arbitres, et
jura de s'en rapporter à leur décision. Les arbitres
déclarèrent que s'ils pouvaient nous concilier sans prêter serment, ils le feraient ; sinon, ils rendraient leur
sentence sous la foi du serment. Après avoir pris connaissance des faits, les arbitres choisis par les neveux
se déclarèrent prêts à rendre leur sentence, avec ou
sans serment ; les arbitres choisis par Léocharès re-
fusèrent de rendre leur sentence ; or, l'un d'eux était
Diopeithès, parent de Léocharès, et ennemi personnel
de l'orateur ; l'autre était Démarate, frère de Mnésiptolémos, qui s'était porté garant de Dicéogène avec
Léocharès. Et cependant, les parties avaient juré de
s'en remettre à leur décision.

Audition de témoins affirmant les faits précédents.

Invective. — La réclamation des neveux ne met pas
en danger la fortune particulière de Léocharès ; Dicéogène est assez riche pour remplir ses engagements,
et il ne mérite la pitié, ni à titre d'homme pauvre, ni
à titre de citoyen utile à la cité. Depuis dix ans, il per-
çoit un revenu de quatre-vingts mines, et il dit qu'il
n'a pas d'argent, alors qu'il ne pourrait citer de grandes
dépenses faites par lui.

« Désigné dans sa tribu pour être chorège aux
» Dionysies, il n'obtint que la quatrième place (1) ; pour
» le chœur tragique et pour le chœur des pyrrhiquis-
» tes, il eut la dernière. Ce sont les seules liturgies que,
» forcé et contraint, il ait subies ; et, avec un tel re-
» venu, voilà comme il a rempli brillamment ses fonc-
» tions de chorège. De plus, alors que tant de citoyens
» ont été désignés pour être triérarque (2), lui ne l'a
» jamais été, ni seul, ni en s'associant à un autre ; et
» cela, quand l'Etat en avait si grand besoin ; d'autres
» sont triérarques qui ont un capital inférieur à son
» revenu. Et cependant, juges, ce n'est point son père
» qui lui a laissé cette fortune considérable, c'est vous
» qui la lui avez donnée, par vos suffrages. Aussi,
» ne fût-il pas citoyen, ce souvenir lui imposerait le
» devoir de rendre des services à la cité. Or, il y a eu

(1) Il y avait plusieurs espèces de chœurs, et cinq de chaque
espèce. (Cf. Bœckh, Econ. pol. des Ath. III. 22).

(2) Sur les Triérarchies, et sur le droit de s'associer à deux ou à
plusieurs pour supporter les frais, Cf. Bœckh, III. 12.

» bien des contributions auxquelles ont pris part tous
» les citoyens pour subvenir à la guerre et sauver la
» cité ; mais il n'en est pas une à laquelle ait pris part
» Dicéogène. Excepté lors de la prise de Léchée ;
» interpellé par un citoyen, il s'engagea devant l'assem-
» blée à donner trois cents drachmes, moins que
» Cléonyme le Crétois ; il s'engagea, oui ; mais il ne
» tint pas l'engagement ; et sur une liste d'infamie son
» nom fut affiché devant les statues des Eponymes,
» avec les noms de ceux qui, ayant volontairement
» promis à l'assemblée de donner de l'argent pour le
» salut de la cité, n'avaient pas tenu leur promesse.
» Faut-il s'étonner, juges, que n'ayant affaire qu'à un
» seul citoyen, il m'ait trompé, alors qu'il en a fait
» autant au peuple entier, réuni en assemblée
» publique? » (§ 36).

Audition de témoins affirmant les faits précédents.

Avec ses parents, Dicéogène ne s'est pas mieux
conduit ; il a dépouillé les uns, réduit les autres à la condition de valet (§ 39). « Tous ont vu sa mère dans le
» temple d'Ilithyie, l'accusant d'un crime dont j'ai honte
» de parler, mais qu'il n'a pas eu honte de commettre.
» Quant à ses amis, Mélas l'Egyptien, était lié avec lui
» depuis l'enfance ; dépouillé par Dicéogène d'une
» somme d'argent, il est son plus mortel ennemi : ses
» autres amis, ou bien ne sont pas rentrés dans l'ar-
» gent qu'ils lui avaient prêté, ou bien ont été trompés
» par lui, et n'ont pas reçu ce qu'il avait promis de
» leur donner, s'il parvenait à se faire adjuger l'héri-

» tage. Et cependant, ô juges, nos ancêtres, qui ont
» gagné cette fortune et qui nous l'ont laissée, ne se
» sont soustraits à aucune chorégie ; ils vous ont donné,
» en contributions pour la guerre de grandes sommes
» d'argent, et ils ont subi sans interruption des triérar-
» chies. Il y a des témoignages de ce qu'ils ont été,
» dans les temples, où du superflu de leur fortune, ils
» consacraient des offrandes, monuments de leur vertu;
» il y a dans le temple de Dionysos des trépieds qu'ils
» reçurent comme vainqueurs dans les chorégies ; il
» y en a dans le temple de Phœbus Pythien. Dans
» l'acropole aussi, ils ont consacré sous forme d'of-
» frandes une partie de leurs biens, et ils ont enrichi le
» lieu saint d'objets d'art en bronze et en pierre, fort
» nombreux, si l'on songe qu'ils étaient payés par la
» fortune d'un particulier. Eux-mêmes sont morts en
» combattant pour la patrie : Dicéogène , père de
» Ménéxène, mon grand-père, était stratége, quand il
» fut tué au combat d'Eleusis ; Ménéxène, son fils,
» était phylarque, quand il fut tué dans le pays
» d'Olynthe à Spartole ; Dicéogène, fils de Ménéxène,
» était triérarque de la galère Paralienne, quand il
» fut tué à Cnide. C'est le patrimoine de ce dernier
» que tu as reçu, ô Dicéogène, et que, sans conscience
» ni pudeur, tu as anéanti; tu l'as converti en
» argent, et tu te plains d'être pauvre; mais quelles
» dépenses as-tu faites? Pour la cité, comme pour
» tes amis, on sait bien que tu n'as jamais rien
» dépensé. Tu n'as pas non plus gaspillé de l'argent
» en chevaux : tu n'as jamais eu de cheval valant plus
» de trois mines ; ce n'est point en attelages que

14

» tu as fait des dépenses ; tu n'as jamais eu
» même un attelage de mules, alors que tu avais tant
» de terres et de biens ; tu n'as pas non plus payé
» la rançon d'aucun citoyen fait prisonnier. Que
» dis-je? il y avait des offrandes de la valeur de trois
» talents que Ménéxène faisait préparer, quand il
» mourut avant de les avoir consacrées ; tu ne les as
» pas données à la cité ; elles traînent encore dans
» l'atelier du sculpteur ; et tu croyais légitime de
» détenir des biens sur lesquels tu n'avais pas de droits,
» quand tu ne rendais pas aux dieux les statues qui
» leur appartenaient. Qu'invoqueras-tu donc pour que
» les juges te renvoient de la plainte, ô Dicéogène? (1)
» Diras-tu que tu as subi beaucoup de liturgies ? que
» tu as dépensé beaucoup d'argent pour que ceux-ci
» (l'orateur désigne les juges) eussent une plus belle
» cité? ou bien que, triérarque, tu as fait beaucoup de
» mal à l'ennemi? ou que, fournissant pour la guerre
» des contributions à la patrie appauvrie, tu as grande-
» ment mérité d'elle? Non, car tu n'as rien fait de tout
» cela. Diras-tu que tu es brave soldat? Tu n'as jamais
» servi, même dans cette guerre terrible où les
» Olynthiens et les habitants des îles meurent pour
» cette terre en combattant, tandis que toi, ô Dicéogène,
» toi, citoyen, tu n'es pas même soldat. Mais peut-être
» à cause de tes aïeux qui ont tué le tyran, tu trouve-
» ras légitime de l'emporter sur moi ? Certes, je les
» honore ; mais je dis que tu n'as rien de leur vertu.
» D'abord, tu as préféré à leur gloire, la possession

____

(1) Cf. un mouvement semblable. Lysias, contre Nicomaque. (§ 26).

» de notre héritage, et tu as mieux aimé être appelé
» fils de Dicéogène que fils d'Harmodius, dédaignant
» la nourriture au prytanée, te souciant peu des
» droits de préséance et des immunités accordées aux
» descendants de ces héros. D'ailleurs, Harmodius et
» Aristogiton ont été honorés, non pour leur naissance,
» mais pour leur courage, dont tu n'as point hérité,
» ô Dicéogène. »

VI.

PLAIDOYER POUR L'HÉRITAGE DE PHILOCTÉMON.

Le riche Euctémon est mort à quatre-vingt-seize ans. Depuis longtemps, il avait abandonné ses enfants et sa femme, avec laquelle il avait divorcé, pour aller vivre avec une femme perdue nommée Alké. Certains parents brouillés avec le reste de la famille s'étaient joints à cette femme pour s'emparer de l'esprit du vieillard et attirer à eux la plus grande partie de la fortune. Euctémon avait eu trois fils : Hégémon, Ergaménès, Philoctémon, tous trois morts avant lui ; et deux filles : l'une mariée à Phanostrate avait deux fils, dont l'un se nommait Chérestrate ; l'autre, mariée à Chéréas, était veuve à la mort de son père.

Quand Euctémon mourut, ce jeune Chérestrate se présenta comme fils institué par Philoctémon, réclamant l'héritage et invoquant le droit transmis par son père adoptif ; bien que la succession soit ouverte par la mort d'Euctémon, c'est l'héritage de Philoctémon qu'il réclame

marquant ainsi son droit par le nom même sous lequel
il place sa revendication. Mais les parents dont nous
avons parlé plus haut poursuivent leurs tentatives.
L'un d'eux, Androclès, fort proche parent sans doute,
entame une première action, disant : que Philoctémon
n'a pas testé; qu'Euctémon, n'ayant pas d'héritiers mâles , l'héritage doit être partagé entre les filles et
leurs enfants ; et à titre de plus proche parent, il réclame comme *épiclère* la veuve de Chéréas avec la
part d'héritage qui lui revient. Dans la position qu'il
prenait ainsi au débat, il devait intenter une action
directe (εὐθυδικία) à Chérestrate et prouver contre lui
que Philoctémon n'avait pas testé ou n'avait pas droit
de le faire. — Mais bientôt, il abandonne ce premier
moyen ; il déclare qu'Euctémon a laissé des fils légitimes, à qui, Philoctémon n'ayant point testé, revient l'héritage tout entier. Il oppose à Chérestrate une diamarturia, espérant du même coup se faire constituer tuteur
de ces enfants, administrateur des biens; et, quoique
dans cette situation nouvelle, la femme de Chéréas ne
soit plus épiclère, il pourra néanmoins disposer d'elle
et de sa dot. Cette tactique nouvelle présentait deux
avantages : 1º il enlevait d'un coup la fortune tout entière ; 2º si les enfants n'étaient pas admis comme fils
légitimes d'Euctémon, il pouvait reprendre sa première
action, et revendiquer pour lui la fille épiclère. C'est
ce qui explique pourquoi notre orateur fait ressortir
l'audace et l'habileté malhonnête avec laquelle Androclès a mené l'affaire. Le même héritage est donc appelé
par Chérestrate, héritage de Philoctémon, et par Androclès, héritage d'Euctémon.

Chérestrate répond à la diamarturia d'Androclès
par un procès en faux témoignage. L'effort du plaidoyer
doit donc porter sur ce point : les enfants présentés ne
sont ni fils légitimes, ni même fils d'Euctémon ; ce
sont les enfants d'Alké. Récit des manœuvres d'Androclès, antérieures à la mort d'Euctémon ; l'action
présente n'est que la dernière d'une série d'intrigues
ourdies depuis longtemps. Après ce récit assez long,
l'argumentation presse l'adversaire sur les points
faibles, mettant en lumière son audace et celle de
ses complices, et les contradictions flagrantes entre
leurs diverses tentatives. Ces deux parties étaient
indiquées par la position même du débat. Mais
comme les adversaires niaient le testament de Philoctémon, il importait à l'orateur de ne point paraître
opposer fausseté contre fausseté, et de prendre, dès
l'abord, le rôle d'un honnête homme se défendant
contre un coquin. C'est pourquoi l'orateur commence
par prouver que Philoctémon a testé dans les conditions exigées par la loi, s'établissant ainsi dans une
situation d'où il réfute avec plus d'autorité les mensonges d'Androclès.

Une question se pose : Philoctémon avait-il le
droit de tester du vivant de son père et d'attribuer
ainsi à un fils adoptif les biens d'Euctémon encore vivant ? Les adversaires le nient, et l'orateur lui-même
semble admettre (§ 56) que la question soit douteuse.
Si nous insistons sur ce point, c'est que l'orateur néglige de munir ce point faible. Peut-être la discussion
d'un point de droit était-elle moins efficace sur l'esprit
des juges, qu'une attaque vivement conduite contre les
fraudes des adversaires : ce tribunal fait bon marché

du texte de la loi, si l'orateur peut le convaincre qu'il est honnête et que l'adversaire est un coquin.

Ce discours est une συνηγορία : Chérestrate, fort jeune, dut se borner à s'excuser sur son âge, et à prier les juges d'agréer son défenseur, vieil ami de la famille ; pour lui d'ailleurs, comme pour son père Phanostrate, il était difficile de parler à l'aise des erreurs du vieil Euctémon ; l'orateur lui-même n'en parle qu'avec précaution : « Peut-être est-il pénible pour » Phanostrate, juges, de voir mettre au grand jour les » malheurs d'Euctémon ; mais il faut bien en dire » quelques mots, pour que vous connaissiez la vé- » rité. » (§ 17) Le ton rappelle celui du plaidoyer pour l'héritage de Pyrrhus ; c'est sur un ton acerbe et dédaigneux qu'on raconte les intrigues d'Androclès ; mais point d'accents pathétiques comme on pourrait s'y attendre de la part de gens qui se voient à la veille d'être ainsi traités par de pareils misérables. Rien ne rappelle la péroraison du fils de Ménéclès, ni l'invective du neveu de Dicéogène : l'idée religieuse, comme la passion politique, est absente, et le débat reste calme. Dans le discours précédent, nous voyons un demandeur pauvre attaquant un riche défendeur ; c'est le contraire ici : Androclès se prépare à apitoyer les juges sur la pauvreté des orphelins ; l'orateur parlant pour des clients fort riches, rappelle avec soin le noble emploi qu'ils ont fait de leur fortune ; l'héritage qu'il réclame ne sera qu'un dépôt entre les mains de Chérestrate qui le dépensera au service du peuple.

L'orateur se présente. La plupart des juges connaissent l'amitié qui l'unit à Phanostrate et à son fils ; quand ce dernier partit comme triérarque pour la Sicile, l'orateur, qui avait déjà navigué, l'accompagna, fut fait prisonnier avec lui ; il serait étrange aujourd'hui qu'il ne cherchât pas à défendre les droits de cette famille.

Philoctémon avait adopté Chérestrate : mais quand ce dernier réclama l'héritage (1) alors que tout citoyen avait le droit de contester le testament par une action directe, Androclès déclara que l'héritage ne pouvait être réclamé en justice, et opposa une diamarturia, « enlevant à Chérestrate tout droit de contestation, et » à vous, le pouvoir de décider souverainement à qui › doit appartenir l'héritage de Philoctémon; par un » seul vote et par un seul procès, il compte donner » pour frères à Philoctémon des gens qui ne lui sont › rien, posséder lui-même l'héritage sans conteste, › disposer en maître de la sœur du mort, et faire » annuler le testament. › (§ 4).

L'orateur établit que Philoctémon a adopté Chérestrate. — Philoctémon n'avait pas d'enfant; comme il allait souvent à la guerre, il voulut adopter un fils. Or, ses deux frères étaient morts sans enfants; sa sœur, mariée à Chéréas, n'avait pas de fils ; sa sœur, mariée à Phanostrate, en avait deux ; il adopta l'aîné ; le testament fut déposé entre les mains de son beau-frère Chéréas.

---

(1) Les fils adoptés se faisaient ordinairement adjuger en justice l'héritage ; Chérestrate a fait cette démarche seulement à la mort d'Euctémon ; il peut sembler étrange qu'il ne l'ait pas faite à la mort de Philoctémon : s'il n'y avait pas alors de biens à recevoir, il pouvait faire constater son droit à un héritage à venir.

Lecture du testament. — Dépositions des témoins qui ont assisté à la composition du testament.

L'orateur ayant ainsi montré que la pensée d'adopter un fils devait venir naturellement au testateur , et que le choix de ce fils était indiqué par les circonstances, établit que Philoctémon avait le droit d'adopter.

Lecture de la loi sur l'adoption.

Tout homme peut adopter un fils, s'il n'a pas de fils légitime, et s'il n'a pas l'esprit égaré : or, oserait-on dire que Philoctémon, mort en combattant pour la cité, n'était pas sain d'esprit ?

L'orateur réfute le mensonge d'Androclès disant qu'il y a des fils légitimes d'Euctémon. Ceci est la partie capitale du plaidoyer.

Euctémon a eu de sa femme légitime, fille de Mixiade de Céphisie, trois fils et deux filles; c'est ce que savent tous les parents, et les phratores, et les gens du dême; quant à une autre femme qu'il aurait épousée, et dont il aurait eu des enfants, personne n'en a entendu parler du vivant d'Euctémon.

Audition de témoins. — Lecture de témoignages.

Lors de l'enquête devant l'archonte (1), on demande à Androclès quelle est la mère des enfants et sa famille ; embarras des adversaires ; l'archonte leur ordonne de répondre ; ils disent qu'elle est de Lem-

(1) Les débats étaient précédés d'une enquête (ἀνάκρισις). Le magistrat, qui l'avait présidée, convoquait les juges, et avait la présidence du tribunal. (Perrot. Droit. public des Ath. III. § 10).

nos (1) ; c'était un moyen de gagner du temps : « et
» à la séance suivante, quand nous arrivons devant le
» magistrat chargé de l'instruction, avant même que
» personne ne leur demande rien, tout de suite, ils di-
» sent : sa mère s'appelle Callippe, et elle est fille de
» Pistoxène ; comme s'il suffisait de fournir un nom,
» Pistoxène ! Nous leur demandons quel était cet
» homme ; était-il encore vivant ? Il était mort en
» Sicile, disent-ils, à l'armée ; il avait laissé cette fille
» chez Euctémon, dont elle était la pupille, quand elle
» lui donna ces enfants. » Mensonge impudent ;
1º cinquante-deux ans se sont écoulés depuis l'expédition de Sicile ; l'aîné des enfants a vingt ans ; or, à
trente-deux ans, Callippe ne devait plus être en tu-
tulle, mais mariée depuis longtemps ; 2º les amis et
les serviteurs d'Euctémon ont dû connaître Callippe :
on a demandé des témoignages d'amis, on a offert aux
adversaires des esclaves ; on leur a demandé les leurs
pour les mettre à la torture : ils ont refusé.

*Lecture de leur refus, de la demande qui leur a été
faite. — Dépositions des amis.*

D'où viennent donc ces enfants ? l'orateur fait pré-
céder ce récit d'un exorde plein de ménagements
pour la mémoire d'Euctémon ; ses fautes, qu'on
appelle un malheur, sont rejetées sur la vieillesse.

« Il avait une affranchie, juges, qui tenait pour

(1) Il y avait à Lemnos des colons athéniens ayant conservé droit de
cité : si les enfants étaient présentés comme fils d'une étrangère, ils
seraient, par le fait même, rejetés.

» lui une grande maison (1) au Pirée, et nourrissait
» des courtisanes ; elle en acheta une, qui s'appelait
» Alké, et que beaucoup d'entre vous connaissent sans
» doute ; cette Alké, achetée comme esclave, occupa
» une cellule pendant plusieurs années ; puis, n'étant
» plus assez jeune, elle quitta sa cellule, et vécut dans
» la maison. C'est alors qu'elle connut un affranchi
» nommé Dion, qu'elle disait être le père de ses
» enfants ; et Dion, en effet, les élevait comme ses fils.
» Plus tard, ce Dion, ayant fait un mauvais coup, crut
» prudent de se sauver à Sicyone ; quant à la femme,
» elle est établie par Euctémon, pour gérer sa maison
» du Céramique, près de la petite porte, où il y a un
» débit de vin. Son installation dans cette maison fut
» l'origine de bien des malheurs, juges. En effet,
» Euctémon y allait souvent pour percevoir ses loyers ;
» et il passait une grande partie de son temps dans la
» maison ; parfois même, il mangeait avec cette
» fille, laissant sa femme, ses enfants, son intérieur.
» Malgré le chagrin de sa femme et de ses fils, loin de
» renoncer à cette habitude, il finit par habiter là tout-
» à-fait. » (§ 19).

Bientôt Euctémon veut faire inscrire à la phratrie
l'aîné des fils d'Alké comme son propre fils. Opposition de Philoctémon ; refus des phratores ; colère
d'Euctémon, qui se dispose à épouser la sœur de
Démarate, dans l'intention de présenter comme siens,
des enfants soi-disant nés de cette femme, et qui

---

(1) Je traduis ainsi συνοικία, que nous retrouvons plus bas et qui
désigne une maison occupée par plusieurs locataires.

diminueraient la part d'héritage de Philoctémon. De deux maux, il faut choisir le moindre : la famille conseille à Philoctémon de consentir à ce que son père fasse inscrire l'enfant à la phratrie et lui donne un petit bien. Philoctémon cède ; Euctémon renonce au mariage : (1) « Quel besoin en effet, avait-il de se
» marier, Androclès, si ces enfants étaient nés de lui
» et d'une citoyenne, ainsi que tu en as déposé ? S'ils
» étaient légitimes, qui donc avait le pouvoir de les
» empêcher d'être reconnus ? Et pourquoi Euctémon
» stipulait-il pour l'enfant une part d'héritage en le
» reconnaissant, quand la loi veut que tous les fils
» légitimes héritent du père à part égale ? Et pourquoi
» était-ce l'aîné des enfants qu'il reconnaissait, tandis
» que du plus jeune, qui était déjà né, il ne parlait
» même pas du vivant de Philoctémon ? » (§ 25).

Lecture de témoignages.

Philoctémon meurt. Euctémon vient trouver ses gendres, leur dit qu'il veut consigner dans un acte les conventions faites entre son fils et lui. Un testament est dressé : nouvelle preuve contre les enfants ; des fils nés du sang n'ont pas besoin de testament ; la loi suffit pour assurer leur droit.

---

(1) Ce passage montre que la légitimation des enfants naturels était permise ; mais le consentement des intéressés était nécessaire. Il fallait toujours que le père et la mère fussent Athéniens. Euctémon, dans le cas présent, a dû dissimuler la condition de la mère, car Alké l'affranchie n'était pas citoyenne.

Deux ans plus tard, Chéréas meurt : c'est vers ce temps que les adversaires s'insinuent chez Alké : le vide se faisait dans la famille d'Euctémon ; lui-même était plus dominé que jamais ; l'occasion parut propice.

« Ils conseillent d'abord à Euctémon d'anéantir
» le testament,lui montrant qu'il est inutile aux enfants ;
» les immeubles ne pouvaient revenir à sa mort qu'à
» ses filles et à leurs enfants ; mais si par des ventes,
» il convertissait son avoir en argent, les enfants
» d'Alké l'auraient sûrement. » (§ 30). Euctémon réclame le testament au dépositaire, le cite devant l'archonte, prend des témoins, s'empresse de faire constater que le testament est annulé. (1) Aussitôt les ventes commencent. L'orateur donne la liste des biens vendus et leur prix : terres, maison, bétail, esclaves ; en peu de temps, il y en eut pour plus de trois talents.

Audition de témoins.

Euctémon ne pouvait plus quitter le lit ; les adversaires imaginent un moyen de s'approprier le reste de sa fortune. Ils font inscrire par devant l'archonte les deux enfants comme fils adoptés de Philoctémon et d'Ergaménès, se font inscrire eux-mêmes comme tuteurs, demandent que les biens soient amodiés , et se présentent comme fermiers, afin de percevoir les re-

(1) Le testament contenait les conventions entre Philoctémon et son père ; le fils en retour des concessions qu'il faisait, avait probablement stipulé que le père ne vendrait aucun immeuble.

venus (1). Déjà le tribunal se remplissait, la chose
allait se faire, quand des amis viennent dire à la famille ce qui se passe : on accourt, on détrompe les
juges, qui repoussent la demande d'Androclès. « Si
» la chose passait inaperçue, c'en était fait de toute la
» fortune. »

Audition de témoins.

Avant l'entente d'Alké et d'Androclès, Euctémon
possédait en commun avec son fils une grande fortune, et subissait des liturgies considérables. Depuis
la mort de Philoctémon la fortune a diminué de moitié ; les revenus perçus ont disparu. Cela ne suffit pas
aux adversaires : « Euctémon meurt ; voyez leur im-
» pudence ; le cadavre étant encore dans la maison, ils
» surveillent les esclaves, empêchant qu'aucun d'eux
» n'aille avertir les deux filles, la femme, des parents ;
» quant aux richesses, ils les transportent de la maison,
» avec l'aide de cette femme, dans un logis mitoyen,
» qu'avait loué et qu'habitait un des adversaires, Anti-
» dore. Averties par des étrangers, les filles et la femme
» arrivent ; on ne les laisse même pas entrer ; on leur
» ferme la porte ; on leur dit qu'il ne leur appartient
» pas d'ensevelir Euctémon. Et elles ne purent entrer
» qu'à grand'peine, et au coucher du soleil. Elles en-
» trent ; elles trouvent le corps d'Euctémon abandonné
» depuis deux jours, à ce que dirent les esclaves ; tout

(1) Sur les biens des orphelins amodiés par l'archonte Eponyme,
cf. Hérit. de Ménéclès, page. 151. Des cippes étaient placés sur les
propriétés amodiées, portant le nom du créancier et la somme due.

» ce qu'il y avait dans la maison avait été emporté par
» les adversaires. Les femmes, naturellement, s'em-
» pressent autour du mort ; mes clients montrent sur
» le champ à ceux qui les avaient accompagnés, l'état
» de la maison ; ils interrogent les esclaves en présence
» de ces témoins, leur demandant ce que sont deve-
» nus les meubles ; les esclaves répondent qu'on a tout
» emporté dans la maison voisine. » (§ 39.)

En vain, ils invoquent le droit de perquisition, et
demandent des esclaves pour les faire mettre à la question ; les adversaires refusent (1).

*Lecture de témoignages. — Liste des objets volés. — De-
mandes concernant la perquisition et les esclaves.*

La narration finie, l'orateur relève les contradictions qui éclatent de toutes parts dans la conduite des
adversaires.

Ils ont présenté ces enfants comme fils du sang
d'Euctémon ; or, ces mêmes enfants ont déjà été présentés par eux comme fils adoptifs de Philoctémon et
d'Ergaménès. Fussent-ils les fils d'Euctémon, ils ne
pourraient plus aujourd'hui arguer de cette qualité, la
loi défendant aux adoptés de revenir dans la famille
naturelle, à moins de laisser un fils dans la famille
adoptive.

Un tribunal a déjà refusé d'amodier les biens

---

(1) On pouvait aller chercher un objet volé dans la maison où on
le croyait caché ; le volé devait entrer en simple tunique, pour qu'on
ne pût le soupçonner d'apporter lui-même l'objet qu'il prétendait volé.
Mais il fallait une demande en forme, que l'adversaire pouvait rejeter.

d'Euctémon au bénéfice de ces enfants ; on ose aujour-d'hui opposer pour eux une diamarturia, et les pré-senter comme héritiers.

Dans une première action, abandonnée plus tard, Androclès a réclamé pour lui la fille d'Euctémon, comme épiclère, et le cinquième de l'héritage. Or, il dit maintenant qu'il y a un fils né d'Euctémon ; contradic-tion flagrante : s'il y a un fils d'Euctémon, sa sœur n'est pas épiclère, et l'héritage n'est pas demandable en justice (ἐπίδικος) (1).

Lecture de témoignages.

Les enfants sont des bâtards. Citation de la loi qui interdit aux bâtards l'accès aux sacrifices privés, et à l'héritage paternel.

Audace d'Alké. *Lecture de la loi concernant les Thesmophories.* (2) Or, Alké pour avoir osé entrer

---

(1) Ce passage a divisé les commentateurs. Le fils seul héritait et dotait ses sœurs ; une fille est épiclère dans le cas seulement où le père ne laisse pas de fils. — Quant au cinquième de l'héritage réclamé par Androclès, nous voyons dans Bunsen (I. 1) qu'en l'absence de fils, les filles héritaient à part égale avec leurs enfants. (L'épiclère, en effet, pouvait être réclamée par le plus proche parent et enlevée à son mari ; il eût été injuste que par la dissolution de ce premier ma-riage, les enfants qui en étaient nés, n'eussent aucune part des biens de leur aïeul.) Or, Euctémon avait deux filles, l'une mariée à Phanos-trate avait deux fils (§ 6). L'autre, mariée à Chéréas, réclamée par Androclès, avait sans doute une fille. (Elle n'avait pas de fils, dit Isée). Il y avait donc cinq têtes d'héritiers, et l'épiclère apportait avec elle le cinquième de l'héritage.

(2) Les femmes de condition libre étaient seules admises au culte de Cérès. (Cf. Hérit. de Pyrrhus § 79. Hérit. de Ciron § 9). Après chaque fête le Sénat s'assemblait pour juger des délits commis pendant la célébration. (Cf. Schomann. De comitiis Athen. II. § 5).

dans le temple, assister aux cérémonies dont l'excluaient sa condition servile et le déshonneur de sa vie, a été condamnée par le Sénat.

Lecture du décret de condamnation.

Qui donc ira accomplir les cérémonies funèbres au tombeau de la famille ? Le fils d'Alké ou le neveu de Philoctémon ? qui sera le maître de disposer de la veuve de Chéréas, Androclès où le tribunal ? Car voilà les dangers que cour!, dans le débat présent, la famille de Philoctémon. Au contraire, si les adversaires perdent, ils pourront, par une seconde action judiciaire, revendiquer les mêmes avantages. (1)

Retour sur le testament de Philoctémon. — Si Philoctémon n'avait pas le droit de tester, il fallait le marquer dans la diamarturia; si les adversaires disent, qu'ayant droit de tester, il ne l'a pas fait, il fallait non pas procéder par diamarturia, mais plaider directement et à fond sur ce point. Comment d'ailleurs Androclès sait-il que Philoctémon n'a point testé? Peut-il se vanter de connaître tous les actes de Philoctémon, alors qu'une inimitié profonde les séparait? Les adversaires se font une arme contre Chérestrate du nom de son propre grand-père, disant que c'est Euctémon, de qui l'héritage est en litige. Or, quand même Philoctémon n'aurait pas eu le droit de tester, quand ce serait de l'héritage d'Euctémon qu'il s'agi-

(1) Si Androclès est vaincu dans le débat présent, si l'héritage est reconnu ἐπίδικος, il pourra reprendre ses premières prétentions, nier le testament et réclamer la fille épiclère avec le cinquième des biens.

rait , qui donc à plus de droit à cet héritage , les filles, le petit-fils d'Euctémon, ou ces enfants étrangers ?

Reprenant un argument déjà fourni , l'orateur montre qu'Androclès se contredit manifestement en ceci : d'une part, il se présente comme tuteur des fils légitimes d'Euctémon ; de l'autre, il a réclamé comme épiclère la fille d'Euctémon, avec une part de l'héritage. Or, si ces fils sont légitimes, pourquoi réclame-t-il une fille épiclère ? s'ils ne sont pas légitimes, pourquoi les présente-t-il comme tels ? « Ce n'est pas nous qui le convainquons de mensonge, ce sont ses propres actes. »

Androclès croit qu'il suffit d'affirmer que les enfants sont légitimes, et de nous dire des injures sans rien prouver, et de s'écrier avec des accents pathétiques qu'ils sont pauvres et que nous sommes riches. — Noble emploi que Phanostrate fait de sa fortune ; sept triérarchies, nombreuses chorégies où souvent il a été vainqueur. Chérestrate , si jeune, a déjà été triérarque, chorége, gymnasiarque : « Si donc quelqu'un mérite
» la haine, ce n'est pas eux ; ce serait bien plutôt, j'en
» atteste Jupiter et Apollon, nos adversaires, s'ils s'em-
» paraient d'un bien sur lequel ils n'ont aucun droit.
» Car si l'héritage de Philoctémon est adjugé à Ché-
» restrate, ce bien sera pour vous ; lui, n'en sera que
» l'intendant, subissant toutes les liturgies ordonnées,
» comme il le fait maintenant, et plus libéralement en-
» core ; si l'héritage va aux adversaires, ils le gaspil-
» leront et ourdiront ensuite contre d'autres de nou-
» velles intrigues. » (§ 61.)

L'orateur conclut en rappelant que les deux affirmations d'Androclès sont mises à néant : « Voyez bien
» la diamarturia sur laquelle vous allez voter ; c'est
» là-dessus que nous l'attaquons ; c'est là-dessus que
» vous devez le forcer à se défendre. » (§ 62). Androclès dit : Philoctémon n'a pas testé ; le contraire est
prouvé ; il dit : Philoctémon est mort sans enfants ; or,
Philoctémon a adopté son neveu. Il dit que ces enfants
sont fils légitimes ; mais il ne suffit pas de citer le nom
de la mère ; où sont les témoignages des parents, des
gens du dême, des phratores ? « Quelles cérémonies
» Euctémon a-t-il faites pour le mariage ? où cette
» femme est-elle ensevelie ? quel culte funèbre lui a
» rendu Euctémon ? où les enfants vont-ils accomplir
» pour leur mère les cérémonies usitées ? où sont les
» citoyens, où sont les esclaves d'Euctémon qui en sa-
» vent quelque chose ? Ce sont là des raisons, et non
» des injures ; et si vous forcez Androclès à prouver
» précisément les affirmations qu'il a produites dans sa
» diamarturia, votre vote sera juste, votre décision
» conforme aux lois, et nos adversaires auront ce qu'ils
» méritent. » (§ 65.)

VIII.

PLAIDOYER POUR L'HÉRITAGE D'APOLLODORE.

Cette affaire est simple. Thrasylle défend contre des parents avides son titre de fils adoptif d'Apollodore. Il montre : 1º que le mort avait contre sa famille des motifs légitimes d'inimitié ; 2º qu'il était poussé à adopter Thrasylle par le souvenir de bienfaits reçus, par une tendre amitié, par les qualités mêmes du jeune homme ; 3º que l'adoption a été faite par Apollodore vivant et dans les formes légales ; 4º que Thrasylle s'est toujours montré, comme son père, bon citoyen.

Nous aurons l'occasion de voir, dans ce plaidoyer, quelles étaient les formalités nécessaires pour la validité de l'adoption.

Thrasylle n'est point un adolescent, comme le neveu de Cléonyme, ni un homme du commun, comme le fils de Ménéclès, ni, comme le neveu de Dicéogène, un citoyen obscur et pauvre, dépouillé par un riche influent ; il est dans la force de l'âge, et sa situation est considérable ; il compte parmi les citoyens les plus imposés ; il a été archonte thesmothète, théore public aux jeux Pythiques. Il expose ses raisons sur un ton

calme et digne qui en double l'autorité, et que lui conseillent sans doute son passé politique et ses espéran-
ces. Point de ces argumentations irritées , de ces
interrogations agressives que l'on remarque ailleurs.
L'ancien thesmothète ne se commet pas ; appuyé sur
un droit évident, il combat avec réserve, ne perdant
aucune occasion de marquer sa déférence au peuple,
et de montrer, réunies en sa personne, les qualités qui
font le bon citoyen.

Etonnement de l'orateur; qu'on attaque une
adoption consignée par un mourant dans un testament,
il n'y a pas lieu d'en être surpris ; on peut dire que le
testament est supposé. Mais l'adoption qu'on attaque
a été faite par un homme sain de corps et d'esprit, qui,
vivant, a rempli toutes les formalités. — Si la diamarturia était un mode de procédure vu de meilleur œil
que l'action directe, il l'aurait employée; il aurait produit des témoins déclarant qu'il n'y a pas lieu d'adjuger l'héritage puisqu'Apollodore a un fils. » (1) « Mais
» comme la vérité peut tout aussi bien être montrée
» par la procédure que j'emploie, je viens devant vous
» aussi (et non pas seulement devant l'archonte) expo-

(1) Si Thrasylle avait procédé par diamarturia, il lui aurait suffi de
produire ce moyen déclinatoire devant l'archonte chargé de l'enquête.
Les juges Athéniens, fort jaloux de leur souveraineté, voyaient de
mauvais œil, qu'au lieu de venir recevoir l'héritage de leurs mains, on
se dérobât à leur juridiction. Thrasylle se fait honneur d'être venu directement devant les juges. Dans le plaidoyer précédent, l'orateur
indispose le tribunal contre Androclès, en rappelant avec insistance
qu'il a voulu fuir le débat public, et qu'il a opposé une diamarturia
pour tàcher de couper court à toute action judiciaire.

» ser l'affaire, afin qu'on ne puisse pas me faire le
» reproche d'avoir voulu me soustraire à votre juge-
» ment. » (§ 3.)

Exposition. — Eupolis, Thrasylle et Mnéson
étaient trois frères à qui leur père laissa une fortune
considérable. Mnéson meurt sans enfants ; Thrasylle
meurt, triérarque en Sicile, laissant un fils, Apollodore.
Eupolis prend d'abord la moitié de l'héritage de Mnéson, qui revenait à Apollodore, prétendant que son frère
la lui avait léguée ; et, comme tuteur, il administra les
biens de l'enfant de telle sorte, qu'il dut plus tard, à
la suite d'un procès, lui restituer trois talents. Cependant la veuve de Thrasylle s'était remariée avec Archè-
damos, grand-père de notre orateur, qui s'attacha à
l'enfant, l'éleva, l'aida à sa majorité dans deux procès
qui forcèrent Eupolis à restituer à son pupille la moitié
de l'héritage de Mnéson et les biens détournés dans la
tutelle. Il y avait donc inimitié entre Eupolis et Apollodore, qui, au contraire aima tendrement Archédamos.
Celui-ci ayant été fait prisonnier, Apollodore contribua
à payer sa rançon ; Archédamos étant tombé dans la
misère, Apollodore lui donna une part de ses biens.
Sur le point de partir pour la guerre de Corinthe, il
adopta, en cas de mort, la fille d'Archédamos, mère de
l'orateur, lui léguant son bien, et la destinant à
Lacratidès. (1)

---

(1) Apollodore, revenu de la guerre, supprima évidemment ce
testament.

Audition de témoins confirmant les faits précédents.

Au contraire, l'inimitié persista entre Eupolis
et Apollodore. Eupolis avait deux filles; Apollodore
était son neveu, et très-riche ; Apollodore n'en
épousa aucune; cependant un mariage réconcilie des
étrangers, à plus forte raison des parents. De qui vint
le refus? peu importe : le fait de l'inimitié persistante
est démontré. D'ailleurs, les plus âgés parmi les juges,
se rappellent sans doute ces deux procès, qui eurent
un grand retentissement, à cause de l'importance de
l'affaire, et du grand nombre des votes obtenus par
Archédamos.

Apollodore adopte Thrasylle : Apollodore avait un
fils qui mourut l'an dernier; le père désespérant d'avoir
encore des enfants « pensa à ceux par qui, dès son
» enfance, il avait été si bien traité ; il vint trouver
» ma mère, sa sœur ; c'était la personne qu'il aimait
» le plus au monde ; il lui demanda de consentir à ce
» qu'il m'adoptât, et sa demande fut accueillie (1). Il
» avait si grande hâte d'accomplir l'adoption que sur
» le champ, il me prit, m'emmena chez lui, et me re-
» mit l'administration de tous ses biens ; lui-même
» n'était plus en état de s'en occuper, et il savait que
» je serais capable de le remplacer. Quand vinrent les
» thargélies (2), il m'emmena au temple, devant les

(1) L'autorisation de la mère n'était point nécessaire ; la demande
d'Apollodore était une marque de déférence et d'affection.

(2) Cette inscription avait lieu pour les enfants issus du mariage
aux apaturies, aux thargélies pour les enfants adoptés. Cf. Egger,
Mémoire sur l'état-civil chez les Athéniens.

» gennêtes et les phratores. Or, voici la loi qu'on ob-
» serve alors : celui qui présente un enfant, soit né de
» lui, soit adopté, jure, la main sur l'autel, que l'en-
» fant est né d'une citoyenne athénienne, et de légi-
» time mariage, qu'il soit d'ailleurs enfant par le sang
» ou par l'adoption ; après que celui qui présente a juré
» ainsi , néanmoins les autres phratores vont au scru-
» tin, et s'ils reçoivent l'enfant présenté, alors seule-
» ment , ils l'inscrivent sur leur registre. Voilà la
» rigueur des formalités observées à la phratrie. La
» loi donc étant telle, les gennêtes et les phratores,
» acceptent le serment d'Apollodore, et me connais-
» sant d'ailleurs pour le fils de sa sœur, m'inscrivent
» sur leur registre après un vote unanime, après
» qu'Apollodore avait juré, la main sur l'autel. Et voilà
» comment j'ai été adopté par Apollodore vivant, et ins-
» crit sur le registre de la phratrie sous le nom de
» Thrasylle, fils d'Apollodore (1). (§ 14.)

Lecture de témoignages.

Argument tiré de la conduite des adversaires —
Eupolis a laissé deux filles : l'une est mariée à Pronape :
c'est elle qui plaide contre Thrasylle ; l'autre, mariée à
Eschine, est morte, laissant un fils aujourd'hui majeur,
Thrasybule. Or, la disposition de la loi est celle-ci :
quand un frère meurt sans enfants, les sœurs et leurs

(1) Sur les phratores et les gennêtes, reste de l'ancienne organisation religieuse supprimée par Clisthène, Cf. Perrot. Droit public
d'Athènes, II. § 1.

enfants, fils ou filles, héritent par tête et à part égale (1). C'est ainsi qu'Apollodore, fils d'Eupolis, étant mort sans enfant, Thrasybule a reçu sans difculté la moitié de l'héritage, lequel valait largement cinq talents (2). Mais quand il s'agit de l'héritage d'un cousin germain, ou d'un fils de cousin germain, il n'en est plus ainsi : la loi dit que les hommes l'emportent sur les femmes, même s'ils sont plus éloignés d'un degré. Si donc Thrasybule ne reconnaissait pas l'adoption de Thrasylle, il réclamerait l'héritage ; fils d'une cousine germaine du mort , il l'emporterait sur une cousine germaine par le privilége que la loi confère aux mâles. Or, Thrasybule n'a élevé, n'élève aucune prétention.

Lecture de la loi sur la succession d'un père.—Lecture de la loi sur la succession d'un cousin germain. — Lecture de la loi par laquelle, quand le mort ne laisse ni cousins germains, ni cousines germaines, ni cousins issus de germains, les parents du côté maternel sont appelés dans le même ordre à la succession (3).

Les adversaires diront-ils que Thrasybule a perdu

(1) Nous avons vu l'application de cette loi dans les plaidoyers pour l'héritage de Dicéogène et pour l'héritage de Philoctémon.

(2) C'est une occasion de montrer combien les adversaires sont riches ; on montrera plus bas qu'ils cachent cette fortune pour se soustraire aux charges publiques.

(3) Il n'y a là que trois fragments d'une seule et même loi sur la succession *ab intestat*, que nous trouvons citée en entier dans Démosthène (contre Macart. § 51). La citation du troisième fragment se rattache mal à la suite de l'argumentation. Peut-être Thrasylle veut-il

ses droits sur l'héritage parce qu'il a été adopté par Hippolochidès ? Mais un fils adopté reste toujours, tout en quittant la famille de son père, le fils de sa mère naturelle ; c'est du chef de sa mère que Thrasybule a obtenu la moitié de l'héritage du fils d'Eupolis ; du chef de sa mère également, il pourrait réclamer la moitié de l'héritage d'Apollodore.

Audition de témoins.

Témoignage des gens du dême.—Thrasylle n'étant pas encore revenu de Delphes, Apollodore déclara aux gens de son dême qu'il avait adopté Thrasylle ; il leur demanda de le faire inscrire, si lui-même venait à mourir avant le retour de son fils, sur le registre des citoyens. Malgré l'opposition des adversaires, les gens du dême, se fondant sur ce qu'ils savaient par ouï-dire et par eux-mêmes, prêtèrent serment et le firent inscrire.

Audition de témoins.

Conduite des adversaires à l'égard du frère mort sans enfants.— Quand Apollodore n'aurait pas eu de la haine contre la famille d'Eupolis, de l'amitié pour celle de Thrasylle, il aurait encore agi comme il l'a fait. En effet, pourquoi ceux qui n'ont pas d'enfants adoptent-ils

---

montrer qu'au point de vue même de la parenté, le droit de la femme de Pronape ne précède le sien que d'un degré, puisqu'il est le plus proche parent d'Apollodore du côté maternel. Les qualités de Thrasylle, le citoyen dévoué, opposées à l'avidité des adversaires, gens inutiles à la cité, pouvaient décider un tribunal athénien à passer par-dessus cette légère infériorité de droit, et à décerner l'héritage au meilleur citoyen.

un fils, sinon pour que leur maison ne disparaisse pas, pour que les cérémonies soient faites à leur tombeau ? Et non-seulement les particuliers, mais l'état se préoccupe de ce soin : la loi ordonne à l'archonte de veiller à ce qu'aucune maison ne disparaisse (1). Or, Apollodore voyait les deux sœurs, filles d'Eupolis, posséder l'héritage de leur frère sans lui instituer un fils (et elles avaient des enfants) ; les maris vendaient les terres et les immeubles, convertissant la fortune en argent. Ils ont ainsi fait disparaître une maison qui subissait des triérarchies. Apollodore, eût-il été leur ami, ne pouvait pas espérer qu'on ferait pour lui ce qu'on ne faisait pas pour un frère.

Audition de témoins.

Que devait faire Apollodore ? Demander à des parents si chers un fils ? Ils n'avaient que des enfants tout jeunes, et l'on ne sait pas ce qu'un enfant sera plus tard; Apollodore, au contraire, avait vu Thrasylle à l'œuvre : « envers mon père et ma mère, il savait » comment je me conduisais; il me savait économe, » et sachant conduire mes affaires ; dans la charge de » Thesmothète, je n'avais été ni injuste, ni avide..... Il » savait bien que je n'irais pas, dédaigneux de la con- » sidération, cacher mon bien, comme mes adversaires » l'ont fait pour l'héritage qu'ils ont reçu ; mais que je » m'empresserais de subir triérarchies, service mili-

---

(1) Cf. Démosthène, contre Macart, § 75. « Archon curam gerat orborum, et epiclerorum, et familiarum desolatarum, etc. » C'était l'archonte-éponyme.

» taire, chorégies, toutes les charges que vous impo-
» sez, ainsi que lui-même le faisait. S'il est vrai qu'il
» trouvait en moi un parent, un ami, un homme qui
» lui avait rendu des services, jaloux de l'estime pu-
» blique et ayant fait ses preuves, qui donc pourrait
» dire qu'il n'était pas sain d'esprit quand il ·faisait
» cette adoption? » (§ 34.) Thrasylle a déjà accompli un
des actes qu'Apollodore attendait de lui; il s'est acquitté
avec honneur d'une gymnasiarchie.

Audition de témoins.

L'orateur fait l'éloge de son père adoptif et de
son grand-père, montrant qu'il y a dans la famille une
tradition de dévouement à la cité, que lui-même a
déjà continuée. Le père d'Apollodore, outre les liturgies
qu'il subissait toutes, s'acquittait de la triérarchie, non
pas en s'associant à d'autres, comme on le fait aujour-
d'hui, mais à lui seul; non de deux ans l'un, mais
sans cesse; non avec parcimonie, mais aussi largement qu'il le pouvait. (1) C'est en souvenir de ce
dévouement qu'autrefois les juges ont rendu à son fils
le bien paternel, dont on l'avait dépouillé. — Quant à
Apollodore, il ne faisait point comme Pronape, il ne
dissimulait point sa fortune ; prompt à obéir au peuple,
économe pour lui-même, réservant son bien pour les
besoins de la cité : « Quelle est la liturgie qu'il n'ait
» point subie ? la contribution à laquelle il n'ait point

_____

(1) Sur les différentes formes de la triérarchie, et sur les symmories
cf. Bœckh, Econ. polit. des Ath. IV. § 12 et 13.

» pris part, parmi les premiers ? le devoir auquel il se
» soit soustrait ? Chorége pour le chœur des enfants,
» il fut vainqueur ; et vous connaissez le trépied qui
» rappelle combien il était jaloux de la considération
» publique.—Or, quelle est la conduite du bon citoyen?
» Quand d'autres cherchent par violence à prendre le
» bien d'autrui, au lieu de les imiter, il tâche de con-
» server son bien ; quand la cité a besoin d'argent, il
» est parmi les premiers qui contribuent, et ne dissi-
» mule rien de ce qu'il possède. C'est précisément ce
» que faisait Apollodore ; et il mérite que vous lui
» montriez votre gratitude en sanctionnant la disposi-
» tion qu'il a faite de ses biens (1). » (§ 40.) Thrasylle
termine par son propre éloge ; lui aussi est un citoyen
dévoué. Tandis que les adversaires ont fait disparaître
une maison qui subissait des triérarchies, il a subi des
liturgies et en subira plus encore, si on lui accorde
l'héritage.

Résumé. — La mère de Thrasylle était sœur du
mort ; leur amitié ne s'est jamais démentie. Apollodore,
de son vivant et sain d'esprit, a adopté Thrasylle, l'a
fait inscrire à la phratrie, voulant empêcher que Pronape ne le laissât sans fils après sa mort. — Quels sont
les droits de Pronape ? Il a déjà l'héritage de son
beau-frère : il veut de plus l'héritage d'Apollodore,
bien que des parents plus proches (Thrasybule) y aient
droit. — Il n'a pas donné de fils à son beau-frère ; il

(1) Nous retrouverons cette pensée ailleurs. Il semble que l'autorité
d'un testament vienne, non de la volonté du testateur, mais de la décision souveraine des juges qui le confirment ou l'annulent.

en ferait autant pour Apollodore. — Il était ennemi
du mort, et jamais il n'y a eu de réconciliation. — La
femme de Pronape est la cousine germaine du mort ;
je suis son neveu (1). Elle veut recueillir deux héritages ; je n'en demande qu'un : celui auquel l'adoption
me donne droit ; elle était l'ennemie du mort, dont
mon grand-père a été le bienfaiteur.

(1) Bien que Thrasylle réclame à titre d'héritier institué, il s'appuie
subsidiairement sur le droit de parenté. Ceci rejoint ce que nous
avons vu plus haut. Page 223 note 3.

VIII.

PLAIDOYER POUR L'HÉRITAGE DE CIRON.

Ciron, mort très-vieux, s'était marié deux fois ; de la seconde femme, qui survit, il ne laissait pas d'enfants ; de sa première femme, morte fort jeune, il avait eu une fille , morte elle-même aujourd'hui, et dont les fils réclament l'héritage de Ciron, leur grand-père. Contre eux se présente un neveu de Ciron, fils de frère, qui fait valoir deux moyens : 1° Ciron n'a été marié qu'une fois, et la mère des adversaires est la fille d'une courtisane étrangère ; 2° quand cette mère serait fille légitime, l'héritage appartiendrait encore au neveu, en vertu du texte : « *Masculi et ex masculis progeniti, etiamsi sint gradu remotiores, præferuntor.* » Le neveu, en effet, se rattache au mort par un homme, les petits-fils par une femme. C'est l'un des petits-fils qui porte la parole.

Le plan de la défense est imposé par l'attaque même. L'orateur établit : 1° que sa mère était fille légitime ; 2° que le texte invoqué ne peut s'appliquer au droit des petits-fils. Mais la revendication adverse avait été dirigée par le frère de la seconde femme, Dioclès, lequel avait fort mauvaise réputation ; or, devant ce tribunal, pour qui les questions de personnes sont si importantes, il est habile de mettre en face de soi un adversaire qu'il est si aisé d'attaquer. C'est pourquoi l'orateur écarte le neveu, personnage insignifiant, qu'on a suborné pour deux mines, et qui ne sait même pas la valeur de l'héritage qu'il réclame. L'adversaire réel est Dioclès, Dioclès chargé de crimes ; c'est lui qui a tout mené ; c'est lui que, dès le début, l'orateur place en face de ses coups.

Comme le neveu de Dicéogène, l'orateur est inhabile aux procès, attaqué par un adversaire fécond en ruses et en perfidies ; privé de l'appui de son père, rougissant de soutenir ce procès contre un homme décrié, il s'effraie, et met son bon droit sous la protection des juges ; avec abandon et comme à des amis, il leur raconte son enfance, et la tendresse du bon grand-père ; il éveille leur pitié en leur montrant quelles conséquences terribles aurait pour lui la perte du procès ; il les indigne en leur dénonçant les crimes de Dioclès.

Exorde. — Il ne s'agit pas seulement d'intérêts particuliers, mais de la loi qu'on veut obscurcir (ce qui intéresse plus vivement à l'affaire les juges, gardiens de la loi). — Ciron a laissé des petits-fils ; les adversaires le nient : pourquoi ? l'héritage est considérable ; or, en même temps qu'ils le réclament, ils prétendent qu'il se réduit à rien. — Et l'auteur de l'intrigue n'est pas ce neveu qu'on met en avant, c'est Dioclès, celui qu'on a surnommé Oreste. — Prière aux juges d'apporter toute leur attention à ce procès : « C'est une si-
» tuation difficile, juges, que d'avoir à lutter contre des

» discours habilement préparés, contre des témoins
» qui ne disent pas la vérité, et de soutenir un procès
» dont les conséquences sont si considérables, (1) quand
» surtout on n'a aucune expérience des tribunaux.
» Et cependant, j'ai bon espoir que, malgré tout, vous
» accueillerez mes justes réclamations, et que, si je
» donne de bonnes raisons, vous trouverez que je parle
» assez bien (2). » (§ 5.)

Division.—L'orateur établira d'abord que sa mère
était fille légitime de Ciron ; ensuite que son droit de
petit-fils l'emporte sur le droit d'un neveu.

Première partie. — *Narration.* Ciron épousa sa
nièce qui mourut quatre ans après, lui laissant une fille
qui sera la mère de l'orateur. Il épousa alors la sœur de
Dioclès, dont il eut deux fils : la petite-fille fut élevée
avec eux. Ces fils vivaient encore, quand il maria sa
fille à Nausimène avec une dot de vingt-cinq mines.
Trois ou quatre ans après, Nausimène meurt sans
enfants. Ciron ne rentre pas dans l'intégrité de la dot,
les affaires de Nausimène étant en mauvais état. Il
marie sa fille en secondes noces au père de l'orateur
avec une dot de mille drachmes (3).

(1) Nous verrons plus loin que la perte du procès aurait pour
conséquence d'enlever à l'orateur le titre de citoyen.
(2) Le fond et la forme de ce passage se retrouvent dans l'exorde du
premier plaidoyer que Démosthène prononça contre Aphobe, l'un de
ses tuteurs.
(3) L'orateur prétendant que l'héritage est considérable, il faut faire
comprendre pourquoi Ciron donne de si petites dots à une fille légitime·
1° Les deux fils vivaient encore ; 2° la première dot avait été à peu
près perdue.

16

Mais comment prouver que la mère de l'orateur était fille légitime de Ciron, a été élevée chez lui, mariée et dotée deux fois ? Par le témoignage des esclaves de Ciron. Or, on a demandé aux adversaires de laisser mettre les esclaves à la question; ils ont refusé.

Lecture d'un témoignage affirmant ce refus des adversaires.

« Dans les procès privés ou publics, la torture est
» le moyen d'investigation le plus exact à vos yeux;
» quand des esclaves et des hommes libres ont assisté à
» un même fait, et qu'il faut éclaircir un point obscur,
» vous ne vous fiez point au témoignage des hommes
» libres; mais vous faites mettre les esclaves à la torture,
» et c'est par ce moyen que vous cherchez à connaître
» la vérité sur l'affaire. Et vous avez raison, juges; vous
» nous dites que vous avez vu des témoins faire de faux
» témoignages, tandis que parmi les esclaves mis à la
» torture, on n'en a pas encore trouvé à qui la torture
» n'eût fait dire la vérité (1). » (§ 12) Les adversaires en refusant un tel moyen de faire constater les faits, ont à l'avance infirmé l'autorité de leurs témoins; au contraire, l'orateur a doublé l'autorité des siens en réclamant la torture.

Lecture de nouveaux témoignages affirmant le refus des adversaires.

Ainsi, sur les faits les plus anciens, ceux qui ont connu Ciron racontent ce qu'ils ont entendu dire; sur le mariage de la mère de l'orateur, les parents des deux maris témoignent; sur ce fait qu'elle vivait chez Ciron en qualité de fille légitime, ce sont les adversai-

(1) La même pensée est reproduite presque dans les mêmes termes par Démosthène ; premier discours contre Onétor, § 37.

res eux-mêmes qui témoignent en refusant de recourir
à la torture. (1)

     Argument tiré de la conduite de Ciron : — « Comme
» il était naturel de le faire pour des enfants qui étaient
» fils de sa fille, jamais il ne faisait de sacrifices sans
» nous ; sacrifice grand ou petit, toujours nous étions là,
» prenant part à la cérémonie. Ce n'est pas seulement
» dans ces occasions qu'il nous faisait venir chez lui,
» mais aux Dionysies des champs, il nous emmenait
» toujours ; nous allions avec lui voir le spectacle,
» assis à ses côtés, et toutes les fêtes, nous les passions
» chez lui. Quand il faisait un sacrifice à Jupiter
» Ctésios (il avait pour ce dieu une dévotion parti-
» culière) il n'y admettait ni esclaves, ni amis, et fai-
» sait tout lui-même ; nous, nous y prenions part ;
» avec lui nous préparions la cérémonie, nous placions
» les objets sacrés sur l'autel ; avec lui nous vaquions
» aux autres détails du culte ; et en bon grand-père,
» il demandait au dieu de nous donner la santé et une

---

(1) L'orateur n'établit pas que Ciron ait été marié une première
fois, ni qu'il ait présenté l'enfant à la phratrie. Il affecte de regarder
les faits comme fort anciens, et ne produit là-dessus que des témoins
racontant ce qu'ils ont entendu dire, ἀκοήν. Ciron vient seulement de
mourir ; il doit y avoir dans sa phratrie des gens aussi vieux que lui.
Dans le plaidoyer pour l'héritage de Pyrrhus, qui pourrait servir de
contre partie à celui-ci, on établit, contre la mère de Philé, qu'il n'y
a pas eu de dot, ni de victime envoyée aux phratores, ni festin nuptial,
ni présentation à la phratrie. — Comment notre orateur ne répond-
t-il pas à des attaques qu'il doit attendre ? Il établit longuement que
sa mère a été élevée et dotée par Ciron ; mais on reconnaît que Philé
est fille de Pyrrhus, tout en lui niant la qualité de fille légitime :
Pyrrhus l'a élevée, Endius l'a mariée et dotée. — Remarquons enfin
que dans cette première partie, l'orateur paraît redouter grandement
les témoignages adverses ; à quatre reprises, il croit utile de mettre le
tribunal en garde contre eux.

» fortune honorable. Or, s'il ne nous avait pas regardés
» comme les fils de sa fille, s'il n'avait pas vu en nous
» les seuls descendants qui lui fussent laissés, il n'aurait
» jamais agi ainsi; il aurait attiré chez lui notre
» adversaire, qui se présente aujourd'hui comme son
» neveu. » (§ 15).

Lecture de témoignages.

Deux autres preuves démontrent que la mère de
l'orateur était fille légitime de Ciron : 1° on donna au
mariage la publicité que l'on donne à un mariage honorable; il y eut festin, victime envoyée aux phratores ;
le père présenta ses enfants à la phratrie, jurant, selon
la loi, qu'ils étaient nés d'une citoyenne athénienne (1),
et ne rencontra aucune opposition ; 2° les femmes du
dême choisirent la mère de l'orateur pour présider les
thesmophories.

Audition de témoins.

Argument tiré de la conduite de Dioclès à la mort
» de Ciron (2). — « J'arrivais dans l'intention de faire
» enlever le corps, puisque le convoi devait partir de
» chez moi ; j'avais avec moi un de mes parents, un
» cousin de mon père. Dioclès n'était pas dans la mai-
» son ; j'entrai et je me disposai à faire enlever le
» corps par les porteurs que j'avais amenés. Mais la
» femme de mon grand-père me pria de laisser partir
» le convoi de la maison mortuaire ; elle désirait, di-

(1) Les adversaires prétendaient sans doute que la fille de Ciron
était née d'une courtisane étrangère.

(2) L'obligation de célébrer les funérailles incombait à l'héritier.
Dans les revendications d'héritages, le fait de cette célébration est un
argument considérable. Cf. Hérit. Ménéclès, §§ 37,46. — Nicostrate,
§ 19. — Philoctémon, § 40. — Astyphilos, §§ 4, 32.

» sait-elle, pouvoir, avec nous, rendre de ses mains les
» derniers devoirs au corps, et l'orner pour les funé-
» railles ; et c'étaient des supplications, des larmes ;
» bref, je cédai, juges. J'allai trouver Dioclès, et de-
» vant témoins, je lui déclarai que je ferais partir le
» convoi de la maison mortuaire ; je voulais, lui dis-je,
» me rendre aux prières de sa sœur. Dioclès ne fit au-
» cune objection ; il me dit même qu'il avait payé cer-
» tains objets pour les funérailles, que pour d'autres
» il avait donné des arrhes, et me demanda de lui rem-
» bourser ces dépenses. Il fut convenu que je lui rem-
» bourserais ce qu'il avait acheté, et que pour les arrhes,
» il me mettrait en rapport avec ceux qui les avaient
» reçues. Et aussitôt, il trouva moyen de me dire que
» Ciron n'avait absolument rien laissé, alors que moi,
» je ne disais pas encore un mot de la fortune. — Or,
» si je n'étais pas le petit-fils de Ciron, il ne se serait
» pas entendu avec moi ; voici le langage qu'il m'aurait
» tenu : « Çà, qui êtes-vous ? Quel droit avez-vous de
» célébrer les funérailles? Je ne vous connais pas ; vous
» n'entrerez pas dans la maison. » Il devait me dire
» alors ce que depuis il a conseillé à d'autres de me
» dire : mais à ce moment, rien de tel ; il ne me dit
» qu'une chose : d'apporter l'argent le lendemain ma-
» tin. » (§ 21.)

Audition de témoins.

A ce moment, le neveu ne faisait plus aucune objection : il n'avait pas encore été suborné par Dioclès.
Le lendemain, Dioclès refuse l'argent, disant qu'il l'a
reçu la veille du neveu. Or, cet argent n'était fourni
par aucun d'eux, mais pris sur les biens de Ciron.

Cependant on laisse l'orateur prendre part aux funérailles : « Pourtant mon adversaire avait le droit, si je
» n'étais pas le petit-fils de Ciron, de me repousser,
» de me chasser, de m'empêcher d'assister aux funé-
» railles. Ma situation à son égard n'était pas la même:
» neveu de mon grand-père, je lui permettais de pren-
» dre part à toute la cérémonie ; mais lui, ne devait
» pas le permettre, si tout ce qu'ils osent dire mainte-
» nant était vrai. » (§ 26.)

Audition de témoins.

L'orateur se résume sur le premier point. Dans
une série de vives interrogations, d'un ton presque
triomphant, il rappelle que les adversaires ont infirmé
leur dire en refusant la torture, et que lui, a établi par
preuves évidentes que sa mère était fille légitime de
Ciron (1).

DEUXIÈME PARTIE. — Le droit du petit-fils l'emporte sur celui du neveu. Le privilége des mâles s'ap-
pliquait seulement au cas où, à défaut de plus proches,
la loi appelait à la succession les cousins germains et
issus de germains. Il est intéressant de remarquer
d'une part, que des plaideurs pouvaient espérer obscurcir aux yeux des juges une disposition formelle
d'une loi très-connue ; d'autre part, comment l'orateur
rend accessible à la foule qui juge une discussion de
droit pur. — Un premier point, dit-il, est évident :
les descendants (ἔκγονοι) passent avant les collatéraux

---

(1) Ce passage est reproduit dans les mêmes termes, par Isée, Disc.
pour la défense d'un tuteur, fragment 29.

(συγγενεῖς) : « Supposons que ma mère, fille de Ciron soit
» vivante, et que Ciron soit mort intestat, laissant non
» pas un fils de frère, mais un frère ; ce dernier au-
» rait le droit d'épouser la fille, mais non de disposer
» de l'héritage ; ce droit appartiendrait aux enfants nés
» de lui et de la fille, à leur majorité ; c'est ainsi que
» les lois en disposent. Ainsi, il n'aurait pas le droit
» de disposer des biens de la fille, même vivante ; mais
» ce droit reviendrait aux enfants de la fille : il est
» donc évident que cette fille étant morte, et ayant
» laissé des enfants, c'est à nous, ses enfants, et non
» aux adversaires, que revient l'héritage. » (§ 31.)

Argumentation par le lieu de νόμος κακώσεως (1). Si
mon grand père était vivant, et qu'il fût dans la misère, c'est le petit-fils qui devrait le nourrir, non le
neveu ; il est donc juste que l'héritage du grand-père
revienne non au neveu, mais au petit-fils.

L'orateur compare le droit du premier des collatéraux, le frère, avec celui des descendants à divers
degrés : « Je vais vous poser des questions ; c'est la
» manière la plus facile de vous faire saisir la vérité.
» De la fille ou du frère de Ciron, quel est le plus pro-
» che parent ? Evidemment la fille : la fille est descen-
» dante, le frère collatéral. Des enfants de la fille ou du
» frère, lequel est le plus proche ? Les enfants de la
» fille bien certainement. Car ils sont descendants, et
» non collatéraux ; si donc nous l'emportons manifes-

(1) Cf. Hérit. de Cléonyme, page 145.

» tement sur le frère, à plus forte raison l'emportons-
» nous sur l'adversaire, qui est fils de frère. » (§ 33.)

Lecture de la loi concernant l'obligation de nourrir les
parents.

L'orateur énumère les biens de Ciron. (Dioclès
prétendait que Ciron n'avait rien laissé). En immeubles, Ciron possédait plus de quatre-vingt-dix mines;
de plus, des esclaves et de l'argent placé. — Depuis la mort des fils, Dioclès et sa sœur convoi-
taient cette fortune. La sœur au lieu d'épouser un
autre mari de qui elle aurait eu des enfants, simulait
des fausses couches, afin que Ciron n'eût pas l'idée
d'adopter l'orateur ou son frère. Dioclès dénigrait le
père de l'orateur près de Ciron, lui disant qu'on con-
voitait son héritage. Et le vieillard circonvenu, aban-
donnait à Dioclès l'administration de ses biens. Dioclès
n'a pas osé empêcher le petit-fils d'entrer dans la
maison mortuaire, craignant sa colère; mais il subor-
nait le neveu, lui promettant un peu d'argent, et lui
disant d'ailleurs que Ciron ne laissait rien. Puis, il
refuse l'argent que le petit-fils apporte pour les
funérailles, afin que le neveu paraisse seul les avoir
célébrées. Cependant l'orateur n'a pas cru convenable
d'agir par violence et d'emporter chez lui d'autorité le
corps de Ciron; il a assisté aux funérailles payées avec
l'argent du mort. Mais par précaution, et pour que les
adversaires ne pussent lui reprocher de n'avoir rien
dépensé, il a été consulter l'Exégète, et sur son conseil,

il a célébré, aussi bien qu'il a pu, les cérémonies du neuvième jour (1).

Invective contre Dioclès. — Les juges croiraient sans peine l'orateur, s'ils savaient tout ce qu'a fait Dioclès. Il avait trois sœurs (de mère), qu'il a dépouillées au moyen d'un testament supposé. Deux maris de ses sœurs lui réclamaient de l'argent : il fit condamner l'un d'eux à l'atimie « l'ayant enfermé dans une maison où il l'avait attiré (2) ; » il fit assassiner le mari de l'autre et accusa la femme (3) ; après avoir frappé cette malheureuse de terreur, il a dépouillé son fils dont il était le tuteur : « Bien qu'ils aient peur de » Dioclès, peut-être oseront-ils néanmoins venir » déposer ; s'ils n'osent pas, je produirai des témoins » qui connaissent ces faits. » (§ 42).

Audition de témoins.

Enrichi des dépouilles de ses sœurs, enhardi par l'impunité, Dioclès veut encore les biens de Ciron. Grâce à deux mines qu'il a, dit-on, données au neveu, il compte enlever aux petits-fils leur héritage et leur droit de cité : « car, si par leurs mensonges, vous vous » laissez persuader que notre mère n'était pas ci-» toyenne, c'est fait de nous : nous sommes nés après » l'archontat d'Euclide (4). »

(1) Il y en avait trois, chargés de donner des consultations sur le culte.

(2) Schömann : Meierus (de ord. judic.) de stupro cogitat per vim illato, quo facto is qui stupratus erat ἄτιμος factus sit.

(3) La troisième sœur était mariée à Ciron.

(4) Allusion à la loi portée sous l'archontat d'Euclide, et déclarant que nul ne peut être citoyen, à moins d'être né de père et de mère ayant droit de cité.

L'orateur et son frère, du vivant de leur père et de leur grand-père, vivaient loin des procès ; aujourd'hui, même vainqueurs (1), ils auront la honte d'avoir lutté contre cet Oreste maudit, qui, pris en flagrant délit d'adultère, n'a pas pour cela renoncé à ce genre de débauche. Mais sur Dioclès, les juges en apprendront plus long quand l'orateur plaidera le procès qu'il lui a intenté directement. (2) Prière aux juges de ne pas abandonner les deux frères dans le danger présent.

Résumé. — Par les témoignages, par le refus qu'ont fait les adversaires de mettre les esclaves à la torture, par les lois citées, il a été établi : 1° que l'orateur est né d'une fille légitime de Ciron ; 2° que les petits-fils ont plus de droits à l'héritage que les adversaires. L'orateur termine en faisant lire un témoignage affirmant que Dioclès a été pris en flagrant délit d'adultère.

(1) Cf. l'exorde du plaidoyer pour l'héritage de Cléonyme.

(2) Harpocration cite un discours d'Isée contre Dioclès.

IX.

PLAIDOYER POUR L'HÉRITAGE D'ASTYPHILOS.

Cette affaire rappelle par opposition le procès pour l'héritage d'Apollodore : l'argumentation très-simple dans les deux affaires, établit là l'authenticité, ici la fausseté d'une adoption. Dans les deux plaidoyers, nous trouvons une série de *lieux* qui devaient être souvent reproduits, appropriés aux circonstances de causes analogues.

Astyphilos, fils d'Euthycrate, était mort à la guerre ; Cléon, cousin germain du mort, réclama l'héritage au nom de son fils, qu'il déclarait avoir été adopté par un testament d'Astyphilos. Or, la mère de ce dernier avait épousé en secondes noces Théophraste : un fils né de ce mariage s'élève contre les prétentions de Cléon. Il établit : 1º que le testament est supposé : 2º qu'Astyphilos haïssait Cléon et les siens ; 3º qu'il aimait tendrement la famille que lui avait donnée le second mariage de sa mère.

Comme dans le plaidoyer précédent, l'orateur montre derrière son adversaire un intrigant qui a tout mené ; c'est contre Hiéroclès, son oncle, qu'il dirige son attaque la plus vive, tout en gardant une certaine mesure, ainsi qu'il convient à l'égard d'un proche parent. L'orateur appartient à une famille peu considérable, et qui ne subissait pas de liturgies. Aussi, le débat, mené d'ailleurs sur un ton assez agressif, ne dépasse pas les limites d'une affaire privée que ne passionne aucun intérêt politique.

Exposition. — L'orateur annonce qu'il établira : 1o que le testament présenté est faux ; 2o qu'il a seul des droits à l'héritage d'Astyphilos, son frère de mère. Cléon est cousin germain du mort ; mais il passé par adoption dans une autre famille ; et ne pouvant invoquer le droit de parenté, rompu par l'adoption, il a présenté un testament faux. Profitant de ce que le père de l'orateur était malade, et l'orateur lui-même à l'armée, il a osé s'emparer de l'héritage par voie d'ἐμβατεία (1), sans attendre qu'il lui fût adjugé par décision du tribunal. — Il n'a rendu aucun honneur funèbre à Astyphilos ; les cérémonies ont été faites par les compagnons d'armes du mort, qui ont conduit au monument funèbre le père de l'orateur (2), sachant que sa présence serait agréable à Astyphilos (3).

(1) Les fils par le sang ou les fils adoptés par un vivant, pouvaient seuls recourir à cette prise de possession. Les fils adoptés par testament devaient recourir à l'adjudication, ἐπιδικασία. Sur l'ἐμβατεία Cf. Hérit. de Pyrrhus. Page 164.

(2) Nous voyons fréquemment que les anciens attribuent aux morts des sentiments de joie ou de colère. Euthycrate recommande aux siens (§ 19) de ne laisser approcher de sa tombe aucun des descendants de Thudippe, père de Cléon. Il n'est pas rare de trouver sur les inscriptions funéraires des recommandations de ce genre.

(3) Sous la forme d'une exposition, il y a ici un véritable exorde : deux circonstances préviennent le tribunal contre Cléon : 1o il a paru mépriser les juges en n'attendant pas leur décision ; 2o il n'a pas enseveli celui dont il réclame l'héritage.

Audition de témoins.

L'orateur, à son retour, apprend que l'héritage est entre les mains de Cléon et qu'il y a, dit-on, un testament déposé chez Hiéroclès : « J'allai trouver Hié-
» roclès ; je savais bien qu'il était intimement lié avec
» Cléon ; mais je ne croyais pas qu'il oserait mentir au
» détriment d'Astyphilos mort ; lui qui était mon on-
» cle et celui d'Astyphilos. Cependant, juges, ces con-
» sidérations n'arrêtèrent point Hiéroclès ; interrogé
» par moi, il répondit qu'il avait le testament ; il l'avait
» reçu , disait-il, d'Astyphilos, au moment où ce der-
» nier allait s'embarquer pour Mytilène. »

Lecture d'un témoignage.

Le testament est faux. Astyphilos, adoptant un fils, devait désirer que cette adoption fût inattaquable, que le fils adopté pût venir rendre le culte funèbre au tombeau de la famille. (1) Que devait-il faire ? appeler comme témoins des parents, des gens de la phratrie ou du dème, en grand nombre, qui pussent défendre plus tard le testament. Or, aucun d'eux n'a été appelé « à moins qu'il ne s'en trouve à qui les adversaires
» aient persuadé de déposer qu'ils ont été appelés
» comme témoins. »

Audition de témoins, fort nombreux sans doute, déclarant qu'ils n'ont pas eu connaissance de ce testament.

Cléon dira : on ne peut décider la question sur le

----

(1) Les adversaires n'ont point rendu d'honneurs funèbres à Astyphilos. (Cf. § 4 et § 32).

dire de témoins qui se bornent à déclarer qu'ils n'ont pas eu connaissance du testament : mais dans une question d'adoption, les intimes du mort, déclarant qu'ils n'ont pas assisté à un acte si considérable, ont bien plus de poids que des inconnus affirmant qu'ils ont été témoins de cet acte : « C'était, juges, l'intérêt de Cléon » lui-même, qui ne passe pas pour un sot, d'appeler, » le jour où Astyphilos adoptait son fils et faisait le » testament, tous les parents qu'il savait présents à » Athènes, et d'autres témoins encore, tous ceux qu'il » connaissait pour être, de près ou de loin, en relation » avec Astyphilos. Car, l'empêcher de léguer son bien » à qui il voulait, personne ne le pouvait ; et pour » Cléon, c'était un argument considérable, que le testa- » ment ne fût point fait en secret. » (§ 11.) Si Astyphilos voulait se cacher, il n'aurait fait appeler aucun témoin ; et, s'il appelait des témoins, ce ne pouvait être les premiers venus. Pour une adoption, on appelle ceux avec qui l'adopté sera en communauté de choses divines et d'intérêts. Et ce n'est pas la honte qui empêchait Astyphilos d'appeler des témoins, alors qu'il faisait un acte permis par la loi (1).

Argument tiré du temps dans lequel le testament

(1) Dans ces dernières lignes, l'orateur répond à une objection possible : Astyphilos ne voulait pas s'aliéner les siens, en leur donnant, durant sa vie, connaissance du testament. Il y avait une certaine honte à dépouiller ses héritiers naturels. Remarquons que cette argumentation peut être retournée contre l'orateur qui soutient que Chérestrate a été adopté par un testament de Philoctémon (§ 53). En rapprochant les deux passages, on a un exemple curieux de deux *lieux* pour et contre.

a été fait. —Astyphilos était plusieurs fois parti pour la guerre sans laisser de testament. Or, c'est seulement au moment de partir pour cette expédition de Mytilène, pour laquelle il s'était engagé comme volontaire, d'où par conséquent il espérait bien revenir, que, chose étrange, la pensée lui est venue de faire un testament.

Il y avait une haine profonde entre Astyphilos· et Cléon. Euthycrate, père d'Astyphilos, avait été frappé si violemment dans une discussion d'intérêt par Thudippe, père de Cléon, qu'il en mourut quelques jours après. « Il y a un témoin qui a vu la lutte, c'est Hiéro-
» clès, le même qui prétend que l'acte a été déposé
» chez lui : mais je me doute bien qu'il ne voudra pas
» prêter un témoignage infirmant le testament qu'il
» produit. Cependant, appelle Hiéroclès, et que, devant
» le tribunal, il prête témoignage, ou jure qu'il n'a rien
» à dire. » (§ 18.) — *Refus d'Hiéroclès.* — « Je le sa-
» vais bien, et je reconnais l'homme ; ce qu'il sait, il
» jure qu'il ne le sait pas ; et il est prêt à jurer que
» des faits inventés sont réels. » Euthycrate mourant a recommandé que jamais un descendant de Thudippe ne s'approchât de son tombeau.

Déposition d'un oncle d'Astyphilos.

Astyphilos n'a jamais laissé fléchir cette haine contractée dès l'enfance.

Audition de témoins.

Jamais Astyphilos n'a invité aux jours de fête Cléon, habitant du même dême, son cousin germain dont il devait adopter le fils.

Lecture de témoignages.

Reprise de la narration. Hiéroclès a proposé son témoignage au plus offrant. Ce récit, écrasant pour Hiéroclès, est préparé par une apostrophe : « Et ce-
» pendant, ô Hiéroclès, tu as reçu beaucoup de bons
» offices de Théophraste mon père et d'Astyphilos, dans
» un temps où tu n'étais pas si heureux qu'aujour-
» d'hui. » (§ 23.) Quelle a été sa reconnaissance ?
Aussitôt après la mort d'Astyphilos, il a été trouver ses amis, offrant l'héritage à vendre, promettant à qui vou-lait d'abuser de sa parenté avec Astyphilos pour pro-duire un faux testament. Il s'est entendu avec Cléon, stipulant pour lui-même une part de bénéfice.

Audition de témoins.

« Quel nom, juges, mérite un homme qui trouve
» aisé, dans une vue d'intérêt, de mentir au détriment
» d'un mort ? Ainsi, il ne fournit pas gratis le testament
» à Cléon ; il se fait payer ; ces témoignages vous le
» prouvent pleinement. Voilà les intrigues qu'ensem-
» ble ils machinent contre moi ; tous deux regardent
» comme une aubaine ce qu'ils pourront prendre des
» biens d'Astyphilos. » (§ 26.)

A défaut du droit de parenté, l'amitié d'Astyphilos donnerait encore à l'orateur des droits supérieurs à ceux des adversaires. — Astyphilos a été élevé par Théophraste, son beau-père ; même éducation, mêmes maîtres pour les deux enfants.

Lecture du témoignage des maîtres.

Astyphilos, majeur, reçoit, sans soulever de réclamation, son bien des mains de Théophraste ; il avait une sœur, fille d'Euthycrate ; confiant dans l'affection éprouvée de Théophraste, il le laisse choisir un mari pour cette sœur. — *Audition de témoins.* — Théophraste a fait recevoir les deux enfants dans la confrérie d'Hercule (1). — *Dépositions de membres de la confrérie.* — L'amitié des deux frères n'a jamais été troublée. — *Audition de témoins.*

L'orateur se résume et rappelle les arguments fournis dans la première partie. — Astyphilos haïssant Cléon et comblé de bienfaits par Théophraste, n'a pas adopté le fils de son ennemi, dépouillant ainsi le fils de son bienfaiteur. — Cléon n'a pas enseveli Astyphilos, et s'est emparé d'abord et illégalement de l'héritage. — Il dira qu'il est cousin germain du mort, mais cette parenté a été détruite par le passage de Cléon dans une autre famille ; c'est pourquoi les phratores ont refusé une part de victime au fils de Cléon qui s'est présenté à plusieurs reprises (2).

Lecture d'un témoignage.

Péroraison. — L'orateur supplie les juges de décider selon les lois qu'eux-mêmes ont établies : « C'est » sur ces lois que je m'appuie, vous faisant, ô juges, » cette demande équitable, d'être constitué par vous » héritier de mon frère; je vous ai montré qu'il n'a testé

(1) Il s'agit d'une société privée organisée en vue d'une dévotion particulière.

(2) Cléon, cousin germain d'Astyphilos, appartenait primitivement à la même phratrie ; mais il avait passé dans la phratrie de sa famille adoptive, et son fils l'y avait suivi.

17

» en faveur de personne, et j'ai produit des témoins à
» l'appui de tout ce que j'ai affirmé. Prêtez-moi votre
» secours ; et si Cléon sait mieux dire que moi, que
» cette parole, n'ayant pour elle ni la loi, ni la justice,
» soit sans force ; mais demeurez arbitres équitables
» et souverains. Et c'est pour cela que vous êtes réu-
» nis ici ; c'est pour que les plaideurs éhontés ne l'em-
» portent pas, et que les moins habiles osent, appuyés
» sur la justice, défendre leurs droits, sûrs que vous
» ne vous arrêterez à nulle autre considération. » En
donnant l'héritage à Cléon, les juges enverraient au
tombeau d'Astyphilos ceux qu'il haïssait le plus ; ils
iraient contre les recommandations d'Euthycrate mourant ; ils accuseraient de folie Astyphilos « qui est
mort ; » car, s'il a adopté le fils de son ennemi, il
était fou ou égaré par des philtres ; enfin, ils laisseraient
dépouiller par Cléon, celui qui était le frère d'Astyphilos, le compagnon et l'ami de son enfance.

X.

PLAIDOYER POUR L'HÉRITAGE D'ARISTARCHOS

Aristarchos avait eu quatre enfants : 1° Cyronidès passé par adoption dans une autre famille ; 2° Démocharès, mort sans enfants après son père ; 3° une fille morte sans enfants ; 4° une seconde fille restée seule héritière. Mais Aristoménès, oncle et tuteur de cette *épiclère*, la marie, au mépris de ses droits, avec une petite dot, et donne sa propre fille à Cyronidès, avec l'héritage d'Aristarchos. Cyronidès a deux fils : le premier, Aristarchos II , est institué illégalement fils et héritier d'Aristarchos I ; il meurt , laissant un testament par lequel il institue comme fils et héritier, son frère Xénénétos, possesseur actuel de l'héritage réclamé : d'ailleurs, il avait été, dans les formes voulues, inscrit à la phratrie comme fils d'Aristarchos I et le testament, semble-t-il, ne donnait prise à aucune attaque.

Plus de vingt ans se sont écoulés depuis la première spoliation, quand le fils de l'épiclère vient réclamer l'héritage de son grand-père, Aristarchos I.

Pour débarrasser en quelque sorte le terrain du débat, l'orateur établit : 1° qu'il s'appuie sur le droit que sa mère lui a transmis comme fille d'Aristarchos I, bien que les adversaires la nomment sœur d'Aristarchos II , illégalement institué fils d'Aristarchos I ; 2° qu'il n'a pas à s'occuper du testament fait par Aristarchos II, en faveur de Xénénétos ; qu'il lui suffit de démontrer que les biens légués étaient possédés sans droit par le testateur. Entrant alors dans le fond même du débat, il montre comment les droits de sa mère sont nés, n'ont pas été détruits, et comment nul n'a pu faire légalement d'Aristarchos II le fils d'Aristarchos I.

Ce plaidoyer montre avec quel talent Isée sait élaguer dans une affaire embrouillée tout ce qui gêne la vue et empêche la question de paraître dans son jour véritable. L'adversaire est un orateur habile qui souvent a prêté à autrui le secours de sa parole; il ne manquera pas de rappeler les services rendus par Aristarchos II, mort bravement à la guerre ; il éveillera la pitié des juges, leur demandera de ne pas annuler le testament d'un citoyen si dévoué. — L'orateur le prévient; à l'éloge d'Aristarchos il répond à l'avance en attaquant les mœurs de Xénénétos, possesseur actuel de l'héritage, en montrant que lui-même est homme recommandable et citoyen dévoué ; mais son principal effort sera de débarrasser la question de ce qui peut l'obscurcir, de mettre dans une vive lumière le point de droit, nœud du débat, d'enfermer et de maintenir l'adversaire sur un terrain où il sera sûrement vaincu.

Exorde. — L'orateur voudrait avoir pour dire la vérité autant de talent que Xénénétos en met à mentir :

l'adversaire plaide habilement et souvent pour le compte d'autrui : l'orateur n'a jamais plaidé ni pour un autre, ni pour lui-même.

Dans l'enquête préparatoire, l'orateur a été contraint, dit-il, de laisser donner à sa mère le titre de sœur d'Aristarchos II. (1) Mais cela ne peut obscurcir la question qui est celle-ci : Aristarchos II n'avait pas le droit de posséder les biens dont il a disposé par testament. Dès l'origine, nul n'a eu droit sur l'héritage d'Aristachos I, que la mère de l'orateur.

Narration. — « Aristarchos, juges, était du dême » de Sypalette : il épousa la fille de Xénénétos du » dême d'Acharne, et en eut Cyronidès, Démocharès, » ma mère et une autre fille. Cyronidès (le père de » Xénénétos et d'Aristarchos qui a détenu illégale- » ment l'héritage) passe par adoption dans une autre » famille, si bien qu'il n'avait plus aucun droit sur la » fortune. Aristarchos, le père de ces enfants, étant » mort, Démocharès, son fils, se trouve héritier de » son bien ; mais Démocharès mourut encore enfant, » et aussi la seconde sœur ; ma mère se trouva donc » épiclère avec la totalité de l'héritage. » C'est ici que la spoliation commence : Aristoménès, frère d'Aristarchos avait un fils et une fille ; au lieu

___

(1) L'orateur nie qu'Aristarchos II soit le fils d'Aristarchos I; la mère n'a pas eu de frère ; elle est fille unique d'Aristarchos I. Comment l'orateur a-t-il laissé donner à sa mère un titre qui compromet ses droits? Comment a-t-il pu y être contraint ? N'est-il pas permis de supposer qu'après avoir mal engagé l'affaire, mieux conseillé par Isée, il remet la question sur son véritable terrain ?

d'épouser l'épiclère ou de la faire épouser par son fils,
il donne sa propre fille à Cyronidès avec les biens de
l'épiclère : (de ce mariage sont nés Xénénétos, l'adversaire, et Aristarchos II); puis, il marie l'épiclère au
père de l'orateur. Enfin, Cyronidès étant mort, ils
instituent illégalement son fils Aristarchos II fils adoptif
d'Aristarchos I.

*Audition de témoins affirmant : 1° que Cyronidès a été
institué fils de Xénénétos son grand-père maternel ;
2° qu'Aristarchos I est mort avant Démocharès ;
3° que Démocharès est mort encore enfant, et aussi
l'autre sœur.*

    Argumentation. — Aristarchos II ne pouvait pas
être institué fils adoptif d'Aristarchos I. — « Si vous
» comprenez bien ceci, vous verrez clairement, que
» n'ayant pas le droit de posséder les biens, il n'avait
» pas davantage celui d'en disposer par testament. » (§ 8)
Or, il n'y a pas de testament qui ait adopté Aristarchos II. Et de qui viendrait ce testament ? d'Aristarchos I ? mais ayant un fils légitime, Démocharès, il ne
pouvait adopter un fils ; de Démocharès ? mais un
enfant n'a pas le droit de tester. Il a été établi qu'Aristarchos était mort avant son fils : donc, quand même
le père et le fils auraient testé, le testament ne serait
pas valable.

*Lecture de deux lois : 1° le père d'un fils légitime ne
peut tester ; 2° les femmes et les enfants ne peuvent
contracter pour une valeur supérieure à un médimne
de blé.*

    Dira-t-on que Cyronidès est rentré dans sa famille
naturelle, et a institué Aristarchos II fils d'Aristar-

chos I ? Mais Cyronidès ne pouvait quitter sa famille
adoptive qu'à la condition d'y laisser à sa place son
propre fils ; il ne pouvait pas prendre le premier venu
dans sa famille naturelle pour le substituer à lui-même
dans sa famille adoptive. Donc aucun droit n'a pu venir
à Aristarchos du fait de Cyronidès.

Aucun droit non plus ne pouvait lui venir d'Aristoménès ou d'Apollodore son fils ; ceux-ci pouvaient se
faire adjuger la fille d'Aristarchos I, mais non disposer
de ses biens. (L'epoux de l'épiclère n'est pas propriétaire des biens de sa femme ; mais seulement ses fils
à leur majorité). Or, il serait étrange qu'après avoir
marié l'épiclère à un homme, ils eussent pu donner les
biens à un autre homme en l'instituant fils d'Aristarchos I. Aristarchos lui-même, s'il n'avait pas eu d'enfant mâle, n'aurait pu léguer ses biens à un fils adoptif,
qu'en léguant sa fille au même homme. — Et Apollodore, qui n'a pas voulu épouser la fille , qui n'est pas
son père, mais son cousin germain, aurait pu instituer
un fils à Aristarchos I, et séparer ainsi la possession
des biens et celle de la fille ? « Pour moi, juges, je
» vois clairement que ni Xénénétos, ni personne au
» monde, ne pourra démontrer que l'héritage n'appar-
» tient pas à ma mère, à qui son frère Démocharès l'a
» transmis. Et s'ils osent y contredire, ordonnez leur
» de montrer la loi en vertu de laquelle Aristarchos a
» été adopté, et la personne qui a fait l'adoption ; car
» c'est là qu'est la question. » (§ 14)

Les adversaires eux-mêmes se défient de leur
droit : car ils ne se contentent pas de dire qu'Aris-

tarchos II a été légalement (1) inscrit à la phratrie
comme fils d'Aristarchos I ; ils prétendent que l'héritage était grevé de dettes, qu'il a amené pour Cyronidès la perte d'un procès onéreux ; ils espèrent ainsi se
créer des droits. Mais, s'il était vrai, ils auraient laissé
cette charge à ceux à qui elle incombait de droit, à
l'oncle ou au neveu à qui revenait l'épiclère ; ils n'auraient pas inventé une adoption qui devait être si oné-
reuse. D'ordinaire, les gens pressés de dettes font
passer leur fils dans une famille adoptive pour les
soustraire à l'atimie paternelle (2). Les adversaires, au
contraire, s'introduisent dans une famille chargée de
dettes, où ils doivent perdre ce qu'ils avaient d'ailleurs.
— Mais non ; l'héritage était libre de dettes et revenait
à la mère de l'orateur ; voilà ce qui est vrai ; le reste
n'est qu'une fiction inventée par l'avidité des adversaires.

L'orateur montre pourquoi sa réclamation se produit si tardivement. Ce retard sans doute n'infirme pas
son droit : il veut cependant l'expliquer. D'abord le
père réclama plusieurs fois l'héritage au tuteur de sa
femme ; mais on le menaça de la lui enlever (3) :
« Mon père, pour ne pas perdre ma mère, leur aurait

(1) Ce passage montre que les formalités exigées par les phratores
(Cf. Hérit. d'Apollodore) n'étaient pas toujours des garanties suffisantes
contre une inscription illégale.

(2) Le débiteur insolvable était d'abord condamné à une amende:
s'il ne pouvait payer la dette et l'amende, il était condamné à l'atimie.

(3) Les plus proches parents du mort pouvaient réclamer la fille
épiclère, même quand elle était mariée, et l'enlever à son époux. (Cf.
Hérit. de Pyrrhus, § 64.)

» laissé toucher les revenus, quand ils auraient été
» doubles. » (§ 19.) Puis, vient la guerre de Corinthe :
le père et le fils sont soldats : « A la paix, j'eus le
» malheur d'avoir des engagements avec le Trésor
» public, si bien qu'il m'était difficile d'intenter un
» procès (1). Nous avons donc pour ce retard des
» excuses valables. Mais aujourd'hui, la justice veut
» que nos adversaires disent, ô juges, qui a légué
» l'héritage, en vertu de quelle loi Aristarchos a été
» inscrit à la phratrie, et comment ma mère n'est pas
» épiclère avec des droits sur ces biens. Voilà sur
» quoi vous devez donner votre suffrage, sans vous
» inquiéter de savoir si nous faisons valoir nos droits
» plus ou moins tard. » (§ 21)

Les adversaires parleront de la bravoure d'Aristarchos, et ils demanderont que son testament ne soit
pas annulé; sans doute, il faut respecter les testaments,
mais seulement quand les biens légués appartenaient
au testateur. Les adversaires ont déjà les biens de Xénénétos I ; l'orateur est, lui aussi, descendant de Xénénétos, et il serait étrange qu'on lui enlevât même les
biens de sa mère. — Quand il y a procès pour une
terre, le possesseur doit montrer à quel titre il possède;
que les adversaires montrent, eux aussi, à quel titre

___

(1) L'orateur fait entendre qu'il a été débiteur du Trésor, et frappé
d'atimie jusqu'au paiement, par conséquent incapable d'intenter
une action judiciaire. Il semble que dans ce cas l'atimie fût moins une
peine infamante qu'un moyen de stimuler les débiteurs. Sur les différents degrés d'atimie, Cf Andocide de Mysteriis, § 70. — Cf. Héritage
de Pyrrhus. Page 170, note 2.

ils pouvaient réclamer l'héritage. — Xénénétos a déjà
dépensé en débauches l'héritage d'Aristoménès; l'orateur, si pauvre qu'il soit, donne à ses sœurs la plus
grosse dot qu'il peut ; c'est un citoyen honnête, docile
aux lois, s'acquittant exactement du service militaire;
« Je vous ai montré que Cyronidès, père de mon ad-
» versaire, a passé dans une famille adoptive, et n'est
» point revenu dans sa famille paternelle ; que le père
» de Cyronidès et de ma mère a laissé l'héritage à Dé-
» mocharès, son fils ; que ce dernier est mort enfant,
» et que cet héritage est dévolu à ma mère. » (§ 26.)

XI.

PLAIDOYER POUR L'HÉRITAGE D'HAGNIAS.

Un intérêt particulier s'attache à ce plaidoyer : au point de vue des mœurs judiciaires et du droit successoral, nous y trouvons l'histoire complète d'un héritage qui passe successivement aux mains de plusieurs héritiers invoquant des droits différents : de plus, c'est le seul plaidoyer d'Isée qui soit éclairé par un plaidoyer adverse. Les droits de son client Théopompe, vainqueur dans la présente affaire, furent attaqués, quelques années plus tard, par un nouvel adversaire qui fit précisément composer son plaidoyer par Démosthène, élève d'Isée.

Hagnias meurt laissant un testament qui instituait héritière une fille adoptive, et à son défaut, Glaucon et Glaucus, frères utérins du testateur. La fille étant morte, Glaucon et Glaucus sont envoyés en possession. Philomaché, fille d'un cousin germain du mort, introduit une action contre eux, disant que le testament est faux, et réclamant à titre de plus proche parente ; les deux frères bien que soutenus par le témoignage de Théopompe, perdent leur procès. Alors Théopompe, Stratoclès, son frère, et Stratios réclament contre Philomaché, comme parents d'Hagnias ; ils étaient cousins issus de germains; mais ils se fondaient sur la loi qui, pour l'héritage d'un cousin, donne privilége aux héritiers mâles. Stratios et Stratoclès meurent avant l'introduction de l'affaire; Théopompe reste seul. L'affaire s'engage : quatre adversaires se disputent l'héritage: 1° Philomaché; 2° la mère d'Hagnias, qui était en même temps sa cousine; 3° Glaucon et Glaucus; 4° Théopompe : ce dernier gagne le procès. (1)

Mais ceux qui étaient, avec Théopompe, tuteurs des enfants de Stratoclès, attaquent le vainqueur; ils prétendent que la moitié de l'héritage revient au pupille, fils de Stratoclès, et neveu de Théopompe ; que ce dernier d'ailleurs s'était formellement engagé à laisser cette moitié à l'enfant. Agissant au nom d'un orphelin, ils n'avaient pas intenté un procès civil, mais un procès public ou criminel (2), chargeant ainsi l'affaire d'une aggravation particulière. C'est contre cette attaque que Théopompe se défend dans le présent plaidoyer. Ce n'était pas d'ailleurs le seul procès que Théopompe, vainqueur, eût à soutenir : il avait à se défendre contre une accusation en faux témoignage (3);

---

(1) Démosthène, qui raconte le procès, dit qu'il y eut quatre urnes de vote, répondant à un nombre égal de compétitions. D'après lui, les deux frères ne réclamaient pas sérieusement ; ils faisaient le jeu de Théopompe ; en se faisant donner un certain temps de parole, ils diminuaient le temps accordé aux adversaires sérieux de leur allié.

(2) εἰσαγγελία et non plus δίκη. Cf. Héritage de Pyrrhus, page 168 note 3.

(3) Deux actions de ce genre pouvaient être intentées à Théopompe: 1° il avait témoigné que le testament d'Hagnias était authentique, et les juges avaient décidé dans un sens contraire ; 2° dans la seconde affaire, il avait soutenu (faussement, croyons-nous) que Philomaché I, grand-mère de Philomaché II, n'était pas sœur de Polémon, père d'Hagnias.

de plus, il annonce (§ 44) qu'il attaquera les co-tuteurs coupables, selon lui, de détourner les biens du pupille.

Quelques années plus tard, Théopompe étant mort, son fils Macartatos possédait l'héritage d'Hagnias : le jeune fils de Philomaché II, constitué fils adoptif de son grand-père maternel Eubulidès, et par conséquent fils d'un cousin germain d'Hagnias (par Philomaché I) dispute l'héritage à Macartatos : il était parent du mort au sixième degré, Macartatos au septième. Démosthène écrivit le plaidoyer que prononça le père de l'enfant, Sosithéos. Là, sans doute, dut se clore cette série de revendications ; et nous avons peine à croire que le client de Démosthène ne l'ait pas définitivement emporté.

La défense de Théopompe porte sur les points suivants : 1° Le fils de Stratoclès n'a aucun droit sur l'héritage d'Hagnias ; accessoirement, l'orateur oppose, à cette revendication injuste, la justice de son propre droit (c'est sur ce point que nous le verrons démenti par Démosthène) ; 2° nulle convention n'a pu intervenir, en vertu de laquelle Théopompe dût céder au pupille la moitié de l'héritage ; 3° les adversaires pouvaient intenter un procès privé ou civil, non un procès public ou criminel ; 4° aux adversaires qui le représentent comme un homme riche dépouillant un pupille pauvre, il répond en montrant que sa fortune est inférieure à celle de Stratoclès.

Quand Démosthène écrivit plus tard le plaidoyer pour le fils de Philomaché, il défendait les droits d'un parent contre Macartatos, étranger, dit-il, à la famille

d'Hagnias : autour du droit de la famille sur lequel il
fondait son plaidoyer, il invoqua les lois civiles et religieuses ; lois sur les funérailles, loi sur les meurtres,
oracle même, il ne négligea rien de ce qui pouvait relever et soutenir l'idée religieuse qui domine la loi de
succession; défenseur du mort, il exclut l'étranger du
tombeau des ancêtres ; il place sous la protection des
juges l'enfant dépouillé. Tout autre est la situation de
Théopompe; habitué aux procès, il ne se plaint, ni ne
s'indigne ; il n'est pas de ceux qu'on prend en pitié,
ayant montré dans toute cette affaire qu'il est de taille
à se défendre ; il a enlevé précédemment l'héritage à
la cousine et à la mère du mort ; de plus, il plaide
contre un orphelin ; il ne cherche pas à soulever en sa
faveur la pitié, mais bien plutôt à se défendre contre
celle que peut éveiller son adversaire. Il explique l'attaque dont il est l'objet par l'avidité de ses co-tuteurs,
qui veulent écarter un honnête homme qui les gêne ;
mais il ne s'en indigne pas : il annonce seulement qu'il
leur intentera un procès. Son plaidoyer est tout en argumentation ; n'ayant aucun titre à la faveur des juges,
il veut forcer leur assentiment par l'évidence de son
droit. Point d'exorde habile, ni de péroraison pathétique : il débute par la lecture et le commentaire des
lois sur lesquelles s'appuie sa défense, et finit brusquement, comme il a commencé, en offrant de mettre
tous ses biens en commun avec son pupille, et de partager avec lui par moitié (1).

(1) Malgré le mot λείπει placé à la fin du texte, nous croyons, avec
certains critiques, que le plaidoyer est complet : 1° le plaidoyer pour
l'Hérit. de Pyrrhus, et celui pour l'Hérit. de Dicéogène se terminent

Le client d'Isée paraît d'ailleurs peu recommandable ; il a menti, croyons-nous, dans le premier procès contre Philomaché II, fille d'Eubulidès. En effet, cet Eubulidès était fils de Philagros, cousin germain de Polémon, père d'Hagnias, et de Philomaché I, sœur du même Polémon et tante d'Hagnias ; Théopompe était fils de Charidémos, cousin germain de Polémon. Eubulidès, par son père, était cousin issu de germain d'Hagnias ; sa parenté avec le mort était la même que celle de Théopompe ; et les droits de sa fille Philomaché II étaient primés par ceux de Théopompe. Mais par sa mère Philomaché I, il était cousin germain d'Hagnias ; et sa fille était parente au sixième degré ; Théopompe ne l'était qu'au septième. Or, Théopompe déclara que Philomaché I n'était pas sœur de père et de mère de Polémon, affirmation qui détruisait les droits de son adversaire. Mais Démosthène établit formellement. et par des témoignages nombreux, que Philomaché I, mère d'Eubulidès, était bien, de père et de mère, sœur de Polémon. Certainement, l'un des deux orateurs, Théopompe ou Sosithéos (le client de Démosthène), a menti ; il nous paraît difficile de croire que ce ne soit pas Théopompe.

Isée a pu ignorer ce mensonge et être trompé par son client ; mais lui-même dans le présent plaidoyer a interprété faussement le texte de la loi. Ce texte

aussi brusquement ; 2o les mots : *je dirai en me résumant* qui commencent la dernière phrase semblent indiquer une conclusion ; 3o on ne voit pas ce que Théopompe pourrait ajouter, et cette fin convient bien au ton général du plaidoyer.

dit que l'héritage descend jusqu'aux enfants des cousins germains ἀνεψιῶν παῖδες : il y a sur ces mots une
ambiguité dont Isée profite trop habilement ; sans
doute deux issus de germains sont entre eux ἀνεψιῶν
παῖδες ; mais au sens de la loi, pour hériter à titre
d'ἀνεψιοῦ παῖς, il faut être fils d'un père qui était ἀνεψιός,
cousin germain du mort. Or le père de Théopompe
n'était pas cousin germain d'Hagnias, mais de
Polémon, père d'Hagnias. En d'autres termes, les
issus de germains n'héritent pas l'un de l'autre, mais
un issu de germain hérite de son *oncle à la mode de*
Bretagne. Et ceci paraît indiscutable : si même on se
défie de l'argumentation intéressée de Démosthène,
il faut toujours reconnaître, d'après le texte de la loi
et l'affirmation même d'Isée, que les petits-fils d'un
cousin germain du mort sont exclus de la succession :
or, ils sont parents au septième degré : comment
admettre que des issus de germains puissent hériter
l'un de l'autre, alors qu'ils sont également parents au
septième degré ?

L'orateur fait lire la loi (1) qui appelle à succéder,
1° les frères et leurs enfants ; 2° les sœurs et leurs
enfants ; 3° les cousins germains et leurs enfants ;
4° les parents du côté maternel. Il commente la loi,
faisant ressortir ce fait, que son pupille est en dehors
de tous les degrés de parenté énoncés par la loi :

---

(1) Le texte complet de cette loi est cité par Démosthène (contre
Macart. (§ 51) et traduit par Bunsen. (I. § I). Cf. page 42.

« Pour vous faire exactement saisir la question que
» vous allez décider, que l'adversaire laisse là les paroles
» inutiles et dise net quel est, parmi les degrés de
» parenté énoncés dans la loi, celui par lequel l'enfant
» tient au mort de qui vient l'héritage ; et, s'il en est
» un qu'il puisse établir, je serai le premier, moi, à
» reconnaître que la moitié de l'héritage appartient à
» l'enfant ; mais s'il n'en peut citer un seul, comment
» ne pas reconnaître ce fait évident, qu'il m'attaque de
» parti pris, et que vous, il cherche à vous tromper et
» à vous faire violer les lois ? Je vais le faire monter,
» et devant vous, je vais lui poser des questions, en énu-
» mérant les degrés de parenté énoncés dans la loi : de
» cette façon, vous verrez bien si l'enfant a droit, oui
» ou non, aux biens d'Hagnias — Au scribe : « Prends-
» moi le texte de la loi. » — A l'adversaire : « Et toi,
» monte ici, puisque tu es si habile à calomnier les
» gens et à pervertir le sens de lois. » — Au scribe :
« Lis. »

Seconde lecture de la loi.

Au scribe : « Arrête. » — A l'adversaire : « A toi :
» je vais te poser des questions : l'enfant est-il frère
» d'Hagnias, ou bien neveu, fils de frère ou de sœur,
» ou bien cousin germain, ou bien fils de cousin
» germain par son père ou par sa mère ? Parmi tous
» ces degrés de parenté auxquels la loi donne le droit
» d'hériter, quel est celui de l'enfant ? Tu n'as pas
» besoin de dire qu'il est mon neveu ; ce n'est pas de
» mon héritage qu'il s'agit ; je suis vivant, et bien vi-
» vant. Ah ! si j'étais mort sans enfants, et que le

18

> » pupille réclamât mes biens, alors cette réponse au-
> » rait de la valeur ; mais présentement tu dis que la
> » moitié de l'héritage d'Hagnias appartient à l'enfant ;
> » il faut que tu dises la parenté par laquelle l'enfant
> » tient à Hagnias : voyons, dis-le au tribunal. »

L'orateur triomphe de l'embarras de son adversaire :

> « Pour moi, ajoute-t-il, je ne ferai pas comme lui ; je
> » dirai quelle est ma parenté, et de qui je tiens mes droits
> » à l'héritage ; et je montrerai de plus que l'enfant, et
> » ceux qui avant lui m'ont disputé ces biens, étaient
> » [tous en dehors des degrés énoncés par la loi ; et vous
> » serez tous de mon avis (1). » (§ 7).

Narration. — L'orateur, Hagnias, Eubulidès, Stratoclès et Stratios étaient cousins issus de germains. Hagnias, sur le point de partir pour une ambassade, lègue par testament ses biens à sa nièce, qu'il adopte, et dans le cas où elle mourrait, à Glaucon son frère utérin. Eubulidès et la fille adoptive meurent ; l'héritage passe à Glaucon. Les parents ne réclament pas, respectant la volonté du mort : mais la fille d'Eubulidès (Philomaché II) attaque Glaucon et gagne son procès (2). Elle était elle-même en dehors du droit de parenté (3) ; mais elle espérait que les plus proches continueraient à ne pas réclamer. Stratios, Stratoclès et Théopompe, voyant que l'héritage est attribué aux

---

(1) Sur ce passage et l'imitation qu'en a faite Démosthène, cf. Contre Macartatos (§ 47) et page 45.

(2) Théopompe, dans cette affaire, avait soutenu de son témoignage Glaucon et son frère Glaucus. Cf. Démosth. contre Macart. (§ 4).

(3) Ceci est un mensonge. Cf. Page 261.

plus proches, se préparent à attaquer Philomaché ; mais Stratios et Stratoclès étant morts, Théopompe reste seul « fils de cousin germain, et le seul parent à » qui la loi attribuât l'héritage. »

L'orateur établit que le pupille n'a aucun droit.

« Comment vous faire voir que j'ai, moi, des » droits comme parent, et que les enfants de Stratios » et de Stratoclès (parmi lesquels est le pupille) n'en » ont pas ? Le texte même de la loi va vous le mon- » trer : que les cousins germains du côté paternel et » leurs enfants aient droit d'hériter, c'est un fait » reconnu ; mais après nous, ce droit passe-t-il à nos » enfants ? voilà maintenant ce qu'il faut rechercher. » Au scribe : « Prends-moi la loi et lis : (§ 11)

» *Loi. — S'il n'y a pas de parents du côté paternel* » *jusqu'aux cousins issus de germains, les parents du* » *côté maternel héritent dans le même ordre.*

» Vous entendez bien, juges ; le législateur n'a pas » dit : s'il n'y a pas de parents du côté paternel » jusqu'aux cousins issus de germains, les enfants des » cousins issus de germains héritent ; non, s'il n'y a » pas de parents à notre degré, alors il attribue l'héri- » tage aux parents du mort du côté maternel, aux » frères, aux sœurs, à leurs enfants, aux autres parents » dans l'ordre indiqué par les premières lignes du » texte de loi. Mais nos enfants, il les a placés en » dehors du droit d'hériter : ainsi, même si j'étais » mort, la loi ne leur donnerait pas l'héritage d'Hagnias : » eh bien, moi vivant et possédant cet héritage confor-

» mément aux lois, peuvent-ils s'imaginer avoir des
» droits? non, certainement. » (§ 11).

L'orateur conclut cette argumentation en insistant
sur la malignité des adversaires ; on ne l'a pas attaqué
quand il disputait l'héritage à Philomaché ; on dirige
maintenant contre lui une action dont les conséquences peuvent être terribles. On ne peut l'accuser d'avoir
détourné les biens que le pupille tient de son père :
c'est sur la possession d'un héritage, accordé par le
tribunal, qu'on lui intente une action publique, alors
qu'on pourrait lui intenter une action civile.

Reprise de la narration. — Théopompe montre
comment il a été mis en possession de l'héritage. Son
adversaire d'aujourd'hui ne l'a pas attaqué alors, ni
les fils de Stratios, qui sont pourtant parents au même
degré que le pupille ; « et maintenant encore, il ne
» me ferait point d'affaires, si je le laissais voler les
» biens de l'enfant, sans lui faire d'opposition. » (§ 16.)
Deux adversaires se sont présentés : Philomaché, parente d'Hagnias au même degré que le pupille, et la
mère d'Hagnias. Philomaché mentait sur sa parenté (1) ;
le mensonge reconnu, ses prétentions furent écartées.
La mère d'Hagnias, sœur de Stratios, était parente au
même degré que Théopompe ; mais elle était écartée
par la loi qui donne privilége aux mâles ; elle argua de
son titre de mère (2) ; Théopompe, établissant qu'il

(1) Sur ce prétendu mensonge, cf. page 141.
(2) La mère pouvait donc hériter. Nous n'insisterions pas sur ce
point s'il n'était discuté. Cf. Hérit. de Pyrrhus, page 158.

était fils de cousin germain, vainquit ses deux adversaires : Philomaché qui possédait l'héritage après l'avoir
enlevé aux héritiers testamentaires (2), et la mère
d'Hagnias.

Nulle convention n'est intervenue entre le pupille
et Théopompe. — L'adversaire prétend que l'orateur
et Stratoclès s'étaient associés avant le procès ; or, ils
étaient les seuls concurrents qui n'eussent pas besoin
d'une telle convention : Philomaché et la mère d'Hagnias pouvaient s'associer ; s'appuyant sur des droits
différents, elles pouvaient réunir leurs chances ; mais
Stratoclès et Théopompe, réclamant au même titre,
devaient être ensemble vainqueurs ou vaincus ; il n'y
avait pour eux qu'une seule urne de vote. Stratoclès
étant mort avant le procès, ses droits étaient anéantis
et ne pouvaient passer à son fils ; Théopompe vainqueur, restait seul héritier.

Lecture de la loi ordonnant qu'il y ait autant d'urnes
que de titres divers invoqués par les plaideurs, et
une seule urne pour ceux qui, à plusieurs, invoquent
un même titre.

L'adversaire prétend qu'après la mort de Stratoclès, Théopompe s'est engagé, s'il était vainqueur, à
donner la moitié de l'héritage à son pupille : cette affirmation n'est pas soutenable : 1° si le pupille avait des
droits, comme on le prétend, il n'était pas besoin
d'exiger pour lui cette promesse ; et s'il n'avait pas de
droits, pourquoi Théopompe l'aurait-il faite ? 2° Théo-

_____

(1) Allusion à la revendication de Philomaché contre Glaucon et
Glaucus.

pompe avait-il besoin, pour réclamer l'héritage, de l'autorisation des adversaires ? La loi accorde ce droit à tout citoyen; 3° Les adversaires disposaient-ils de certains témoignages sans lesquels Théopompe ne pouvait gagner (1) ? Mais le droit de parenté, qu'invoquait Théopompe, pouvait se passer de témoignages. — Si donc Théopompe n'a pas fait de convention avec Stratoclès vivant, encore moins, Stratoclès mort, en a-t-il fait avec le pupille ; et si l'on n'a pas réclamé en son nom quand Théopompe se faisait adjuger l'héritage, comment croire aujourd'hui à cette affirmation tardive ?

Les adversaires sentent qu'il faut répondre à cette question : pourquoi n'avoir pas réclamé contre Philomaché en même temps que Théopompe? Ils disent qu'ils n'ont pas cru devoir agir alors, se fiant à la promesse de Théopompe ; qu'ensuite la loi défend aux pupilles d'intenter une action privée contre un tuteur; ceci est faux : la loi autorise une action publique, à plus forte raison, une action privée. Mais quand même Théopompe aurait consenti à ce que le pupille se fît adjuger la moitié de l'héritage gagné sur Philomaché, les adversaires n'auraient pas tenté cette action, sachant que le pupille n'avait pas de droits et que de plus proches parents lui auraient vite enlevé cette moitié d'héritage : c'eût été Glaucon, frère utérin d'Hagnias,

(1) N'est-ce pas dire, que le plus souvent, les témoins sont guidés par l'intérêt? Pouvait-il en être autrement, alors que les témoins n'étaient pas requis par un magistrat, mais prêtaient bénévolement leur témoignage au plaideur qui les priait ?

ou à son défaut, la mère d'Hagnias. Les adversaires n'ont qu'un but : trouver un prétexte pour intenter une action publique qui leur permette d'écarter sans frais (1) Théopompe de la tutelle et de prendre à l'aise les biens de l'enfant.

Le tribunal ne doit pas permettre qu'on introduise des actions publiques, là où la loi permet d'agir par voie d'action privée. L'orateur énumère les différents moyens ouverts aux adversaires : dit-on que l'enfant a des droits comme parent ? Action privée. S'appuie-t-on sur une promesse faite par Théopompe ? Encore action privée. Dit-on que le pupille n'a le droit d'intenter au tuteur ni action privée, ni action publique ? Si l'on peut citer un texte de loi qui le défende, Théopompe cède à l'adversaire la moitié de l'héritage. Dit-on que le pupille n'a pas besoin d'intenter une action privée, et que la part de l'héritage lui appartient dès maintenant ? Qu'on fasse une liste des biens qu'on attribue au pupille, qu'on la remette à l'archonte : ces biens seront amodiés, et l'amodiateur aura recours contre Théopompe. — Si ce dernier avait détourné les biens qui, présentement et sans contestation, appartiennent au pupille, il y aurait matière à un procès criminel ; mais la loi ne permet pas qu'on fasse courir à Théopompe le danger de l'atimie, parce qu'il ne donne pas à l'enfant une part des biens qu'il possède en vertu d'une décision judiciaire.

L'adversaire a parlé longuement de la richesse de

_____

(1) Cf. Héritage de Pyrrhus, page 168, note 4.

Théopompe et de la pauvreté du pupille. On cherche à rendre l'enfant intéressant et Théopompe odieux : ce dernier, dit-on, n'a doté aucune des filles de Stratoclès, alors qu'il détient les biens de leur père. — « Juges,
» je serais, je le reconnais, le dernier des hommes, si,
» Stratoclès n'ayant rien laissé, on me voyait, moi
» riche, abandonner ses enfants : mais si Stratoclès
» leur a laissé une fortune supérieure à la mienne et
» mieux assise, une fortune telle que les filles peu-
» vent être bien établies et que le fils, avec le reste,
» sera encore riche ; si je remplis mon devoir de tuteur,
» de manière à accroître grandement cette fortune, il
» me semble que je ne mérite pas de blâme parce que
» je n'ajoute pas mes propres biens à ceux des enfants ;
» conservant et augmentant leur fortune, je mérite,
» je crois, des éloges. » (§ 38.)

Fortune de Stratoclès. — Les deux frères étaient à l'aise, sans toutefois être soumis aux liturgies. Tous deux épousent une femme apportant une dot de vingt mines, preuve d'une fortune modeste. Mais Théophon, beau-frère de Stratoclès, adopta en mourant l'une de ses filles ; Stratoclès administra ce bien neuf ans ; et, à sa mort, laissa outre la fortune propre de sa fille, cinq talents et trois mille drachmes Longue énumération des biens de Stratoclès, terres, maisons, mobilier, bétail, esclaves, argent comptant, créances.

Audition de témoins.

Théopompe établit le compte de sa propre fortune. — Il ne possède que trois talents et quatre mille drachmes. Dans cette somme, il évalue l'héritage d'Hagnias deux talents. Et il fait entrer, dans le compte de cette fortune, ce qu'il a donné à un fils qu'il instituait fils de son beau-frère, tandis qu'il ne compte pas dans celle de Stratoclès ce qui appartient à la fille adoptive de Théophon. On trouverait aisément que la famille de Stratoclès possède huit talents. — Et même, l'héritage d'Hagnias n'est pas encore sûrement acquis à Théopompe ; il est accusé de faux témoignage ; or, la loi ordonne que si le possesseur est convaincu de faux témoignage, il y ait procès à nouveau sur la possession (1). Au contraire, la fortune du pupille est libre de toute contestation.

Lecture de témoignages établissant : 1º que le compte de Théopompe est exact ; 2º qu'il y a contre lui action en faux témoignage.

De cette comparaison ressortent clairement les mensonges de l'adversaire. Il prétend, de plus, que Théopompe, enrichi par trois héritages, dissimule sa fortune, pour se soustraire aux charges publiques ; n'ayant pas de raisons à fournir, il se jette dans des digressions calomnieuses. Théopompe avait deux beaux-frères, Chæréléos et Macartatos ; ni l'un ni l'autre ne subissaient de liturgies. Macartatos vend son bien pour acheter une trirème et aller en Crète. « Le fait eut

---

(1) Théopompe diminue évidemment sa fortune ; il ne fait entrer en compte que les immeubles, tandis qu'il a recherché pour Stratoclès tout ce qui peut grossir le total. — L'orateur dit, comme argument en sa faveur, et fait prouver par témoins, qu'il est poursuivi pour faux témoignage. N'est-il pas juste de conclure que les poursuites de ce genre étaient si fréquentes, qu'elles n'étonnaient personne et ne déconsidéraient pas celui qui en était l'objet ?

19

» du retentissement ; il en fut question dans l'assem-
» blée du peuple ; on craignait que Macartatos ne pous-
» sât les Lacédémoniens à rompre la paix et à nous
» déclarer la guerre. » (§ 48.) Chæréléos laissa une
» terre ne valant pas plus de trente mines. Il
mourut avant Macartatos : celui-ci, qui avait emporté tout son bien, fut tué, sa trirème perdue. — La
terre de Chæréléos revenait à la femme de Théopompe,
laquelle décida son mari à instituer un de leurs fils, fils
adoptif de Macartatos. — Et Théopompe, en détachant
de ses propres biens celui de Chæréléos au profit du
fils institué, ne cherchait pas à se soustraire aux liturgies ; car, même après cette institution, il a subi des
liturgies, des tributs.

Bref, et pour tout résumer, Théopompe propose
qu'on mette en commun tout son bien et celui du
pupille ; et que chacun d'eux reçoive la moitié de ce
tout. Mais il est bien sûr que les adversaires refuse-
ront.

TABLE.

Douai. — Imprimerie Ceret-Carpentier.

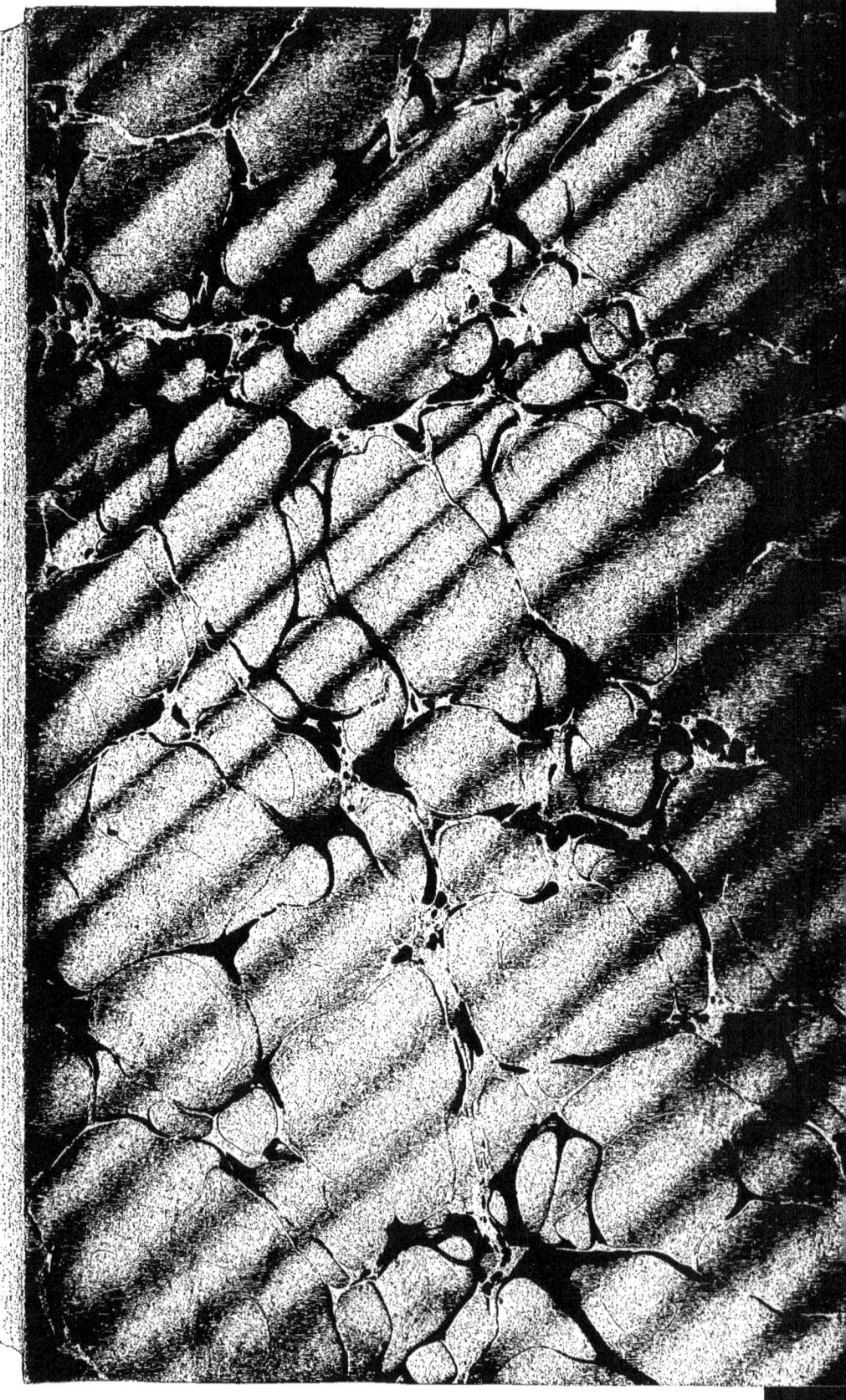

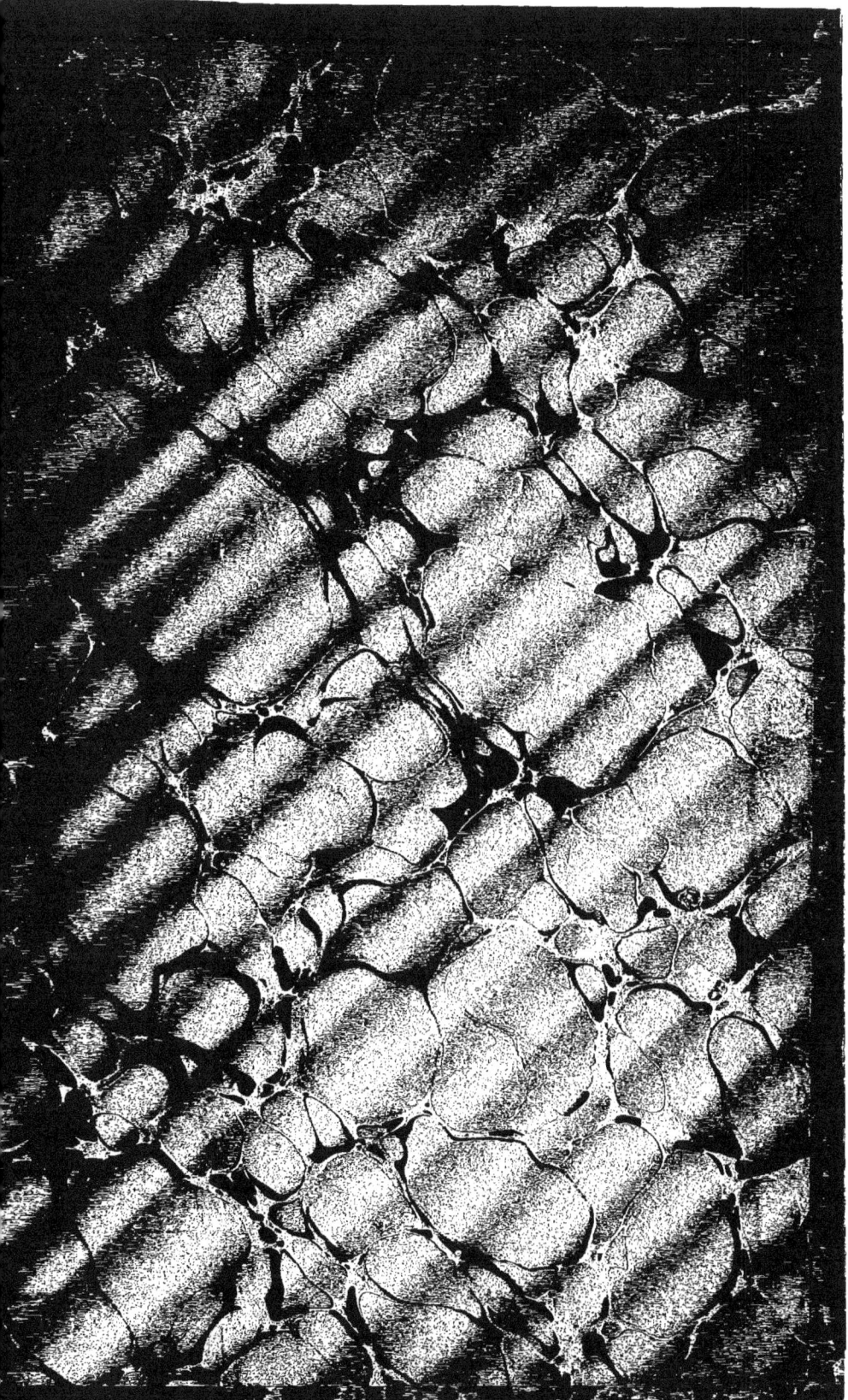

www.ingramcontent.com/pod-product-compliance
Lightning Source LLC
Chambersburg PA
CBHW052003020726
47501CB00004B/984